中国著名寺庙

徐潜/主编

吉林文史出版社

图书在版编目（CIP）数据

中国著名寺庙 / 徐潜主编. —长春：吉林文史出版社，2013.4（2023.7 重印）

ISBN 978-7-5472-1563-0

Ⅰ.①中… Ⅱ.①徐… Ⅲ.①寺庙-介绍-中国 Ⅳ.①K928.75

中国版本图书馆 CIP 数据核字（2013）第 071258 号

中国著名寺庙

ZHONGGUO ZHUMING SIMIAO

主　　编　徐　潜
副 主 编　张　克　崔博华
责任编辑　张雅婷
装帧设计　映象视觉
出版发行　吉林文史出版社有限责任公司
地　　址　长春市福祉大路 5788 号
印　　刷　三河市燕春印务有限公司
版　　次　2013 年 4 月第 1 版
印　　次　2023 年 7 月第 4 次印刷
开　　本　720mm×1000mm　1/16
印　　张　13
字　　数　250 千
书　　号　ISBN 978-7-5472-1563-0
定　　价　45.00 元

目　录

序　言

民族的复兴离不开文化的繁荣，文化的繁荣离不开对既有文化传统的继承和普及。该书就是基于对中国文化传统的继承和普及而策划的。我们想通过这套图书把具有悠久历史和灿烂辉煌的中国文化展示出来，让具有初中以上文化水平的读者能够全面深入地了解中国的历史和文化，为我们今天振兴民族文化，创新当代文明树立自信心和责任感。

其实，中国文化与世界其他各民族的文化一样，都是一个庞大而复杂的“综合体”，是一种长期积淀的文明结晶。就像手心和手背一样，我们今天想要的和不想要的都交融在一起。我们想通过这套书，把那些文化中的闪光点凸现出来，为今天的社会主义精神文明建设提供有价值的营养。做好对传统文化的扬弃是每一个发展中的民族首先要正视的一个课题，我们希望这套文库能在这方面有所作为。

在这套以知识点为话题的图书中，我们力争做到图文并茂，介
全面，语言通俗，雅俗共赏。让它可读、可赏、可藏、可赠。吉林
史出版社做书的准则是“使人崇高，使人聪明”，这也是我们做这套
所遵循的。做得不足之处，也请读者批评指正。

编　者

2014 年 2

灵隐寺

灵隐寺是中国佛教的著名寺院，也是杭州最早的名刹。从建寺至今已有一千六百多年的历史，可谓阅岁月沧桑，览人间百态，几番风雨，几多变革；不管是动乱飘摇还是稳定繁荣，始终悠然独立于修竹茂林之间，其身上所承载的文化底蕴及其所折射的历史风貌更是无法估量的宝贵财富，现已成为人们观光、旅游、祈福的游览圣地。

一、概述

（一）源起及演变

灵隐寺始建于东晋咸和元年（326年），距今大概已有一千六百多年的历史。其"灵隐"的名称，相传为印度僧人慧理所起。当年，慧理和尚由中原云游入浙，至武林（今杭州），觉得这里景色奇幽，见有一峰而叹曰："此乃中天竺国灵鹫山一小岭，不知何代飞来？佛在世日，多为仙灵所隐。"遂于峰前建寺，名曰"灵隐"。

相传在建寺之初，所有戒条清规、礼仪规制只是稍具雏形，僧众不多，规模也不大，隐于山林之中，香客稀少，青烟绕梁，景致幽深而寂寥。此种状况一直持续到南北朝时期才得以改善。当时，由于南朝王室变迁，更相迭起，大部分帝王都采取佛教的政策来教化人民，以匡扶社稷，以南齐的竟陵王萧子良与梁武帝萧衍等为显著代表。梁武帝在位近五十年，他以佛法治国，整理内政、文教等事业。更为甚者，他自己也出家为僧，并下诏"舍道归佛"，将佛教奉为国教，随即大兴土木，建寺立塔，一时间，佛刹林立，各士族门阀皆全力效法，广修庙宇，佛教就此在南朝鼎盛，著名诗人杜牧曾有诗云"南朝四百八十寺，多少楼台烟雨中"。而灵隐寺在此时也得到梁武帝萧衍的青睐，得以赐田扩建，兴建工程，其规模日趋壮大，游人增加，香火旺盛。

北周武帝期间（561—578年），朝廷认为：人民信佛，供养出家人会不专心于生产，出家人没有财产，不从事物质生产不用交税，影响国家财政收入。于是下令："断佛、道二教，经像悉毁，罢沙门、道士，并令还民。"诏令发布之后，立即实施。"融佛焚经，驱僧破塔，……宝刹伽蓝皆为俗宅，沙门释种悉作白衣"。这次诏令实施虽是在北方进行，但是隐于南方的灵隐寺也受到很大程度的冲击，不少僧人或还俗或隐居，致使灵隐寺显出荒凉寂寥之态。

至隋文帝杨坚时情况大为改观，他曾下

敕：“好生恶杀，王政为本。”在京城及诸州置官立寺院，行道日禁绝杀生，修复荒废的寺院，奖励建立寺院。开皇十一年(591年)，诏称：“朕位在人王，绍隆三宝，永言至理，弘阐大乘。”此后，不论公私，寺院如雨后春笋般林立，从王公大臣到平民百姓皆笃信佛教，广善布施。为报答神尼智仙的养育之恩，更于仁寿二年（602年）将智仙的舍利子运往杭州灵隐寺飞来峰，并于峰顶建塔，命名曰“神尼舍利塔”（后倾塌），以资纪念。

五代时期吴越国王钱俶信奉佛教，始终奉行“信佛顺天”之旨，在位期间不仅广修庙宇塔寺，而且还大量印刷佛经布施佛像，使得杭州城乡各地，遍布寺院，寺与寺之间，梵音相闻，僧众云集。而他对灵隐寺的建设也尤为关注，据记载，当时规模已达到九楼、十八阁、七十七殿堂、僧众三千余人，成为江南名刹，常有异邦僧侣来此取经。在后周显德七年(960年)，他又从奉化请来高僧延寿主持灵隐寺，新建僧舍五百余间，建石幢两座。东建百尺弥勒阁，西有祇园，房间合一千三百余间，亭廊曲折萦回，建筑精美细致，环境清幽淡雅，自山门左右连接方丈，称为“灵隐新寺”。苏东坡《游灵隐寺》一诗中有“高堂会食罗千夫，撞钟击鼓喧朝晡”之句，可以想象出灵隐寺在当时的盛况。

宋真宗景德四年（1007年）改灵隐寺为灵隐山景德寺。天禧五年（1021年）又改景德寺为景德灵隐寺。当时皇室对灵隐寺已经相当重视，在仁宗天圣二年（1024年），章懿太后赐庄田及钱，作为修葺扩大寺宇之用。更于皇祐元年赐御绣《观音心经》二卷，《回銮碑》及飞白黄罗扇等御用之物。庆历年间，丞相韩琦、参知政事欧阳修等奏赐契嵩所著书《传法正宗定祖图》《传法正宗记》《传法正宗论》(三书合称《嘉祐集》)和《辅教篇》入藏。自此之后，灵隐寺闻名遐迩，海内外佛教信徒纷纷前来探求佛法。

南宋建都临安（今杭州），当时宋高宗为保全皇位，偏安东南一隅，不思迎回被金人掳去的徽、钦二帝，却大力宣扬他的“孝道”，将一些名刹梵宇改为祈福祷告戒斋之所，并于绍兴五年(1135年)改灵隐寺为“灵隐山崇恩显亲禅寺”。孝宗乾道三年(1167年)，诏每年四月初八佛诞日赐帛五十匹给灵隐寺，并时常来灵隐寺进香祈福。宁宗嘉定年间评定浙江禅院，以余杭径山寺为第一禅院，

灵隐寺为第二，净慈寺为第三，宁波天童寺为第四，阿育王寺为第五，并称为“禅院五山”。宋理宗则把显亲禅寺原有的大雄宝殿改名为“觉皇殿”，另外赐书“妙庄严域”四字。

1158年，灵隐寺仿照当时的净慈寺建“田字殿”，塑五百罗汉，一时间，杭嘉湖地区盛传“数不清的灵隐罗汉”。元武宗至大元年（1308年），宋理宗赐号的“觉皇殿”糟朽倾颓，由当时寺僧慈照、住持正传与平章张缔重修，历时四年才竣工。在元顺帝至元四年（1338年），竹泉法林禅师自净慈寺迁往灵隐，一度宗风甚炽，朝廷授其金襕衣，灵隐寺依旧香火兴旺。直至元顺帝至正十九年（1359年），战火不断，寺宇也毁于其中，损失惨重，尽管后来有住持辅良重修，但仅建了方丈室与伽蓝堂。灵隐寺当年的盛况已不再，曾经有过的“食罗千夫”、“撞钟击鼓”、游人络绎不绝的盛况已成过眼云烟，灵隐寺显出衰落颓废之势。

明朝创世之初，明太祖朱元璋崇尚佛法，定都金陵（今南京）后曾召见灵隐寺住持见心，而且亲封他为“十大高僧”之一，授以金襕袈裟，并命他撰“正心”“崇本”“观道”“敬贤”四箴。一时之间轰动朝野，四众归敬。但不久之后，就以整顿为名，对各寺庙采取种种限制的措施，灵隐寺为求自保率先把宋时朝廷所赐的杭、秀（今嘉兴）两州庙田一万三千亩交还朝廷。此举深得朱元璋之心，随即又把部分土地赐还寺庙。灵隐寺相继修复觉皇殿等殿堂，新塑佛像及诸供具。但隆庆三年（1569年），寺又毁于雷火，仅剩直指堂。当时正值海寇猖獗，朝廷一时之间难以分身应对，而寺中住持又苦于财力物力不足，无法修复。直至万历十年（1582年），如通法师任灵隐寺住持，才开始大规模重建工作，历经五年，仿唐而建，用平头柱四十八根，石柱十六根，改“觉皇殿”为“大雄宝殿”，还建成三藏殿等，蔚为壮观。寺成后，如通禅师“开讲说法，士庶云集”，香火兴盛于一时。但是崇祯十三年（1640年），灵隐寺又遭横祸，由于不慎失火，除大殿和直指堂等殿之外全都被焚毁。明朝末年，灵隐寺在风雨飘摇、改朝换代之际更是尽显颓废凋零。那时寺内建立了“房制”，把寺内院落私有化，收支账目、招收僧众等事俱是独断专行，自成一体，红尘世俗之气甚重，已无清心修佛著书之人，更无

重新修葺庙宇殿堂之心，尽是一片凄惨落寞之态。

明末清初之时，有位具德和尚很受欢迎，为三峰法藏法师的嫡嗣，天童密云法师的法孙。他不顾众人反对，力排众议，凭借顽强的毅力历尽千辛万苦，花了十八年的时间，终于使灵隐寺一改前貌，焕然一新。据说灵隐寺大雄宝殿上梁之日，前来观看的人达十多万，《灵隐寺志》载："自建造以来未见若斯盛者也!"具德和尚修复后的灵隐寺规模非常大，共建成"七殿""十二堂""四阁""三楼""三轩"等。使灵隐寺百栱千栌，金碧丹黝，为东南之冠，被称为"东南第一山"。

时至清代康、雍、乾"百年盛世"之期，康、乾两位皇帝多次巡视江南，驻跸灵隐，赋诗纪游，刻碑立寺。尤其是康熙帝玄烨，一生六次南巡，五次驻跸灵隐，赐额留诗，与灵隐寺结下了不解之缘。相传康熙南巡时，登寺后的北高峰顶饱览过胜景之后，即兴为灵隐寺题匾，"灵"字繁体上面为一个"雨"字，中间横排三个"口"字，最下面一个"巫"字，他欢喜之余，把上面的"雨"字写得太大，差点就下不了台。他突然想起在北高峰上时看到山下云林漠漠，整座寺宇笼罩在一片淡淡的晨雾之中，有云有林，显得十分幽静，于是灵机一动，顺势在"雨"字下加一"云"字，赐灵隐寺名为"云林禅寺"。皇帝每每浏览此地均赏赐贵物，优礼有加，故灵隐寺在清初亦有百年隆盛之局。

清嘉庆、道光二帝，对灵隐也一如既往地支持与关心，曾拨款给灵隐寺，作为修复与兴建的费用。阮元为浙江巡抚时，对灵隐寺关照有加。他主持刻朱熹、翁方纲等集成，议藏灵隐，故建了"灵隐书藏"，又广集世典储藏其中。灵隐所藏，内容丰富，有宋明教契嵩禅师的上堂槌，宝达的照佛镜、白沙床，宋孝宗赐的直指堂印，程嘉燧的冷泉亭图，李流芳的西湖卧游画册、冷泉红树图。另外，还有董其昌、密云、三峰、谛晖、巨涛、陈鹏年、翁方纲、胡高望等人墨迹。

清咸丰十年（1860年），太平军入杭州，大多寺宇被毁，灵隐寺也难逃此劫，仅存天王殿与罗汉堂，灵隐书藏中的珍贵藏物大量流入民间乃至湮没。自此之后，虽得修复，但此时社会局势已经动荡不安，庙宇难以周全。民国时期，日军侵华进入杭州，灵隐寺一时之间成为难民收容所，嘈杂无序，惨不忍睹，

许多珍贵建筑都毁于此时。

1949 年 7 月，大雄宝殿因年久失修而倒坍，殿内三尊泥塑大佛也被压毁。1952 年浙江省政府成立了“杭州市灵隐寺大雄宝殿修复委员会”，主持修复工作，改原来砖木结构为钢筋水泥结构。1954 年，大雄宝殿落成。1985 年起，灵隐寺制订全面恢复寺院十年规划，共三期工程，投资 3000—5000 万元，将灵隐寺修建成一座亭台楼阁齐全、殿堂寺宇齐配的佛教丛林，再现江南千年古刹雄姿。

（二）灵隐印象

双峰环抱，灵隐古刹，古木簇拥，殿宇巍巍。这就是灵隐寺。

灵隐在杭州的旅游地位可与西湖齐名，这里有沉厚凝重的佛教历史文化。当迈过灵隐山门，沿着灵溪岸边青石铺设的古道，在古木遮天蔽日的簇拥中，千年古刹灵隐寺就呈现在眼前。灵隐寺背靠巍然屹立的北高峰，面临秀美的飞来峰，寺前潺潺溪水映带，古木浓荫，令人不免联想起“仙灵所隐”的感叹。

灵隐寺建于东晋咸和元年（326 年），至今已有一千六百多年的历史，为杭州最古老的名刹。灵隐寺现有五个大殿：天王殿、大雄宝殿、药师殿、藏经楼以及华严殿。全盛时期，灵隐寺有九楼、十八阁、七十二殿堂，僧徒多达三千余人。

走进灵隐寺，仰面见到天王寺上方有康熙皇帝御笔的“云林禅寺”匾额。下方“灵鹫飞来”牌匾为书法家黄元秀所题。跨进天王殿，迎面正对山门的佛龛中供奉一尊袒胸露腹、趺坐蒲团、笑容可掬的弥勒佛像。背对山门的佛龛供奉的是佛教护法神韦驮雕像，高 2.5 米，头戴金盔，身披甲胄，神采奕奕。这尊佛像是南宋朝代用香樟木雕造而成，是一件稀世珍宝。天王殿两侧是巨型的四大天王彩塑像，俗称四大金刚，身高八尺，身披重甲，神采各异。其中两个怒目狰狞，十分威武；另两个慈眉善目，神色和善。

出天王殿后门，就见到了正面的大雄宝殿。大雄宝殿原称觉皇殿，是座单层三重的歇山顶建筑，

高 33.6 米，十分雄伟壮观。大殿正中是一尊妙相庄严、气韵生动、高达 24.8 米的释迦牟尼莲花坐像。俗话说，人要衣装，佛要金装。这尊佛像全身贴金，用去黄金八十多两，是我国最大的香樟木雕坐像，也是我国寺内的第二大佛像。整座佛像头微微前倾，两眼凝视，右手微抬成说法印，仿佛正在向朝拜者讲经说法，象征佛与朝拜者心心相印。那金身表示坚贞不变，莲台表示圣洁清芬，出淤泥而不染，背光表示光明。正殿两侧是二十诸天立像，据说他们是掌管日、月、地、星、风、雨、水、火、雷、电等的天神。大殿后壁有“慈航普度”和“五十三参”的海岛立体彩色群塑，塑造了神态各异的大小佛像一百五十尊。正中央为鳌鱼观音立像，手执净水瓶，普度众生。观音两侧为弟子善财与龙女。上有地藏菩萨，最上面是释迦牟尼雪山修道的场景：白猿献果，麋鹿献乳。左上方那侧身拿扇遮住脸的就是济公和尚。整座佛山群塑造型生动，妙趣横生，令人浮想联翩。观音作为女性出现始于南北朝，当时佛教兴盛，女信徒剧增，于是在极乐世界塑造出一位女性形象菩萨。本来观音菩萨是作为阿弥陀佛的第一助手，协助主尊接引众生度往净土极乐世界彼岸。而人间的众生最迫切的需要并非来世。于是，眼前的温饱、消灾避难、化险为夷成为大慈大悲的观音菩萨应运而生的正果。

后山上的第三殿称作药师殿，为近年重建。殿内台座上结跏趺坐的是东方净琉璃世界的药师佛，左边是手托太阳象征光明的日光菩萨，右边是手托月亮象征清凉的月光菩萨，合称东方三圣。药师佛与娑婆世界的释迦牟尼佛、西方世界的阿弥陀佛同存于不同的空间，代表东、中、西三方空间世界，故称“横空三世佛”。药师佛虽然不能消除人们肉体上的病痛，但可以使世人得到精神上的安慰。灵隐寺内还有吴越年间雕造的八角九层的仿木结构的石塔和丰富的经文，都是弥足珍贵的宝物。

二、灵隐古刹

今日灵隐寺是在清末重建基础上陆续修复再建的，灵隐寺布局与江南寺院格局大致相仿，全寺建筑中轴线上依次为天王殿、大雄宝殿、药师殿。灵隐寺天王殿上悬“云林禅寺”匾额，为清康熙帝所题。

（一）咫尺西天

灵隐寺的门口有块照壁，上面书写着“咫尺西天”四个大字，黄墙黛瓦、古色古香，为清代遗存建筑。点示此处旁有灵鹫，前有天竺，都是古印度佛祖坐禅说法之处，即“西天佛国”，古人称：“山名天竺，西方即在眼前。”“咫尺西天”为清人留下的点睛之笔。

（二）天王殿

天王殿前左右各有石经幢一座，两经幢都有“天下兵马大元帅吴越国王建，时大宋开宝二年已巳岁闰五月”题记。两经幢皆建于北宋开宝二年（969 年），原系吴越国王家庙“奉先寺”遗物，宋仁宗景祐二年至四年(1035—1037 年)，迎栅禅师移置于此，东幢高 7.17 米，西幢高 11 米，原为十二层，现已残损，为多层八面形，下部三层须弥座。经幢也称石幢，是刻有佛名或经咒的石柱，是古代佛教标识物，作为镇邪祈福之用。幢由幢身、幢基、幢顶组成。左幢刻有《佛顶尊胜陀罗尼经》，故称“尊者塔”；右幢刻有《大自在陀罗尼咒》，故称“大自在塔”。幢身上部叠置华盖、腰檐、联珠、仰莲、伞盖、流云等，盘石上雕刻迦陵频伽，双手合十，背有翅膀，形象生动。古人赞灵隐寺经幢云：

高幢垂五代，瑞拱寺门雄；地涌虬蟠角，天成神鬼工。

莲花开仰覆，佛顶峙西东；卓出灵峰北，招摇云雾中。

天王殿的大门常闭不开，游人很难看到大门敞开，具体缘由可以追述到清朝乾隆年间。有一次，乾隆皇帝下江南，白日在杭城游玩盛兴，深夜晚归，当时灵隐寺大门已关闭。乾隆命随从前去叩门，要进寺休息。因为是微服私访，不便表露身份，便说是投宿商客，结果睡意朦胧的小和尚左右不开大门，理由是：庙里规定深夜三更已过，不准再开大门迎客，除非次日清晨。随从顺势就说，我们是方丈的重要客人，每年都捐献大量香火钱的，小和尚却答道："即便是当今天子来了，过了三更，也不开。几个香火钱又怎样?"听罢，气得乾隆牙关紧咬。为了不露宿野外，只好悻悻从侧门进入。数日后乾隆以皇帝身份来灵隐寺进香拜佛，走到灵隐寺山门，回想到前日受辱，便侧身对身边的方丈说："既然灵隐是东南名寺，香火旺盛。从此大门就不要随意打开，以免散失佛光神气。"从此以后便封门掩气。杭州以及周边人民进寺烧香拜佛，皆是走侧门。过了几十年后，有新的规矩，以下几种情况才可以打开大门：

第一，唯有皇帝天子来寺进香拜佛，才可以打开。

第二，观音的诞辰之日才可以打开。

第三，灵隐寺换新住持，新住持第一天主持说法才可以打开。

若以上三种情况都不成立，只有等到每隔六十年才真正地打开一次。能赶上灵隐寺开山门算是人生一件幸事，实属不易。

天王殿的正门上写着："峰峦或再有飞来坐山门老等，泉水已渐生暖意放笑脸相迎。"殿内正中木雕端坐着的大肚弥勒佛像，袒胸露腹，趺坐蒲团，笑容可掬，弥勒佛像放在这个位置是给世人一个欢迎的姿态，一种皆大欢喜的感觉。

佛教的说法，弥勒是释迦牟尼的接班人，但要等释迦寂灭后，经过五十六亿七千万年，才降临人间，正式升为弥勒佛，在龙华树下说法三会，度尽一切众生。目前，他只能暂以菩萨和"未来佛"的身份住在上界兜率宫内，静候那遥远时刻的来临。不过正因为他有着双重身份，所以，他有时会作为三世佛中的未来佛，陪释迦牟尼被安置在大雄宝殿内；有时也可能头戴天冠身着菩萨装，被单独供奉在弥勒殿内。

背对山门的佛龛供奉的是佛教护法神，手持降魔杵的韦驮雕像，古印度神话中他是南方增长天王的八大神将之一，居三十二神之首。据说释迦牟尼佛的舍利曾被魔王抢走，是韦驮不畏艰险，奋力追回的。因此，在佛寺中，韦驮塑像都面朝大雄宝殿的释迦牟尼佛像，意为保护佛主，驱除邪魔，起威镇三洲的作用。像高 2.5 米，头戴金盔，身裹甲胄，神采奕奕。这尊雕像以香樟木雕造，是寺内最古老的佛像，已有七百多年的历史，很具观赏价值。

印度血统的韦驮菩萨在中国已被彻底汉化，成为地道的中国古代武将。在中国的寺庙里韦驮一般有两种姿势：一种是双手合十，横杵于腕上，直挺挺地站着，表示这里是十方丛林，对来客表示欢迎。另一种是一手握杵拄地，另一手叉腰，表示此地为非接待寺。而天王殿中的韦驮正是横杵于腕上表示欢迎之意。

天王殿两侧是四大天王彩塑像，俗称“四大金刚”。佛教认为，世界以须弥山为中心，四周是大海，海的四面各有一洲，分别由一位天王率夜叉大将镇守佛国一方。据佛教讲，四大天王在此各护一方，故称“护世四天王”。高各 8 米，个个身披重甲。手持青锋宝剑的是守护南方的增长天王。增长的意思是令众生增长善根，持剑是保护佛法不受侵犯。手弹琵琶的是东方持国天王，琵琶没弦需要“调”音，他既是护法神也是佛国财神，护持众生，他是群龙首领，众龙顺从于他。西方广目天王，手上缠一龙，龙形谐意“顺”。北方多闻天王，右手持宝伞，伞具谐意“雨”。这四位威武凛然、造型精绝的天王各司其职，便组成了风调雨顺，风调雨顺便能五谷丰登，五谷丰登便能丰衣足食、夜不闭户，从而出现太平盛世，表达了老百姓的美好愿望。

（三）大雄宝殿

经过天王殿后的庭院，院中古木参天，便进入灵隐寺的主殿——大雄宝殿。大雄宝殿，一般简称为“大殿”，它是寺院僧众早晚诵经共修的场所。据佛经记载，释迦牟尼佛具有降服五阴魔、烦恼魔、死魔、天魔四大魔的智慧与力量，叫做“大雄”，即一切无畏的大力士的意思，后来就把它作为释迦牟尼的“德号”。寺院因而也就把供奉释迦牟尼佛像的大殿称为大雄宝殿。

现在的大雄宝殿是在清宣统二年（1910 年）重建的，为仿唐建筑，它采用古代建筑单层三重歇山顶的传统手法，加上高高翘起的飞檐翼角，使庞大的屋顶显得轻盈活泼。殿宇的瓦饰、窗花、斗拱、飞天浮雕以及天花板上的云龙绘图，均显示了中国古代高超的建筑水平。殿高 33.6 米，仅比天安门城楼低 0.1 米，其规模之大，在国内佛教寺院中并不多见。在屋顶中央，饰有一颗闪耀的明珠，两侧写有“佛日增辉”四个大字。屋檐下悬挂两块横匾，“妙庄严域”是著名书法家张宗祥所题，“大雄宝殿”是书法家原西泠印社社长沙孟海于 1987 年重书。

石塔：在大雄宝殿前露台两侧分别立有两座石塔，始建于五代或北宋初，为钱俶重建灵隐寺时而立，当时立塔四座，现在仅存大雄宝殿前东西两侧之双塔。两石塔相距 42 米，均为八面九层楼阁式塔，高约 12 米，第一层边长 97 厘米，用石料雕刻砌筑而成，为仿木楼阁式塔，从底层开始至塔顶逐层递减，收分明显。每层的东、南、西、北四面辟壶门，线条和顺流畅，每层有柱子、栏额、斗拱、出檐、平座，脊饰上刻有仙人像，塔身下为一层须弥座，更下为九山八海基石，是典型的宋式建筑。

娑罗树：东、西两侧，生长着一棵棵高大、茁壮的娑罗树。娑罗树又名七叶树，可以说是佛门的一种标志，江南的庵堂寺院几乎都栽有这种树。据古老传说，佛教创始人释迦牟尼是在尼泊尔兰毗尼花园的一棵菩提树下诞生的；长大悟道后用贝叶树叶片刻写经文，传播天下，普度众生；后于 80 岁高龄时在印度拘尸那迦城外小河边一片茂盛的娑罗林中两株娑罗树之间的吊床上涅☐。所以娑罗树与菩提树、贝叶树被佛家合称为“佛国三宝树。”

娑罗树原产于喜马拉雅以南的丘陵山国，大抵都是随着西方佛教一起从印度、尼泊尔传入中国的。杭州灵隐寺的娑罗树相传是在东晋咸和元年（326 年），由创建灵隐寺的印度和尚慧理从家乡带来的娑罗籽栽培起来的。其中位于灵隐寺大雄宝殿西边“紫竹林”佛宇南隅的两株高达二十六七米，树身斑驳，苍劲古老，躯干可数人合抱的娑罗树，据《灵隐寺志》记载，是灵隐寺开山祖师慧理法师当年亲手种下的。这两株娑罗树虽经过一千六百多年的风雨沧桑，至今却仍是葱茏挺秀，生机盎然，是杭州西湖周围数十里湖山中最老的古树，亦是中华大地上最古老的佛树。故而千百年来一直被历代僧人珍视为古刹灵隐的“镇山之宝”。每当春末夏初的立夏时节，许多慕名到杭州灵隐寺进香的游人香客，以及日本、韩国和东南亚佛教进香团，在进香礼佛之余，必将尽情地领略一番千年佛树花枝招展的神奇风采。

释迦牟尼：殿内正面为释迦牟尼莲花坐像，相传他是古印度北部迦毗罗卫国（现为尼泊尔境内）净饭王的儿子，原名乔达摩·悉达多。他出生于公元前6—公元前5世纪，约与中国的孔子同一时代，29岁时痛感人世生老病死的各种痛苦，舍弃王族生活，出家修道。经过六年含辛茹苦的修行，35岁时在菩提树下成道，创立了能使众生脱离苦海的佛教，被佛门弟子尊称为释迦牟尼，意思为“释迦族的圣人”“释迦族的智者”。目前佛教已成为世界三大宗教之一，形成许多教派，以禅宗为首，灵隐寺就是一座禅宗寺庙。

这尊佛像是1953年重修灵隐寺时由中央美术学院华东分院（今中国美术学院）邓白教授以唐代禅宗著名雕塑为蓝本构思设计，华东分院雕塑系教师和东阳木雕厂民间艺人合作创造的，用24块香樟木雕成。佛像高19.6米，加上须弥座石基总共24.8米，佛像全身两次贴金，共花去黄金86两之多，是我国目前最大的香樟木雕坐像，体态丰满，慈祥和蔼，庄严肃穆。佛像端坐莲台左手上抬，作吉祥姿态说法相，头部微微前倾，两眼凝视，当你进殿抬头瞻仰时，与佛像视线刚好相接，以示佛祖对众生的呵护。佛祖坐在莲台上，表示圣洁清芳，出污泥而不染；佛螺状的头发为天蓝色，象征与天齐平；额眉间有个“白点”是佛祖三十二相之一，“白毫相间”表示吉祥如意；头部后面的镜称为“摩尼镜”，象征智慧和光明；佛顶上有一把状如撑开雨伞似的盖，叫天盖，全用珠宝装饰而成，又称“宝盖”。

二十诸天：天，作为简称，在佛教中有三层意思：一、指天界，如六道、十界中的天道、天界。又如四天王天、兜率天、他化自在天；二、指天王，如大梵天、帝释天、大功德天，即这里所指的二十位天神；三、指天人，如三善道的天、人、阿修罗。佛教

以为天人是有情众生最妙、最善，也是最快乐的去处。只有修习十善业道者才能投生天界，成为天人。但“天”虽然处于诸有情界中最高最优越的地位，能获种种享受，但仍未跳出轮回，一旦前业享尽，便会重新堕入轮回之中。另外，佛经中说到“天”时，除了指作为正报的有情众生之外，还指其依报即这些有情众生的生存环境。

作为佛教造像的表现题材的诸天主要是在前述有情众生一类的意义上说的。只不过这些“天人”大都具有非凡的本领。佛教把古代印度神话和其他宗教中的一些神也称为天，并将他们吸纳进来，视为佛教的护法神。

大雄宝殿内两厢站立的是佛教的护法神二十诸天，各前倾十五度，以示对佛的尊敬。他们是掌管日、月、星、地、水、风、雨、雷、电等的天神。西侧第一尊是阎罗天子，传说是地狱的统治者。东侧第一尊是娑竭龙王，掌管海洋水利。其他还有四大天王、日宫天子、月宫天子、鬼子母神、坚牢地神等，他们手执法器和兵器，是神通广大的象征。据有关部门考证，我国的诸天塑像宋代以后才有，他们穿戴的服饰是模仿我国封建王朝文武百官的服饰。

十二圆觉：殿后趺坐的是“十二圆觉”，意为“圆满的觉悟”，是密教崇奉的著名菩萨群体。《圆觉经》说，十二位菩萨向佛祖请问修行法门，佛说大乘圆觉清净境界修行法。东面排列的是：文殊、普眼、贤首、光音、弥勒、净音，西面排列的是：普贤、妙觉、善慧、善见、金刚藏、威音，他们都是佛祖的大弟子，据说现在的佛经，就是他们根据释迦牟尼在世时的讲经说法和自己的见闻整理而成的。大雄宝殿有十二圆觉这样的布局，全国仅灵隐寺一座。

慈航普度、五十三参：释迦牟尼像的后壁，是一组气势恢弘的彩色“五十三参”海岛立体群塑，高二十余米，全部用黏土不掺一点水泥，塑造了以童子拜观音为主体的一百五十尊佛像。

大家看到那位双手合十，身穿红肚兜的孩童叫“善财童子”，简称善财。据佛经讲，善财童子是福城长者五百童子之一，善财出生时，有种种珍宝涌现，故名善财。善财看破红尘，发誓要修行成佛。文殊菩萨路过福城，看出善财有佛性，就指点他去南游一百城，参访五十三位“善知识”，最后遇到普贤“即身成佛”。所以佛教建筑中的阶梯常铺为五十三级，比喻“五十三参，参参见佛”。

而现在我们民间对善财理解为“招财童子”或祈祷童子投胎。善财，是第二十七参，遇到观音，得道后成为观音的胁侍。

整座群塑分上天、地、海三层，最下层为“海”，两侧为来南海朝拜的十八罗汉，正中脚踏鳌鱼、手持净瓶的就是大慈大悲的观世音菩萨。观世音，又称“观自在”，据说她有三十二种化身，世上众生遇到灾难，只要念诵她的名字，她就会寻声来救，所以称观世音。唐代因避唐太宗李世民讳，改称“观音”。观世音菩萨原为男性，因佛教传入中国，逐步融合进中国民族文化而渐渐演变，在南北朝时就开始塑成女性像，迎合了善男信女的心理需求，使观音成为了中国最受欢迎的女菩萨。中国佛教将阳历二月十九定为观音诞辰日，六月十九为观音成道日，九月十九为观音出家日，统称“观音香会”。民间还有观音送子的说法。观音脚踏鳌鱼，传说在人世间地下有鳌鱼，是海中之王，眼睛眨一眨，尾巴动一动，都有可能引起山崩海啸，洪水地震。只有观音能镇住鳌鱼，独占鳌头。驯服后的鳌鱼成了观音的坐骑。观音的左右站一个童男、一个童女，童男是善财童子，童女是龙女，他们是观音菩萨的左右胁侍。

中间坐在麒麟上的金身像是地藏王菩萨，他曾是新罗国的王子金乔觉，削发为僧后到中国的九华山修行得道。照佛教的说法，地藏受释迦牟尼的重托，在释迦牟尼寂灭而未来佛弥勒佛出世前的这段时间，担当起教化六道众生的重任。释迦牟尼又任命他作幽冥教主，就是管理阴间，地藏承担这个重任以后立下誓愿：“地狱未空，誓不成佛!”意思就是直到地狱没有一个“罪鬼”受苦，自己才愿意成佛。佛心朴直，善亦大焉。可惜六道轮回永无休止，地狱何时才能撤空？所以地藏菩萨也就永难成佛，中国佛教也把他作为四大菩萨之一。

最上层“三十三天”那尊形容枯槁、瘦骨嶙峋的佛像，展现的就是释迦牟尼成佛前在雪山茹苦修行的状态，又称“饿佛像”。他吃的是白猿献的果，喝的是麋鹿献的奶。这也许就是和尚只能吃素，但可以喝牛奶的缘由。

（四）药师殿

在大雄宝殿后面是一座单层重檐歇山顶的大殿，这就是1993年正式开光的药师殿。“药师殿”

的匾额是原佛教协会会长赵朴初先生所书。

药师佛：殿内台座上结跏趺坐的是东方净琉璃世界的药师佛，佛全称为“药师琉璃光如来”，大乘佛教佛名为“东方净琉璃世界”教主。药师佛面相慈善，仪态庄严，身呈蓝色，乌发肉髻，双耳垂肩，身穿佛衣，袒胸露右臂，右手膝前执尊胜诃子果枝，左手脐前捧佛钵，双足跏趺于莲花宝座中央。左右分别是手托太阳象征光明的日光菩萨和手托月亮象征清凉的月光菩萨，三者合称为“东方三圣”。药师佛与娑婆世界的释迦牟尼佛、西方极乐世界的阿弥陀佛同存于不同的空间，代表东、中、西三方空间世界，故称“横三世佛”。药师佛曾经发过十二大愿，“要让在世的人们除去一切病痛，身心安乐”，所以人们也常称他为消灾延寿药师琉璃光佛。从宗教和精神分析学的角度来看，心病是一切疾病的根源，一切病皆由心而发，由心而生。药师佛不可能消除人们肉体的痛苦，但可以给予精神上的安慰，来医治世人的心病。

日光菩萨：日光菩萨为通身赤红色，坐赤莲上，左手持赤莲，右手半举朝内结印，莲上安日轮。他的名号，是取自“日放千光，遍照天下，普破冥暗”的意思。此菩萨持其慈悲本愿，普施三昧，以照法界俗尘，摧破生死之暗冥，犹如日光之遍照世间，故取此名。“日光遍照”在佛法上表智慧，放射无量光明，普透一切宇宙生命，使自昏昧迷蒙中醒觉。

月光菩萨：又作月净菩萨、月光遍照菩萨。月光菩萨为童子形，坐赤莲上，黄色装，右手执上安半月之细叶青莲，左手持未敷莲花。有相传药师如来与日光、月光菩萨本为父子，曾于电光如来法运中勤修梵行，受电光如来咐嘱分别改名为医王与日照、月照，发无上菩提大愿，誓救六道一切有情出轮回苦。

药叉神将：左右两边是药师佛的十二弟子“药童”，又称“药叉大将”。分别是：官毗罗大将、伐折罗大将、迷企罗大将、安底罗大将、安頁你罗大将、珊底罗大将、因达罗大将、披夷罗大将、摩虎罗大将、真达罗大将、招杜罗大将、毗羯罗大将，且他们各有七千药叉，以为眷属。他们不仅顶盔挂甲，神态威武，而且会按十二个时辰轮流值班，及时去拯救那些生病的信徒，保护众生，还按中国的习俗给他们配上了十二属相的图案，分别成为各个属相的保护神。

（五）藏经楼

藏经楼为灵隐寺的第四殿，位于药师殿后面的山坡上，共三层。上层是寺院藏经之所，收藏了六部大藏经。中间一层是法堂，又称“直指堂”。直指，意为“直指人心，见性成佛”，直指堂，也就相当于其他寺院的法堂，在寺院中它主要是用于讲经说法，寺院许多大型的讲经法会，都是在这里举行。法堂中间设有一个用东阳木雕的讲台，精美异常。上面放有一把狮子座，是法师讲经说法时的法座。寻因法师宣讲如来正法，能摧破外道邪魔，犹如狮子一吼，百兽皆服，故名狮子座。座位背面悬挂着雕刻精致的大法轮，它是法堂的主要特征。所谓法轮，是指佛陀说法，不止于一人一处，犹如车轮，辗转相续，故名法轮。为每月数次讲经说法之地，高僧云集，听者甚众。由于是寺院重地，藏经所和法堂都不对外开放。

下层是文物展厅，对游客展出灵隐寺历代收藏或佛教团体交流的珍贵文物，有佛像、字画、经文等五十余件珍品，这些带着佛教的神秘感的珍贵文物令游客们长久驻足凝视。二级文物“菩提树叶画‘庄严三宝’”吸引了许多人的目光。一枚小小的菩提树叶筋脉上，用彩色颜料画出一尊神情庄严的三宝佛像，虽年代久远，仍颜色鲜艳，神色如生，眉目细腻，可以想见制作者花了多少心血细细描绘。相传佛祖修行六年后在菩提树下悟道，所以菩提树被奉为佛教圣树。菩提树叶画是印度文物，需极高明的技术和功底，目前这一古老技艺在印度已失传。

灵隐收藏有历代佛教文物珍品，收藏了各种佛教书籍。如：十世班禅舍利，展台上是七个小佛像，用西藏特有的红泥做成，旁边有介绍文字说这是西藏佛教团体访问灵隐时赠送的，内有十世班禅的头发和指甲。《敦煌石室藏经》，这是一卷唐代手写心经真迹，一级文物。原藏于敦煌石室，保存完整，字体清晰，敦煌所藏古卷大部分被英国人盗往国外，能保存下来的价值自然无可估量。《唐开元石雕菩萨像》携带着大唐的雄浑气势，从遥远的年代向我们走来。菩萨像面容饱满，神态安详，衣饰飘带流

畅，唐代的豪放造像风格令人叹为观止。

走出藏经楼，可见一块巨幅青石壁画镶嵌在石墙上，画的是如来说法感化万物的佛教故事。画面正中是如来气象庄严地坐在狮子坐骑上讲经，天女们在天空中吹笙应和，顿时花团锦簇，龙飞凤舞，树林中的狮子、大象、雄鹰等各种动物听到佛的讲经，都受到感化，从四面八方向佛奔来，真如两侧对联所说的，“如来说法狮吼象鸣声震天，天女吹笙龙飞凤舞气冲霄”。

（六）华严殿

华严殿是灵隐寺的最高处，也是灵隐寺的最后一重殿。从华严殿往下观望，五座大殿贯穿在一条中轴线上，层层递进，殿门上挂有乔石同志的亲笔题字“华严殿”。

殿门匾额上书有“华藏世界”四个大字。华严殿里供放着华严三圣：当中圆满抱身佛像即如来，微笑着俯视众生；佛祖右边是手执如意的大行普贤菩萨；左边手执莲花的是大智文殊菩萨。三尊佛像都端坐在勾着金边的莲花宝座上，造型端庄凝重，气韵生动，极具风采。佛身是深褐色，而佛的衣裳莲座都是浅褐色，这是因为这三尊佛像的佛身都是用一根巨楠木制成，是一位居士在缅甸发现的一棵巨楠木，直径有两米多，故请来灵隐做成佛像。而衣裳莲座都是用樟木制成，颜色较浅，深浅相配，更显奇妙。据记载：三者都是华严世界里的圣人，所以又称为“华严三圣”，华严殿即是依此而得名。

华严殿的东侧建有配置彩色灯光的“九龙吐水”大型水池。池中央顶部的大理石摩尼宝珠，直径为1.5米，重达6吨。入夜，在斑斓彩灯的映照下，九龙竞相吐水，圆珠缓缓转动，数股清流环池泻下，水声潺潺，山谷回应，景色十分迷人。西侧有一塑像，这是日本“遣唐使”空海，当年曾在灵隐寺修行，回国后创立了“真言宗”，被人赐号“弘法大师”。

三、飞来峰景点

古老的传说给飞来峰蒙上了一层神秘的面纱，其实飞来峰形成于地质纪二叠纪时期，距今已有两亿年的历史，是一座石灰岩山峰，它的主要成分是碳酸钙，质地松脆，易受水蚀和风化，常年累月形成许多形状各异的岩洞。大自然造就了“无石不奇、无水不清、无洞不幽、无树不古”的飞来峰。尤为珍贵的是，在天然岩洞和山崖上，布满了五代至宋元时期的大批石刻造像。在长约600米，宽约200米的区域内共有153龛470余尊造像，保存较为完整的就有338尊。其中有雕凿于五代后周广顺元年（951年）飞来峰最早的石刻造像“西方三圣”，有雕刻于1022年的最为精致的“卢舍那佛会”浮雕，有雕刻于南宋时期飞来峰最大的最为著名的造像“大肚弥勒”。这些精湛的雕刻艺术品不仅给奇峰怪石增添了神秘色彩，而且使飞来峰成为我国石窟造像中的艺术宝库。

（一）青林洞

青林洞是飞来峰东南最大的洞，因为洞口形似虎嘴，又称“老虎洞”。

西方三圣：在洞口上方有三尊小佛，称为“西方三圣”。它们雕刻于五代后周广顺元年（951年），这是飞来峰现存有体积的造像中年代最早的造像。中间的那尊叫阿弥陀佛，是西方极乐世界的教主，称无量寿佛，两侧分别是他的左右胁侍大势至菩萨和观世音菩萨。观世音菩萨主悲门，位佛之左。大势至菩萨主智门，位佛之右。这三尊造像，眉目清秀，容相慈悲，皆作全跏趺坐式。座为仰莲须弥座，身后有缘饰火焰纹的背光。

本尊阿弥陀佛，高90厘米，中年男相，头顶有高肉髻、螺发、长耳下垂，双眼正视，着半披肩袈裟，袒露右胸臂，双手相叠作三摩地印，也就是弥陀手印。左右胁侍观世音和大势至菩萨各高65厘米，青年女相，皆稍侧向本尊，头戴宝冠，宝缯下垂，胸

挂瓔珞，手腕贯钏，身着天衣披薄纱，帛带围绕。观世音右手上举，左手托着一只净水瓶；大势至右手上举至胸，左手横摊在膝上。这些作品虽然已经风化，但仍然可以看出五代时期的艺术风格，其制作是相当工整精致的。

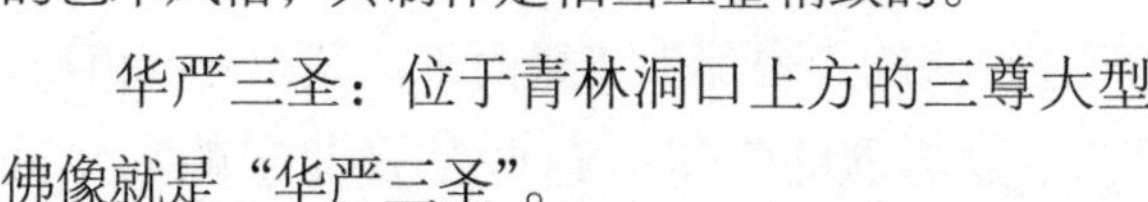

华严三圣：位于青林洞口上方的三尊大型佛像就是“华严三圣”。

本尊毗卢遮那佛端坐正中，全跏趺坐式，吉祥坐，高155厘米，仰莲座高63厘米。中年女相，头戴五佛宝冠，耳下垂有花形珥珰，脸部丰满，容相慈悲，双眼正视，眉间有白毫相，双手上举，五指弯曲，作毗卢遮那佛五字剑印。

左胁侍文殊师利菩萨和右胁侍普贤菩萨，亦作全跏趺坐式，吉祥坐，各高125厘米，仰莲座高47厘米，皆稍侧向本尊。青年女相，面容清秀，头戴宝冠，胸挂瓔珞，身披薄纱，帛带围绕。文殊左手持青刚剑，右手上举胸前，绕身的两条帛带向身后飘拂。普贤左手托着一个经盒，右手上举，掌心向外，帛带从双肩下垂至膝上。

根据佛经记载，毗卢遮那佛和文殊、普贤菩萨，合称“华严三圣”。文殊主智门，位佛之左；普贤主理门，位佛之右。毗卢遮那佛理智完备，他头上所戴之五佛宝冠，又名五智宝冠或五宝天冠，冠上有五化佛，表示五智圆满之德，故有此名。这龛佛像建于1282年，是元代作品中最早的一龛。

卢舍那佛会：洞口右边的崖壁上，坐东朝西，有一块高146厘米、宽150厘米的壶门式花头龛，刻的是佛教故事“卢舍那佛会”。这是飞来峰中雕刻最精致的作品，石龛里正中坐的是卢舍那佛，他是佛教密宗中的最高神，能以光明普照众生，故名大日如来即佛光普照的意思。卢舍那佛头戴宝冠，身披袈裟，双手十指微屈，上举至两肩侧，作说法状。赤足，全跏趺坐式，端坐在正中高束腰莲座上。身后的项光和身光，边缘都有熊熊火焰纹。

文殊骑青狮，普贤骑白象，相向站立在卢舍那佛的左前方和右前方。二像皆为青年女相，面目清秀，头戴宝冠，胸挂瓔珞，身披薄纱，帛带围绕，也作全跏趺坐式，端坐在狮、象背部的仰莲座上，背后都有圆形项光和身光。文殊左手上举，右手下垂，其坐骑青狮尾巴上翘，作回头状，四脚分开站立在四朵莲花上。普贤左手前伸，右手上举，坐骑白象尾巴下垂，昂首向前，作缓慢行

走状，四脚也踏在四朵莲花上。

在文殊和普贤身后，有天王立像四尊，对称站立在卢舍那佛的两侧，皆为中年男相，戴盔穿甲，穿武士靴，作武士装饰，身躯魁梧，神态威严。四天王背后还有四尊供养菩萨，也对称站立在卢舍那佛的两侧。

龛楣上方雕飞天二尊，皆头戴宝冠，身躯微屈，披薄纱，着长裙，胸挂瓔珞，帛带飘扬，手托鲜果，向着正在说法的卢舍那佛飞舞而来。其下祥云冉冉，鲜花朵朵，给说法的场面平添了不少热烈的气氛。这些都是北宋乾兴年间（1022年）的作品。这组造像手法精练，灵巧细致，富有装饰趣味。

济公床：在青林洞内，还有一块巨石，酷似床状，民间传说济公活佛曾因偷吃狗肉而醉倒于此。洞外的济公石，则相传是其修行念佛的盘坐之处。

（二）玉乳洞

玉乳洞是飞来峰的第二大洞，又名蝙蝠洞、罗汉洞、岩石室，因洞中岩石呈乳白色而得名。在洞内千姿百态的石壁上，整齐地排列着罗汉群像以及凤凰和雷公浮雕等石刻，四壁所刻二十尊真人大小罗汉都是北宋真宗咸平四年（1001年）的作品。

翻经台、六祖像：洞南口前十余步有传说中的南北朝人谢灵运翻阅经书的“翻经台”。相传晋代道家中人葛洪的祖先葛孝先就在此修炼，得道成仙。在洞南口顶端可清晰地看到镶嵌在岩层中的鱼类脊椎骨化石，形象地表现了沧桑巨变。洞北口有“震旦六祖”，即中国佛教禅宗的六位祖师爷：达摩、惠可、僧璨、道信、弘忍、慧能，合称“震旦六祖宝藏神大夜叉”。

十八罗汉像：经过玉乳洞中部，一直到北口通道东侧壁面上，一字形排列

着罗汉坐像十八尊，小僧和供养人立像各两尊，都是圆雕，另外还有凤凰浮雕两尊，雷公浮雕一尊。虽然分别布置在或长或短的小分龛内，但是造像排列均匀，大小接近，风格也完全一致，显然是一幅完整的十八罗汉造像。在第四尊罗汉附近有一凤凰浮雕鸡首长颈，嘴上含花一束，展翅作飞舞状。而洞内的雷公浮雕毛发上竖，赤裸上身和双足，张开双翅，双手托着一盘寿桃，迈着大步神采奕奕朝罗

汉飞奔而来。十八罗汉以及小僧造像，双颊肥胖，表情平淡，衣纹生硬，制作比较呆板。只有那两只作飞翔状的凤凰浮雕和那作奔跑状的雷公浮雕，姿态活泼生动。

（三）龙泓洞

龙泓洞位于玉乳洞的西北方，宋代文人郭祥正曾有诗歌咏此洞曰："洞口无凡木，阴森夏亦寒。曾知一泓水，会有老龙蟠。"洞名由此而来，俗传此洞颇深，可通浙东，现在洞内岩壁上尚刻有"通天洞"三字，并雕有观音坐像一尊。因此，此洞又名通天洞或观音洞。

取经浮雕：龙泓洞洞口右侧自北向南有一组结构完整、形象逼真的佛教历史题材浮雕，长约 6.6 米，高 1 米，描述了唐玄奘取经、朱士行取经、白马驮经的故事。最北边是唐僧取经浮雕，其中男子光头净发，容貌温文尔雅，神态虔诚真挚。身着通肩袈裟，双手合十，缓步前进，最终跋山涉水克服了许多困难，到达北天竺摩揭陀国，拜见戒贤法师。其次是曹魏僧朱士行取经的故事，浮雕中人物身穿长袍，腰佩利刀，脚穿草鞋，左手提棍棒，右手牵着马，大步前进。第三组是白马驮经故事，说的是东汉永平十年（67 年）明帝派遣蔡谙等人去西域求佛法，在月氏国遇到来自天竺的僧人摄摩滕和竺法兰，便请他们到西安洛阳传教。这些雕刻结构精致，形象生动地讲述了中国历史上僧侣所进行的宗教文化交流活动。

布袋和尚：整个飞来峰最引人注目的要数崖壁间那袒腹露胸、笑脸相迎的大肚弥勒了。它是整个飞来峰造像中最大的一龛，长 9.9 米，高 3 米左右，是飞来峰的标志性作品，此尊佛像雕于 1000 年。雕像慈眉善目，浓眉大眼，喜笑颜开，坦然而坐。通肩袈裟往下脱落，裸露出胸前的双乳，大腹便便。他赤足露趾，倚坐在背后的岩石上，一手拿布袋，一手执念珠，旁有木鱼一个。在两旁簇拥他的十八罗汉，皆光头净发，形态不一。

这尊大弥勒就是传说中的布袋和尚，因为他肚皮极大，又整天乐呵呵地背着大布袋游街串巷，乐善好施，总是"行也布袋，坐也布袋，放下布袋，何等自在"，因此而得名布袋和尚，而且常有十八个小孩子跟着他玩。贞明三年在岳

林寺圆寂，当时他口中念道：“弥勒真弥勒，分身千百亿，时时示世人，世人自不识。”有些人便以为他是弥勒化身，重返人间救助众生，而他身边的十八个小孩子也就变成了十八罗汉。

（四）理公塔

理公塔：游人自“咫尺西天”照壁往西进入灵隐，飞来峰龙泓洞口有理公塔，一名灵鹫塔，是杭州现存唯一的明塔。相传此塔是为纪念灵隐寺的开山祖师慧理而建造的，更是慧理和尚骨灰埋葬之处。此塔是一座石结构的楼阁式塔，高 8 米余，六面七层，殊为罕见。全塔由下至上逐级收分，结构朴实无华，别具一格。据载：理公塔曾于明万历十五年（1587 年）倒塌，后至明万历十八年（1590 年），当时的如通、祴秽和尚与佛教信徒程理，又动工重建理公塔。第一层中空，六面皆辟拱门；第二层的正南面镌有“理公之塔”碑记一方，东南面镌有明万历十六年春“慧理大师塔铭”一方，西南面镌有“卢字大明神咒”碑记一方；第三层的每面也镌有碑记；第四至第七层的每面，或刻坐佛，或作门窗式样，塔顶装有葫芦形塔刹。古朴沧桑的理公塔见证了一位印度高僧历经千山万水来到中国弘扬佛法的艰辛。

宝藏神大夜叉王：塔的左下方那尊大腹便便、面带微笑的就是藏传佛教中的财神，全称“宝藏神大夜叉王”，他身上披挂着用鲜花串成的璎珞，戴着金银珠宝串成的大海螺。据说他掌管着天下无尽的财宝。据佛经上面讲，只要按照上面这种形式绘制或者雕刻出“宝藏神大夜叉王”，那么想要什么就有什么了。

金刚手菩萨：塔的右下方是一块底宽 350 厘米、高 240 厘米的三角形巨石，中间凿方形佛龛一个，坐西向东，高 170 厘米，宽 185 厘米，顶弧拱。龛内圆雕金刚手菩萨一尊。这尊金刚手菩萨高 160 厘米，少年男相，头戴化佛宝冠，耳垂珥珰，耳后宝缯飘扬，大眼方颐，额际束发，双肩上也披着长发。上身赤裸，下着短裙，颈上戴蛇形项圈和花环。双脚和双手的腕、臂上都戴有花钏。双脚右弓而左直，赤足露趾蹲立在地上。左手竖食指，上举胸前，右手握金刚杵，高举过肩，绕身的帛带作飘扬状。虽然上躯比下躯肥大，比例不大匀称，但从整个造形看，显得生动活泼，好像是一个天真活泼的儿童，完全打破了密宗的仪式。它是唐宋传统风格同藏、蒙等民族艺术相结合的一件艺术品。

四、灵隐其他建筑

（一）五百罗汉堂

灵隐寺五百罗汉堂自明代就有，后来毁废，清朝道光年间曾经重建并名噪一时，但于1936年秋天遭受火灾而再次毁灭。新中国成立后，众佛界人士一直想重建罗汉堂，现今的罗汉堂是1998年重建的。总面积为3116平方米，中央高度为25米，其平面呈“卍”形，“卍”为佛祖的三十二相之一，以示万法唯心、万德圆融、万缘俱息之意。重建后的五百罗汉堂系仿清建筑，飞檐翘角，气势雄伟，它是目前国内规模最大的罗汉堂。

罗汉堂内供奉有五百尊青铜罗汉像，每尊高为1.7米，底座宽1.3米，重1吨，其形象各异，表情丰富，千姿百态，栩栩如生，惟妙惟肖，是佛教艺术造型中的精品。罗汉是梵语阿罗汉之简称，意为杀贼、不生、应供三义，为佛教声闻圣人。杀贼，贼指见、思之惑。阿罗汉能断除三界见、思之惑，故称杀贼。不生，即无生。阿罗汉证入涅槃，而不复受生于三界中，故称不生。应供，阿罗汉得漏尽，断除一切烦恼，应受人天之供养，故称应供。据记载五百罗汉是佛陀身边五百位常随弟子。五百罗汉堂的正中设有浓缩佛教四大名山的巨大铜殿，分别供奉五台山文殊菩萨、峨眉山普贤菩萨、普陀山观音菩萨、九华山地藏菩萨。在佛教中，此四大菩萨分别象征大智、大行、大悲、大愿。铜殿高12.62米，翼展7.77米，底部面积5平方米。采用铸、锻、刻、雕、镶等十二种工艺，三重檐，四立面，柱有蟠龙，栏有镂花，造型精致，气势磅礴，为“世界室内铜殿之最”，已被列入吉尼斯纪录。堂外廊四面有二十四块罗汉故事东阳木雕，栩栩如生，四周与之相配套的有具德亭、罗汉碑记、佛掌石、水池、喷泉、花坛等景致。

（二）道济禅师殿

“道济禅师殿”是1991年以后建成的。这些殿宇，巍然屹立，气魄雄伟，庄严肃穆，宏伟壮观，在建筑风格上也与原有的天王殿、大雄宝殿保持一

致，新老建筑浑然一体。殿中供奉有一尊右手拿破扇、左手持念珠、右脚搁在酒缸上的济公像，他就是民间家喻户晓的“济公活佛”。但与其他殿所供奉的佛像有所不同，例如，大雄宝殿正面供奉的主佛是如来佛、药王佛、弥勒佛，背面供奉的主佛是观音菩萨、文殊菩萨、普贤菩萨。这些主佛们的姿势或打坐或站立，面目或威严或慈祥。而此殿供奉的道济和尚不是正襟危坐，那位头上顶着一顶破僧帽，左手摇一把破芭蕉扇，一副滑稽搞笑的样子，正是我们在电视中所见的济公的形象。还有一位是得了道、修得了正果的道济禅师，比较富态，比较严肃。

(三) 灵隐图书馆

灵隐图书馆是灵隐寺储藏历代所收集书籍的场所，位于药师殿西面。灵隐寺藏书颇有传统，早在清朝道光年间，浙江巡抚、著名学者阮元在灵隐寺创建了“灵隐书藏”，广集世典和历代文物经籍书画等，并按唐代诗人宋之问的诗来编目，这一藏书活动后来中断。新的灵隐寺图书馆取名“云林图书馆”，建于2003年，建立目的之一就是为了恢复“灵隐书藏”的功用，让有心学习佛法的大众在来到灵隐寺的时候，可以得到佛法的洗礼，智慧的灌顶，让其对佛教有一个真正的认知。

图书馆采用了现代化的管理方式，馆内的典籍从性质上主要分为两类：一是佛教类，其中可分佛教教理类、佛教史学类、佛教文学类、佛教艺术类、佛教美学类、佛教寺志类等。并存有多部藏经，如《大正藏》《永乐南藏》《永乐北藏》《中华大藏经》等；二是文史哲类，其中可分外国文学、中国文学、外国史学、中国史学、外国哲学、中国哲学等。此外，还有一些英文、日文书籍，涉猎甚广。

佛法自古而今博大精深，典籍更是汗牛充栋，名目繁多。当前佛教僧众，在知识经济时代的冲击下，不但要学好教内义理，同时还要掌握大量的教外知识，只有这样才称得上是现代化的合格僧才。灵隐图书馆的建立，为培养现代化的合格僧才准备好了必要的硬件设施。据悉图书馆暂定每年购书经费十万元，目前只对寺内僧众和职工开放，但逐渐扩大规模后，计划向市民开放。

五、灵隐“亭文化”

亭是中国古建筑中具有悠久历史的特殊形式，它的体制构造较为简单灵便，经长期的演化变迁，成为民族文化的一种物化形态的载体。亭不仅是山水园林名胜中不可缺少的点缀，而且由于它与历史人物、事件的各种因缘，有的更成为带有典故性的文物。因此，在不同地区不同时代修建并保留至今的各式各样的亭建筑物，就构成了具有丰富内涵的“亭文化”。中国古代的文人学士，早就将建筑物中的亭台楼阁作为写作题材的审美选择，并创作了许多传诵久远的名篇。“亭文化”也是灵隐寺的一大特色。

（一）御碑亭

灵隐寺天王殿左侧有御碑亭，这块石碑建于1689年，碑高1.8米，由湖石刻成，宽约75厘米，一面写有“灵隐”二字，另一面则刻着康熙题《灵隐》的诗，碑帽上则雕刻着双龙戏珠图案。诗曰：

灵山含秀色，鹫岭起嵯峨。梵宇盘空出，香云绕地多。

开襟对层碧，下马抚烟萝。羽卫闲来往，非同问法过。

乾隆皇帝曾六次南巡，五次为灵隐寺题诗。

（二）冷泉亭

出飞来峰，洞口即是冷泉。冷泉掩映在绿荫深处，泉水晶莹如玉。在清澈明净的池面上，有一股碗口大的地下泉水喷薄而出，无论溪水涨落，它都喷涌不息，飞珠溅玉，如天女散花，溪流湍急，景色幽深，处处给人一种清幽恬静的美感。

冷泉亭依涧而立，亭子是唐时杭州刺史元英所建，那时，在冷泉亭旁边建

有虚白、候仙、观风、见山四个亭子。唐代大诗人白居易特别喜欢这个地方，特地撰写了《冷泉亭记》一文：“东南山水，余杭郡为最；就郡言，灵隐寺为尤；由寺观，冷泉亭为甲。”亭内原有一匾额，“冷泉”二字为白居易手书，“亭”字为苏轼续写，现已不存。据说苏东坡守杭时，常携诗友僚属来此游赏，并曾在冷泉亭上“画扇判案”。后来冷泉亭被山洪冲毁，明万历年间（1573—1620年）又在岸上重建。多年来冷泉亭以山树为盖，岩石为屏，一直是人们流连聚会、休憩赏景的地方。历来有很多文人骚客在此留下诗句，如：亭上董其昌的一副对联：“泉自几时冷起，峰从何处飞来。”因为写得很有意趣，金安清便有作答：“泉水澹无心，冷暖惟主人翁自觉；峰峦青未了，去来非佛弟子能言。”清代名将左宗棠的联句似得禅理：“在山本清，泉自源头冷起；入世皆幻，峰从天外飞来。”本自佛家经典，有一种超凡入胜的韵味。除白居易与苏轼之外，著名的爱国词人辛弃疾也曾在此留下佳作。如：

《满江红·题冷泉亭》

直节堂堂，看夹道、冠缨拱立。
渐翠谷、群仙东下，佩环声急。
闻道天峰飞堕地，傍湖千丈开青壁。
是当年、玉斧削方壶，无人识。
山木润，琅玕湿。
秋露下，琼珠滴。
向危亭横跨，玉渊澄碧。
醉舞且摇鸾凤影，浩歌莫遣鱼龙泣。
恨此中、风月本吾家，今为客。

作者在南归之后、隐居带湖之前，曾三度在临安做官，但时间都很短。乾道六年（1170年）夏五月，作者31岁时，受命任司农寺主簿，乾道七年春出知滁州。这段时间是三次中较长的一次，这首词就是在杭州作的。词的上阕写冷泉亭附近的山林和冰来峰；下阕写游亭的活动及所感。上阕自上而下，从附近的山林和流泉曲涧写起，隐晦地寄托了作者的志趣。而最后一句“恨此中、风月本吾家，

今为客”点名了主旨。作者南归之后，北方失地未能收复，不但夙愿难酬，而且永难再回故乡。只能长期在南方作客，郁郁不得志，因而触景怀旧，便有了无限伤感。要想排遣这种伤感，只能通过醉中的歌舞，但事实上是排遣不了的。话说得平淡、含蓄，“恨”却是很深沉的。不仅关系个人思乡之“恨”，还关系整个国家、民族命运之“恨”，自然会引起读者强烈的同情。这首词由西湖景物触动作者的思乡之情联想到国家民族的悲哀，表达含蓄悲愤深广；写景形容逼肖，而开阖自然。它并非是作者刻意经营的，但是体现出作者词作的风格特点和功力。

（三）壑雷亭

与冷泉亭相邻的便是有名的壑雷亭了。相传是北宋开国皇帝赵匡胤第十世孙担任临安（今杭州）知府时所建，苏东坡有诗云：“灵隐前，天竺后，两涧春淙一灵鹫。不知水从何处来，跳波赴壑如奔雷。无情有意两莫测，肯向冷泉亭下相萦回。我在钱塘六百日，山中暂来不暖席。今君欲作灵隐居，葛衣草履随僧蔬。能与冷泉作主一百日，不用二十四考书中书。”壑雷亭便由此而得名。宋代时，亭子旁边有一石闸，平时关闭，用于蓄集旁边的冷泉池水。每到大雨滂沱，冷泉水大涨时，便有人去开闸放水。顿时涛声阵阵，奔腾赴壑，发出震耳欲聋的声音，听了真有“壑雷”的感觉。

（四）春淙亭

跨过合涧桥，沿大路步行百余米，沿右侧大路再往前走，就到了回龙桥。回龙桥下涧水潺潺，回龙桥上建有一座四角上翘的亭子，与桥体相衔接，组合成别有风味的桥亭。这座亭子就是颇有知名度的春淙亭。我们现在看到的春淙亭是清代修建的，光绪初年曾重新加以修葺，到 1944 年又用钢骨水泥重建。春淙亭的旧址则是在合涧桥旁。

灵隐风景区内有两条溪涧，一条称北涧，一条称南涧。北涧流经灵隐寺山门前面的溪水，它发源于西源峰，进入灵隐山谷间后流经冷泉亭，再经回龙桥流至合涧桥下。南涧发源于五云山水出岭，绕过飞来峰后，也通达合涧桥下。南北涧在此汇合后，一路流过白乐桥、洪春桥、金沙滩里五桥后，流入西湖。南北两涧在灵隐翠绿的山林和奇异的岩石组合中嵌入了两条清亮的白练，为灵隐增添了无限韵味。北宋大文学家苏东坡来这里游览后，对此大为赞叹，在给朋友的诗中称颂说："灵隐前，天竺后，两涧春淙一灵鹫。不知水从何处来，跳波赴壑如奔雷。"诗中"两涧春淙一灵鹫"一句高度概括了灵隐山水组合的特色，意境也很优美。后人根据他的诗句，特意在合涧桥头造了一座亭子，名为"春淙亭"。

到了清代，原有的春淙亭早已湮灭，人们也把春淙亭渐渐淡忘了。乾隆年间，灵隐寺因久未修葺，急需重加修缮。当时的住持是巨涛法师，他博览群书，佛道高深，为当时朝野所器重。后来，巨涛法师得朝廷资助主持重修了灵隐寺大雄宝殿和寺内其他的殿、堂、楼、阁。灵隐寺修缮完毕以后，尚有剩余的木料和砖块，乾隆初年，巨涛法师决定用剩余的建筑材料在回龙桥上造一座亭子。这个亭子位于飞来峰的背阴处，又对着理公岩洞口，横卧在北涧之上。坐在这个亭子里，仰头可见满山翠色，俯身则闻泉水叮咚，风光景色如天造神设一般。漂亮的亭子要有优美的名号与之相配，为此，巨涛法师就专门找到厉鹗，向他讨教。厉鹗博学多闻，根据自已掌握的文史掌故向巨涛建议名为"春淙亭"，以呼应当时苏东坡的诗句，既符合意境又有缅怀古人的含义。巨涛法师欣然采纳了厉鹗的建议。

（五）翠微亭

飞来峰的山腰，有座古木掩映的亭子——翠微亭。亭侧石壁有一摩崖，上书："绍兴十二年，清凉居士韩世忠因过灵隐，登览形胜，得旧基建新亭，榜曰翠微。以为游息之所，待好奉者。三月五日写彦直书。"

韩世忠和岳飞同是南宋主战派的代表人

物。在抗击金兵、收复失地的战争中，韩世忠与夫人梁红玉屡立战功。岳飞被陷害后，韩世忠当面质问秦桧："岳飞到底犯了什么罪，有证据吗？"秦桧支支吾吾地说："岳飞给张宪的谋反信，其事体莫须有……"韩世忠愤愤不平："莫须有三字，何以服天下的人心？"后愤然辞去枢密使职，又上书乞归老于西湖。从此，自号"清凉居士"，常头戴青巾，骑驴携酒，纵游西湖，决不谈兵，也不会客。

一日，韩世忠登飞来峰，在飞来峰下徜徉，忽然有悟："飞来，飞来，忠良的魂灵本该飞来此！"便在半山腰建此亭。《一统志》载："岳曾有登池州翠微亭诗，故作此亭，以怀岳也。"

岳飞生前作过一首诗《登池州翠微亭》：

经年尘土满征衣，特特寻芳上翠微。

好山好水看不足，马蹄催趁月明归。

收复国土，"待重头收拾旧山河"，是岳飞终生坚守的志向，而根源在于他对祖国"好山好水"的忠贞热恋。用"翠微亭"的命名，正表达了韩世忠对这位英雄的深沉景仰与无尽怀念。

六、历史传说故事

（一）慧理法师与飞来峰的故事

“溪山处处皆可庐，最爱灵隐飞来峰”，苏东坡诗句中所提到的便是别名“灵鹫峰”、有着“东南第一山”美誉的飞来峰。飞来峰怪石峥嵘，岩溶地貌造型或似蛟龙，或似奔象，或似卧虎，或似惊猿，岩骨裸露，峰棱如削，再加上老树古藤盘根错节，犹如一座鬼斧神工造就的石质动物大观园。

关于名字的来历，传说有二。其中之一便是之前在叙述“灵隐寺”名字起源时所提过的，在一千六百多年前，印度高僧慧理来到杭州，看到这里奇峰怪石，风景幽静而绝美，惊讶地说：“此乃中天竺国灵鹫山一小岭，不知何代飞来?”因此后人为此山取名飞来峰。

飞来峰，又称作呼猿峰，或叫白猿峰。据说当时慧理法师宣称这座山是天竺国飞来的灵鹫山岭时，很多人对此将信将疑。慧理却很有把握地说：“这山岭向来住有两只猿猴，一黑一白。如果这山确系飞来，那么黑白二猿也一定会相随而来。”说完，他来到山脚的洞口，俯身朝洞内呼唤。果然，随着他的喊声，有一只黑猿和一只白猿从洞中奔跃而出。大家这才相信他的话，把这个洞称之为“呼猿洞”，把这座山的山峰称之为“呼猿峰”。

关于灵鹫飞来和黑白二猿相随的说法当然是传说，但是慧理法师在此开建灵隐寺后，确确实实养过一只白猿。据记载：慧理法师养的白猿很通人性，非常活泼。白天，它在溪涧中嬉耍跳跃；夜晚，松风低鸣，明月高悬，涧水叮咚，白猿偶一吟啸，凄哀婉转。慧理为此有“引水穿廊步，呼猿绕涧跳”的诗句，描述自己养白猿的乐趣。灵隐的猴群最多时是在南朝刘宋时期，有一个法名智一的僧人，敬仰慧理法师，遂养了一大群猴子，智一法师也因此被人称为“猿父”。自此以后，灵隐山谷间就时常有猴子出没。一座怪石嶙峋的山峰，一条清

澈透亮的冷泉，杂以松鸣水吟，偶或响起一声猿啸，此情此景的确给人以无穷的情韵和遐想。因此南宋曾定临安钱塘景色，共有八景，而“冷泉猿啸”即为八景之一。当时的游人常把到冷泉边听猿啸当做重要的游览内容，文人墨客更是以此为题材，写下不少诗篇。如南宋浙江嵊县人吴大有即作有《听猿》一诗。诗写道：“月照前峰猿啸岭，夜寒花落草堂春。同来蜀客偏肠断，曾是孤舟渡峡人。”诗人大约是陪同一位四川客人来游玩的，客人坐船沿长江三峡而下来到杭州。三峡两岸的猿啸凄哀令人悲凉不已，现在在这里又听到猿啸，难免勾起乡情而哀痛肠断了。

宋元以后，灵隐的猿猴逐渐减少，到清代时已经很难再见到猴子，不过从零星的记载中还可以寻到猴子的踪迹。清顺治六年(1649 年)，灵隐寺有僧人看见过白猿，它通身皎洁，白如积雪，在月光映衬下更显洁净可爱。过了两年，僧人们又在青莲阁下看见一只黑猿。那黑猿居然头上戴着一顶斗笠，像是在匆匆赶路。僧人们一齐惊呼起来，那黑猿受了惊吓，发出一声轻微的吟叫，然后跳过溪涧奔窜而去。当时人们觉得这一白一黑的猿猴出现得很神奇，有人甚至认为这就是慧理法师当年从呼猿洞呼唤出来的黑白二猿。从慧理法师开山建寺到清顺治年间，其间历经一千三百多年，黑白二猿的寿命之长也太令人不可思议了。但灵隐山谷间早年有猴子却是事实，而猴子的最早的豢养人就是慧理法师。他为灵隐寺这巍巍禅寺奠基开山，同时也为灵隐山谷增添过“猿啸”这一项景观。

（二）济公和尚与飞来峰的故事

另一种说法是与大名鼎鼎的济公和尚有关，他是中国佛教史上最富传奇色彩的神僧，为十八罗汉中的降龙罗汉。济公确有其人，他是浙江台州人，原名李心远，出家法名“道济”。南宋初年在灵隐寺出家，是高僧瞎堂法师的徒弟。他虽然不守清规戒律，平时是一副“鞋儿破，帽儿破，身上袈裟破”的形象，但他酒肉穿肠过，佛主心中留，为人正直善良，又神通广大，深受老百姓的喜爱。济公智斗秦丞相，惩治嘲弄贪官污吏，而他的行为又常常是以嬉笑怒骂、

幽默讽刺的形式出现。至今流传着“济公斗蟋蟀”“运木古井”等许多有关他的传奇故事。老百姓尊称其为“济公活佛”。济公住过的净慈寺有济公殿和运木古井。相传济公睡梦中去四川募化木料，古井与海相通，木料由海上运来，一根根从井中浮出，这些木料修好了寺庙大殿。济公圆寂后，葬在杭州虎跑，虎跑泉西有二层楼高的济公塔院，是其葬骨处。一生任性逍遥、游戏人生的济公活佛，注重修心，不拘形式，放浪形骸，他所彰显的是一种自然天真、随缘入世的度化精神。

话说当时在杭州灵隐寺出家的济公和尚，神机妙算，法力无边。这天，他远远看见天空飘来一团黑黑的东西，再仔细一看，不好！是一座小山峰！这小山峰马上就要落到灵隐寺前的村子里了，如果不快点让村民们搬走，那会砸死多少人哪！可是济公东家进西家出，嘴皮子都快磨破了，还是没有人肯听他的：小山峰？哪有什么小山峰？搬家？往哪儿搬？人们都嘻嘻哈哈地笑济公是个疯和尚。济公急得满头大汗，忽然瞥见村里有户人家正在接新娘，他灵机一动，冲过去，抢了新娘子往背上一背，撒腿就跑。“不好了！疯和尚抢新娘子了！”这一下，轰动了全村，男女老少都一齐冲出来，追着济公要讨回新娘子，济公疯疯癫癫地跑着，把全村人都引得远远的。刚停下脚，就听见“轰隆”一声巨响，小山峰已经落了下来，将整个村子都压在了下面。村民们这才恍然大悟：是济公救了我们的命啊！从此，这座山峰就在灵隐寺前安了家。因为它是飞来的，人们就将其称为“飞来峰”。

（三）“一线天”的传说

飞来峰的“射旭洞”内有着著名的景观“一线天”，它隐蔽在一条石缝中，只有站在特定的位置才能找到一枚硬币大小的亮光，“一线天”也正是因此而得名。因其难发现，游客经常需要排队来寻找那一线亮光。

关于“一线天”的由来还有一个美丽的传说：许多年以前，诸暨有个年轻人，名叫石娃，他不但聪明能干，还是个手艺出众的石匠。同村住着一位

名叫花妹的姑娘，她漂亮、心灵手巧，而且歌声优美动听，可使花儿开放，鸟儿飞舞。石娃和花妹相爱，却遭到了雷神的嫉妒，在他们准备成亲之际，雷神化为凡人下界，想抢走花妹。石娃、花妹二人紧紧相拥，誓不分开，于是雷神便把两人相拥的山头一劈为二，轻吹一口气，花妹站着的一半山头就飞了起来，情急之下，石娃抓住了山上的一根树藤也随之飞起。当山飞到杭州灵隐的上空，石娃再也坚持不住晕了过去，醒来之后发现自己变成了一只长嘴巴的鸟儿。正在伤心之余，忽然听到从山底传来花妹的歌声，也认出那是从自己家乡飞来的半个山头，石娃便兴奋地用嘴啄着岩石。被雷神关在洞底的花妹听到岩石敲打的声音，知道是石娃来救自己了，于是拔下头顶的银钗在发出声音的地方挖了起来。不知过了多久，一丝和煦的阳光照进洞里，花妹见石娃已变成鸟儿，旋即也化身为鸟，伴着石娃双双往天空飞去，并把雷神的眼睛啄瞎，从此自由翱翔于天地间。而石娃把花妹救出来的那个小孔便是今日有名的“一线天”。

（四）“疯僧”扫秦的故事

相传疯僧在杭州灵隐寺做烧饭和尚。岳飞遭诬蔑遇害后，一日秦桧到寺烧香，疯僧当众揭发其罪行，羞辱之，冷笑道：“我外形丑陋，内心皎洁。有人虽头戴乌纱，却在暗中害人。”秦桧恼羞成怒，令左右动手，疯僧高举扫帚说：“昔日天下扫狼，今日寺中扫尘（谐音秦）。”对准秦桧横扫过来，秦桧一手抓住疯僧的腰带，恍惚间腰带变成巨蟒，直扑过来，秦桧顿时吓昏了。待秦惊魂稍定，疯僧已不知去向。人们对这位伸张正义的疯僧非常敬佩，就在大雄宝殿的群塑中加一个席位，让他享受人间香火。惩恶扬善本是佛家的本色，佛家不可能无视人间的是非，他们虽把自己隔在围墙内，沉浸在晨钟暮鼓声中，但还是正视着人间的善恶，有着人们共有的爱憎。

七、灵隐情结

自古至今，很多文人骚客在此留下脍炙人口的诗篇甚至于隐居至此，使得这座古寺除了本身珍贵的历史价值之外，更具有很深的文化底蕴。也正是因为如此，这座深山古寺才历经劫难却屹立不倒，香火绵延。

（一）骆宾王

骆宾王，字观光，唐朝初期的诗人，与王勃、杨炯、卢照邻合称初唐四杰，又与富嘉谟并称“富骆”。在四杰中他的诗作最多，尤擅七言歌行，名作《帝京篇》为初唐罕有的长篇，当时以为绝唱。他的骈文在才华艳发、词采赡富之中，寓有一种清新俊逸的气息。无论抒情、说理或叙事，都能运笔如舌，挥洒自如，骆宾王《代李敬业传檄天下文》，便是最能代表这种时代新风、流传广泛的名作之一。它以封建时代忠义大节作为理论依据，号召人们起来反对正在筹建中的武周王朝，气势充沛，笔端带有情感。其中“一抔之土未干，六尺之孤何托”二句，颇能激发唐朝旧臣对故君的怀念。

684 年，唐高宗刚刚去世不久，武则天废掉了自己的儿子中宗，另立温顺的儿子李旦为帝，同时大开杀戒，清除李唐宗室元老，打算废唐自立。这年九月，开国元勋徐绩的孙子徐敬业在扬州起兵反叛，骆宾王加入队伍。后徐敬业的部下王那相带头反叛，将徐敬业等二十五人杀掉，把人头献给了朝廷，起义失败。而对于骆宾王扬州兵败后的行踪，史学界众说纷纭，这也成为千古未解之谜。但是民间却流传初唐四杰之一的骆宾王遁迹灵隐的故事。

唐《本事诗·征异》中也载，骆宾王反武则天，兵败逃亡，落发灵隐，诗人宋之问曾与之在灵隐寺相逢——宋考功(即宋之问)以事累贬黜。后放还，至江南，游灵隐寺。夜月极明，长廊吟行，且为诗曰：“鹫岭郁岧峣，龙宫锁

寂寥。”第二联搜奇覃思，终不如意。有老僧，点长眠灯，坐大禅床，问曰：“少年夜久不寐，而吟讽甚苦何耶？”之问答曰：“弟子业诗，偶欲题此寺，而兴思不属。”僧曰：“试吟上联。”即吟与之，再三吟讽。因曰：“何不云楼观沧海日，门对浙江潮？”之问愕然，讶其道丽。又续终篇曰：“桂子月中落，天香云外飘。扪萝登塔远，刳木取泉遥。霜薄花更发，冰轻叶未凋。夙龄尚遐异，搜对涤烦嚣。待入天山路，看余度石桥。”僧所赠句，乃为一篇之警策。迟明，更访之，则不复见矣。寺僧有知者曰：“此骆宾王也。”

（二）宋之问

唐朝诗人宋之问这首专门赞美灵隐寺的诗，影响颇大，可谓诗中典范。

“鹫岭郁岧峣，龙宫锁寂寥”，鹫岭，即印度灵鹫山，这里借指飞来峰。开头便写出了灵隐寺所在环境，隐于青葱高耸的山脉之中，环境清幽甚佳。而“楼观沧海日，门对浙江潮”更因为对仗工整、境界优美而成为千古传诵的名句，充分表现了诗人的怡人情志。“桂子月中落，天香云外飘”更是赋予了灵隐寺神秘空灵的色彩，寺院的缥缈神圣突显无疑。在接下来的诗句中，诗人更是运用各种手法突显灵隐寺的各种诱人景色及清幽的环境，令人心神向往。

千百年来，灵隐寺不仅以古刹灵迹吸引着虔诚的香客，也因为山水风流、高僧辈出，而成为文人墨客向往的圣地。从东晋建寺以来，文人的游历、墨客的题咏，历朝不绝。南北朝时的谢灵运，唐朝的李白、白居易，宋朝的苏东坡、辛弃疾，明朝的徐渭、汤显祖，无不慕名而来。名人喜游灵隐，皇帝也不例外。清朝的两位皇帝——康熙和乾隆，也和灵隐寺结下了不解之缘。置身寺内，倾听梵音佛鼓，恍惚迷离之间，禅意萦回。千余年来文人们在此地流连忘返，想来对这个地方已经爱到了极致。驻足灵隐，感慨万千，从古至今文脉涌流，无数神妙传说，在这里回转；几多人生感慨，在心底环绕。明霞与暗夜交辉，快意与黯然相融。谁能说明白，一座灵隐寺，到底隐埋了多少人世烟雨？

报国寺

气势恢弘的大殿圣塔、精细逼真的彩绘佛像、文采飞扬的诗词歌赋、妙趣横生的故事传说，都是寺庙文化不可或缺的奇妙元素，作为历史悠久的古寺——报国寺，更是如此鲜明的将这几种元素体现到了极致。我国有四川峨眉山报国寺、四川乐至报国寺、福建金铙山报国寺、江苏苏州报国寺、北京报国寺、上海报国寺等，让我们走近报国寺，领略古老而神秘的佛教文化吧。

一、四川峨眉山报国寺

(一) 历史沿革

四川峨眉山报国寺坐落在四川省峨眉山市南面的峨眉山麓，离城约 7 公里，是峨眉山八大寺院之一，也是峨眉山风景区的入口。寺庙座西向东，朝迎旭日，晚送彩霞。前对凤凰堡，后倚凤凰坪，左濒凤凰湖，右挽来凤亭，恰似一只身披彩衣，朝阳欲飞的金凤凰。寺前有一对明代石狮，造型生动，守护着这座名山宝刹。山门上悬有清康熙皇帝御题“报国寺”大匾，字体苍然遒劲，潇洒自如，墨色苍润，灼灼闪光。山门两边柱上有对联：“凤凰展翅朝金阙，钟磬频闻落玉阶。”横匾题有：“普照禅林”“普放光明”，意思是：峨眉山是“大光明山”，昼有神奇的佛光出现，夜有万盏圣灯来朝，全峨眉山都被光明普照。右边“鹤驻云归”，意思是鹤停了，云归山岫，比喻圣地清幽，有着道家的韵味。大门上的联语：“独思喻道，敷坐说经”，前者是说靠自己的思维明白佛经的道理，就是佛学讲的“独觉”境界。后者是说高僧大德铺设好法座向弟子讲经说法。

公元 1615 年（明代万历四十三年），明光道人募化、四川巡抚徐彦、上海道人孙好古、峨眉县令朱万邦捐资卜地在伏虎寺右侧的虎头山下创建了一座寺庙，取名“会宗堂”，意为儒、释、道“三教”会宗的意思。寺里供奉“三教”在峨眉山的地方代表的牌位：佛教始祖释迦牟尼的大弟子普贤、道家创始的化身广成子、儒教的楚狂。相传四川峨嵋山是普贤在中国显灵说法的道场。《峨眉山志》等资料中记载了这样一个传说：东汉明帝永平六年（63 年）“六月一日，有蒲公者，采药于云窝，见一鹿歒迹如莲花，异之，追之绝顶无踪”。于是问在山上结茅修行的宝掌和尚，和尚说是普贤菩萨“依本愿而现像于峨眉山”。于是蒲公回家后舍宅为寺，自此峨眉山就发展成普贤菩萨的道场。另有资料说，是晋代的普公在山上采药时，看见一个

老头骑白象离去。依据这些传说，世人在峨眉山历代修建寺庙时，都以普贤菩萨为中心，使之发展成中国佛教四大名山之一。道教创始的化身广成子，为小说《封神演义》中“十二金仙”之一，在峨眉山授过道，据说他隐居在崆峒山的石室中，因为养生和修道得法，活了1200岁也没有衰老，他是李老君的化身。儒教的代表是楚狂，楚狂名接舆，是和孔子同时代的人，后来为回避出仕，隐居峨眉山。他淡泊名利，楚王请他去做官，他装疯不去。他还曾劝说孔子不要热衷政治，在《论语·微子》中有这样的记载：“楚狂接舆歌而过孔子曰：‘凤兮凤兮！何德之衰？往者不可谏，来者犹可追。已而，已而！今之从政者殆而！’孔子下，欲与之言。趋而辟之，不得与之言。”意思是楚国的狂人接舆唱着歌从孔子车前走过，他唱道：“凤鸟啊凤鸟啊！你的德行为什么衰退了呢？过去的事情已经不能换回了，未来的事情还来得及呀。算了吧，算了吧！如今那些从政的人都危险啊！”孔子下车，想和他交谈，但是接舆赶快走开了，最后孔子还是无缘与他交谈。会宗堂的建立，反映了明、清时期儒、释、道有过一段融洽的历史。

峨眉山报国寺在四百年间历经风雨：明朝末年寺庙被毁，直到清朝顺治年间（1644—1661年），由行僧闻达重修。公元1703年（清康熙四十二年），清圣祖爱新觉罗·玄烨根据佛经中“报国主恩”的意思，御赐“报国寺”名，并御赐匾额一方。如今报国寺山门上悬挂的“报国寺”三字横匾，就是康熙皇帝的御笔。公元1849年（道光二十九年）毁于一场大火，咸丰初重建前殿两廊，公元1857年（咸丰七年）增修中殿，公元1866年（同治五年）由暮春僧广惠扩建。数年的多次修建，使会宗堂成为一座具有四重院落、殿宇恢弘、布局典雅的大寺院。在解放后，寺庙又经过多次维修，1986年又重建了山门。

关于报国寺寺名的来由，在峨眉民间还有另一种传说：在会宗堂更名以前，庙里的和尚都是姓乾的，原因是寺中的长老不允许别姓的人来这儿当和尚。有一年，寺中新来了一个聪明的小和尚。经过几年修行，长老允许这个小和尚经管佛事、去藏经楼阅经书。

一天晚上，小和尚对师父夸赞道：“师父治庙有方，寺中人财兴旺，庙壁辉煌，处处丁是丁，卯是卯，敬香者千千，朝佛者万万，随喜功德，开支不竭，

前景辉煌。”长老虽然谦虚说不要徒弟夸他，但想到这些年寺院确实兴旺，便想不如把寺庙装修一番，然后请皇上题庙名，使庙宇增辉。于是修缮工程很快动工，不到一年，会宗堂就焕然一新。

长老和尚上奏康熙皇帝禀报了寺庙的人事、佛事，介绍说寺庙兴旺的原因是不收外姓，同时，请求皇上亲笔题写“会宗堂”寺名。一个月过去了，长老收到康熙提笔的寺名——“报国寺”，字体苍然遒劲，潇洒自如，墨色苍润，熠熠闪光，字字传神，耐观耐赏。长老心中不悦，又呈书皇上，想要问明更改寺名的原因。后来，一知情内务大臣回信道，皇上见了请御题会宗堂信函说：“这寺庙怎能以一姓出家为僧，一国都要以百姓为家，如果这样，全国寺庙纷纷效仿，岂不该使百姓之间不和了？”内务大臣又问将该寺改成什么名字，康熙皇帝随手翻了翻《岳飞传》，说：“你看，一个老妪都知道教儿子报效祖国，就叫报国寺吧。”

从此，“会宗堂”更名为“报国寺”。报国寺收僧时不讲究姓氏了，只要对佛虔诚，愿皈依佛门，经过考查合格后，皆可收下。从此以后，寺庙就更加兴旺了。

（二）佛法初探

弥勒殿

第一殿为弥勒殿，供奉弥勒塑像。“弥勒”是慈悲的意思，他是菩萨，还没有成佛。菩萨在佛教中的地位仅次于佛。释迦牟尼佛说，他灭度后五十六亿七千万年，弥勒才会重降人间。相传弥勒是一尊吉祥的菩萨，他重降人间的时候，地球将会经历许多变化，山河石壁都会消失，大多数土地成为肥沃的平原，海洋也不会兴风作浪，一年四季里都会风调雨顺，百花开放，万物和宜，产物丰收，果实甘美，人们健康长寿，没有疾苦，也不会遭受任何灾难，人心向善，安居乐业，整个世界将会成为美好的乐园。因为弥勒重降人间的时候会在华林园龙华树下修炼成佛，三次说法，广度众生，所以又被称为“未来佛”。在弥勒殿的门

上贴着这样一副对联："看他皤腹欢颜，却原是菩萨化相；愿你清心涤虑，好去睹金顶祥光。"这副对联描写的是弥勒菩萨的形象，并表达了希望所有游山者放下一切烦恼和顾虑，轻松愉快地登上金顶，好去看祥瑞的佛光的美好愿望。另外一幅对联很有意思地写道："开口便笑，笑古笑今，凡事付之一笑；大肚能容，容天容地，于人无所不容。"这副对联描绘了弥勒菩萨笑容可掬、身材圆胖的亲切形象，也体现了他潇洒大度、无忧无虑的性格特点，同时，也劝导和启迪人们为人处世要心胸开阔，要有容人之量。

弥勒后殿供的是韦驮站像，韦驮是佛教的护法神。相传释迦佛涅□后，诸天和众王商量火化遗体，收取舍利建塔供养之事。这时帝释天手持七宝瓶，来到火化场说，释迦佛原来未曾答应给他一颗佛牙。于是他先取下佛牙，准备带回去建塔供养。没想到有一个罗刹鬼躲在帝释天身旁，乘人不注意，盗走了佛牙。韦驮发现后奋起直追，将罗刹鬼抓获，取回了佛牙。诸神赞扬他能驱除邪魔，保护佛法，所以韦驮是身穿甲胄，右手托山，左手持金刚降魔杵，威武刚强，正气凛然的形象。

大雄宝殿

第二殿是大雄宝殿，殿里供奉着释迦牟尼金身彩饰坐莲像。释迦牟尼是公元前 6 世纪后期印度迦毗罗卫国（现在尼泊尔境内）释迦部落的一个王子，俗称乔达摩，名悉达多。当时社会动荡，民不聊生，这引起了悉达多的深思，因而出家修行，寻求解脱。他经过六年修行，最后在菩提树下经过七天七夜的禅思静虑，终于大彻大悟，修炼成佛。释迦牟尼的意思是"能仁""能儒""能忍""能寂"等。大雄宝殿的门柱上贴着这样一幅对联："教演三乘，广摄万类登觉路；法传千古，普度众生证菩提。"意思是说：通过佛教的三种途径，引导教化众生走上觉悟之路，达到解脱的目的。还有一副对联是这样写的："秋月朗清空，五夜山风狮子吼；菩萨开觉路，千年花雨象王宫。"意思是说峨眉山秋天的夜晚月色皎洁如水，午夜山风在山谷间盘旋回荡，就像是雄狮的怒吼。普贤菩萨在峨眉山（象王宫）向众弟子讲经说法，开示觉悟，由于讲得精深通透，引得美丽的繁花从天而降。还有一副对联正好解释和印证了"鹤驻云归"

的优美意境：“龙归法座听祥偈，鹤傍松烟养道心。”

释迦佛的左龛是泥塑彩绘金身文殊菩萨像。文殊全称为“文殊师利”，意为妙德、吉祥。他是众菩萨之首，是智慧的化身，常协同释迦牟尼宣讲佛法。因为他和普贤菩萨是释迦牟尼佛的左、右胁侍，因此世人合称这三位为“华严三圣”。文殊菩萨的形象，通常是手持慧剑，骑乘狮子，比喻以智慧利剑斩断烦恼，以狮吼威风震慑魔怨。有一幅对联对他的评价是这样的：“智镜高悬施法雨；慧灯遍照应群机。”意思是文殊菩萨用智慧润泽众生。右龛则是地藏菩萨的金身坐莲像。佛经中说地藏菩萨受释迦牟尼佛的嘱托，要在释迦佛灭度后、弥勒佛降生前留在世间，以教化众生，度脱沉沦于地狱、饿鬼、畜生诸道中的众生。因此，他发誓：“地狱未空，誓不成佛。”有一幅对联是这样赞颂他度脱沉沦决心的伟大精神的：“圣愿宏深，欲使出冥清罪案；迷途觉悟，难教沉溺负慈恩。”

殿内左右两厢供十八罗汉。罗汉是佛的得道弟子，十八罗汉是释迦牟尼佛的随行弟子。后龛内供的阿弥陀佛像，阿弥陀佛又称“接引佛”“无量寿佛”，是西方极乐世界的教主。大雄殿右侧，为新建的“祇园”，是接待国内外佛教团体和讲经的地方。

七佛殿

第三殿叫七佛殿。七佛殿有联一副，其文如下：“功德逾恒河，七宝庄严大千世界；层峰摩霄汉，三峨雄秀伯仲昆仑。”意思是：用珍贵的材料和高尚的法行美化了整个世界，这种功德超过了印度恒河里沙子的数量；大峨、二峨、三峨奇雄险峻，山峰直插云霄，可与巍巍的昆仑山相媲美。殿中供奉着七尊佛像，中间的是释迦牟尼佛，其余六尊从右至左依次为：南无拘留孙佛、南无拘那含牟尼佛、南无迦叶佛、南无毗舍佛、南无尸弃佛、南无毗婆尸佛。七佛皆盘腿坐莲台，体态匀称，庄严肃穆，表情各有变化，惟妙惟肖。七佛殿还有一副禅联是这样写的：“觉树开昙花，三世诸佛，慈光普照大千世界同登彼岸；峨眉长灵芽，七尊如来，哀怜摄受亿万众生共证菩提。”“觉树”即“菩提树”，“昙花”即“优昙花”，是祥瑞之花。“三世佛”即过去、现在、未来三世佛。“彼岸”即“涅槃”，就

是佛教徒圆寂。“灵芽”，泛指具有灵性的花木。“如来”就是循此真理达到佛的觉悟。“摄受”，佛以慈心摄取众生。“菩提”即觉悟。所以意思是：菩提树开着祥瑞的花，三世佛的慈光照耀着整个世界众生，一起到达极乐世界；峨眉长着有灵性的植物，七尊如来佛哀怜接受了亿万众生，帮助他们觉悟。在七佛殿的左壁，挂有“七佛偈”木屏四条，为我国北宋诗人、书法家黄庭坚书，是一件珍贵的文物。左边是“吟翠楼”，上悬“精忠报国”横匾，右边的客房，叫“待月山房”。

七佛殿后，以观音菩萨塑像为主，结合历史故事、民俗文化，塑造了一组群像。观音菩萨右手举杨枝，左手擎净瓶，左右金童玉女，飘然立于荷叶之上。金童旁是戎装裹身的赵子龙，再旁为东、南天王，手执琵琶、宝剑。玉女旁是美髯飘拂的关云长，再旁为西、北天王，执伞、握蛇。另外还有“罗汉伏虎”“蒲公采药”，最高处是“唐僧师徒取经像”。群像右侧还有一龛，供奉汉白玉雕刻的药师佛坐莲像。药师佛又称大医王，他是“东方净琉璃世界”的教主。七佛殿右侧，是峨眉山佛教协会。

七佛殿下矗立一座十四层楼高的紫铜华严塔，为明朝万历年间铸造，高 7 米。塔身分上、下两部，每部各铸七层楼阁，全塔共分 14 级。塔上铸有精美的小佛像 4700 尊和《华严经》全文，佛像历历在目，字迹清晰可见，是中国现存最大铜塔。

寺内还有永乐瓷佛，是明代永乐十三年（1415 年）由江西景德镇烧制而成。佛身上有许多小龙，每个小龙中都放有一个小金佛，各具神态。佛像底座为千页莲花，佛身披着千佛莲衣，暗含“一花一世界，千页千如来”的佛像经义。这尊瓷佛体形高大、比例匀称、线条优美、光彩熠熠。

普贤殿

最后一殿为普贤殿，供奉的是普贤菩萨。普贤菩萨梵语为“三曼多跋陀罗”，即普遍贤善的意思。普贤因广修“十大行愿”，又称“大行愿王”。殿门上书“金粟庄严便是菩萨住处；昙花灿烂照彻纳子爱心。”意思是：普贤菩萨的住处是用金黄色装饰的；优昙花灿烂的光辉映照着禅僧的爱佛之心。还有一副联

语：“普济有情，愿王垂慈，宛向峨眉寻妙谛；贤德无量，众生瞻仰，灵冥空寂悟禅心。”意思是说普贤菩萨在峨眉山留下慈悲，帮助众生求得解脱的真理，因此，众生瞻仰菩萨的无限贤德，在空灵寂静时感悟参禅的清静寂定心境。

整个寺庙是典型的庭院建筑，占地60余亩，一院一景，层层深入，蔚为壮观。

（三）文人宝迹

一方古刹报国寺不仅因为得天独厚的自然风光和令人叹为观止的雄伟建筑而得名，它还以汇集历代文人墨客的精华之作著称。

年代最久的作品是七佛殿内两侧墙壁上宋代著名文学家、书法家黄庭坚的四幅《七佛偈》木刻条屏真迹，元代的作品有书法家赵孟兆页书写的《王右军兰亭序》大条幅。

明代刚正不阿、清廉正直的著名政治家海瑞也题有：“举头望明月，放眼看青山。”这副对联表达了一代清官忠臣的广阔胸襟。还有晚明时期最杰出、影响最大的书画家董其昌也在报国寺题下了：“天开千里月，人隐四时春”的佳句。报国寺优美的自然景观也吸引了康熙皇帝，他不禁题下了“到处花为语，行时林出泉”的句子。另外，慈禧太后也游赏过报国寺，并留下了“岁岁平安节，年年如意春”的愿望。许多清代的大学者也在报国寺留下了珍贵的墨宝，如吴恒泰的“三思过有限，一笑益无垠”，“大肚能容天下事，善心不染世间尘”。刘咸炘的“遍翻三藏，不过明心，展卷时先要此间干净；历览群峰，由兹起步，登楼者须求向上功夫。”报国寺的优美景色和浓厚的佛家气息让忙碌中的世人生出超脱感和澄净感，难怪中国近代书法史上的书法艺术家、一代书圣于右任会感叹：“立身苦被浮名累，涉世无如本色难。”一代革命家董必武也题道：“皓月无幽意，清风有激情。”陈毅将军游报国寺时也感叹：“江山仍画里，人物已超前。”

“刚日读书，柔日读史。智者乐水，仁者乐山。”1939年3月，近代大文豪郭沫若先生到峨眉山为亡母扫墓，游览了报国寺，赠此联于报国寺。

这副对联比喻智慧的人像流水那样洒落，仁善的人像大山那样坚定。他还题下了“杏花疏雨，杨柳轻风，酒兴汹浓春色饱。沫水澄波，峨眉滴翠，仙人风物此间多”“雪涛眉下望，云海眼中收”“隐约云痕蛾眉暗，沉浮天影沫江流。”等意境优美脱俗的名联佳句。

在其他的文人墨迹中，最为精妙的要数以下几对楹联：

“含宏大海千川受，空洞长天一鉴垂。”——刘孟伉题；“江摇九顶风雷过，云抹三峨日夜浮。”——佚名；“宝刹我再来，忆同学少年、静室辟佛，慷慨犹怀报国志。禅堂僧留坐，观居士老叟、香坛学法，清静恍闻落花声。”——刘昌溥题；“海拔越三千，高凌五岳，碧嶂苍峦，兜罗艳艳映重霄。看萝峰晴云，灵岩叠翠，象池夜月，白水秋风，袅袅晚钟消俗虑，蒙蒙晓雨润洪椿。胜迹任遨游，快赏大坪霁雪，乐听双桥清音，休忘却仙峰探九老，金顶览祥光，尽将峨眉十景收眼底。峥嵘逾万纪，秀绝瀛寰，霞披彩错，瑞霭缥缥萦岭际。溯楚狂歌凤，蒲髯追鹿，真人炼丹，涪翁习静。皇皇功德郁楠林，赫赫神弓诛孽蟒。道场斯仰慕，欣诵子昂感诗，细研蒋史山志，须长咏太白半轮秋，石湖广行纪，会当天下名山注心间。”——刘君照题。（上联“五岳”，指我国著名的五座大山的统称，即东岳泰山、西岳华山、中岳嵩山、南岳衡山、北岳恒山。“晚钟”，即圣积晚钟，峨眉山十景之一。“晓雨”，即洪椿晓雨，峨眉山十景之一。“洪椿”，即洪春坪，古称千佛寺。“大坪霁雪”，峨眉山十景之一。“双桥清音”，峨眉山十景之一，“双桥”，指峨眉山千心岭下分跨黑龙江、白龙江之两座石拱桥。“清音”，指牛心岭下的清音阁，由于黑、白龙江合流于阁下，其声激越深沉而名。“九老”，洞名，即九老仙府，峨眉山十景之一，相传黄帝曾在这里打听僧人，遇到一个老头，问：“这里有和尚吗?”老头说：“有九人。”故后人称洞为“九老洞”。“金顶览祥光”，即“金顶祥光”峨眉山十景之一，“金顶”，是峨眉山之顶峰，是观日出、云海之佳处。下联“万纪”，纪为纪年单位，十二年为一纪，亦有以一代为一纪。“瀛寰”，“瀛”，谓海洋；“寰”，指寰宇，泛指环球。“楚狂歌凤”，指春秋时楚人陆通因不满楚昭王弊政，装疯拒绝做官的故事。“蒲髯追鹿”，指东汉蒲公追白鹿至金顶的故事”。

"真人炼丹"，指唐代医药家孙思邈曾隐居峨眉山炼丹制药。"涪翁习静"，指宋代诗人黄庭坚曾到峨眉山中峰寺休养。"习静"，谓佛家所谓修行的一种方式，以力求摒弃杂念，清净心性。"楠林"，世称"功德林"，亦称"古德林"。"诛孽蟒"，传晋代乾明观道士每年三月初三夜，能看到道观后山岚出现两盏绿灯，中间垂一座彩桥，故每年送一名当家道士至彩桥处升仙。宝堂峰明果大师不信此事，在这个地方埋伏弓箭手，当绿灯、彩桥出现时发箭射灯和桥。第二天清晨寻踪到白龙洞，发现一条巨蟒死于洞中，才知道绿灯是蟒蛇的眼睛，彩桥是蟒蛇的舌头。"道场"，泛指佛教法事。"蒋史"，指清人蒋超，曾修《峨眉山志》。"太白半轮秋"，出自唐代大诗人李白《峨眉山月歌》有句云："峨眉山月半轮秋，影入平羌江水流。""石湖"，指宋朝范成大，号石湖居士，曾作《峨眉山行记》。这些绝妙的楹联，或从自然风光的角度，或从佛缘情愫的角度，表达了对报国寺的赞美之情。

另外，报国寺还收藏了郑板桥、康有为、张大千、徐悲鸿等名家的墨宝。藏经楼两侧，还收藏着出土的包括春秋战国时期的文物在内的文物、书画、工艺美术品、生物标本等，以及峨眉山全景模型，为游人了解峨眉山提供了丰富的资料。

（四）旖旎风光

报国寺周围有着秀丽的风景，这里峰回路转，云断桥连；涧深谷幽，天光一线；万壑飞流，水声潺潺；仙雀鸣唱，彩蝶翩翩。春季万物萌动，郁郁葱葱；夏季百花争艳，姹紫嫣红；秋季红叶满山，五彩缤纷；冬季银装素裹，白雪皑皑。报国寺周围的建筑主要有：凤凰堡、虎溪精舍、善觉寺、雷音寺、纯阳殿、圣水阁、中锋寺。

凤凰堡，凤凰堡周围碑刻群列，有《峨眉山全景图》《般若波罗密心经》、康有为书的《十里桃花》、刘光弟书李白的《听蜀僧浚弹琴》，还有何绍基、赵熙等名人的墨迹。沿"之"字形坡道上去，便见红柱六角重檐钟亭，亭额悬"圣积晚钟"横匾。钟亭里面的铜钟是明代嘉靖年间别传禅师募资铸造，名叫"莲

花铜钟”。高 2.3 米，唇径 2 米，唇厚 10 厘米，重 12500 斤，钟唇为 12 缺荷叶形，钟体铸上了晋、唐以后历代帝王和佛教高僧的名讳，还铸有《阿含经》经文。佛教认为，钟声可以让人自我反省，检讨自己的过失，规正自己的行为。这口铜钟是峨眉山的佼佼者，被誉为“巴蜀钟王”。

虎溪精舍，距报国寺右 1 公里就是伏虎寺。“伏虎寺”牌坊下面，就是虎溪了，溪上横架着“虎浴”“虎溪”“虎啸”三道廊桥。“虎啸”桥的另一头就是“虎溪精舍”了，即伏虎寺。相传伏虎寺建于唐朝，宋朝的时候寺庙周围有虎为患，一个叫士性的和尚修建“尊胜幢”镇虎，从此虎患消除，此后，僧人将寺取名伏虎寺。还有人说是伏虎寺是因为寺后虎头山形如伏虎而得名。明朝末年伏虎寺改名药师殿，后来被大火烧毁。清顺治十八年（1661 年）重建，规模宏大，称为入山第一大观。

善觉寺

与伏虎寺遥相呼应的是善觉寺，善觉寺原名“降龙院”，由明代万历年间道德禅师修建。据传，当年康熙皇帝不喜欢“降龙院”这个寺名，因为虽然“降龙”“伏虎”本是显示佛法为生灵除害的威力，但在他看来“龙”是帝王的象征，“降龙”是不吉祥的，于是，他根据佛经中“善哉！觉哉！”的意思，便赐名“善觉寺”，从此改名善觉寺。康熙又赐玉印一枚，印刻“普贤愿王法宝”，还赐诗二首，表示对佛门的仰慕。寺中方丈元亨大师则修了一座八角亭，将康熙画像供于亭中，并植柏树一棵，以谢皇恩。

雷音寺

雷音寺距善觉寺 1.5 公里，原名是解脱庵，亦名观音堂。明嘉靖六年（1527 年）无瑕禅师创建，清光绪十年（1884 年）重建。寺名取“佛音说法，声如雷震”的意思。这座小寺巧构虚脚吊楼，建在危崖之上，打破了寺庙建筑的正规格局，是一座精巧别致的民间小四合院式的庙宇。

纯阳殿

距雷音寺 2.5 公里就是纯阳殿了，也就是吕洞宾的行宫。山门有对联：“起大愿云周法界，如普贤行悟菩提。”传说吕洞宾是唐代京兆人，曾经来过峨

眉隐居绥山（二峨山）紫芝洞修道，所以紫芝洞前的纯阳楼才是吕洞宾的主殿。明万历十三年（1585年）由四川御史卫赫瀛创建，崇祯六年（1663年）四川监察御史刘宗祥又加以修葺，改名为“纯阳吕祖殿”。清初，道士绝迹，道教的纯阳殿由佛教的和尚接管，不过仍叫“纯阳殿”。纯阳殿玲珑古雅，后倚赤城山，前瞻金顶，可观晴云雨雾。殿前古楠银杏，遮天蔽日，即使酷暑盛夏，亦无炎热之感。

圣水阁

在纯阳殿的左侧3.5公里处有圣水阁。圣水阁得名于阁下有一个小水池，泉水从山谷中溢出，名为“神水”“玉液”，相传“神水”能治病。明万历末时叫“神水庵”，清初才改名为“圣水阁”，也称“神水阁”。圣水阁四周树木、山石、池、泉构成优美的山水园林。池畔有一巨石，上面刻有“大峨”二字，据说是吕洞宾刻上去的。阁前有隋时智凯大师的衣钵塔。关于智凯大师与“神水”的不解之缘，还有一个小故事：智凯大师在峨眉山修行，喝惯了圣水阁的神水。后来他到湖北荆门玉泉寺当住持，非常思念这神水。有一天他在参禅入定时，见到老龙王，龙王说愿为他引来神水。智凯大师不信，说：“如果寄存在中锋寺中的钵盂和锡杖能随水而来，我才相信。”后来，果然玉泉洞口的流水中出现了大师的钵盂和锡杖。

中峰寺

距圣水阁不远是中峰寺。中锋寺本是道观，后来道教衰微，由佛教明果大师住寺，才更名为中峰寺。唐代时慧通禅师更名“集云寺”，宋仁宗时高僧茂真重修寺宇，为山中规模较大的寺院。

二、四川乐至报国寺

（一）千年古刹，几经兴废

四川乐至报国寺坐落在四川乐至县的金龟山上，远远望去，就如一只金龟驮着这一块佛家圣土。传说报国寺中有一巨石棺，棺内葬的是一位皇姑，所以称为“皇姑墓”。报国寺也因“报皇恩、报国土恩”而得名。报国寺四面青山环抱，槛外一泓碧潭，林木葱郁，景色宜人，千年古树，磷峋怪石，唐季残碑，摩崖造像，蔚为奇观。结合史料推测，乐至报国寺可能始建于隋开皇二年（582年），至今有一千四百多年的历史了。在这悠久的岁月中，它几经兴废。十一届三中全会后，党中央关于宗教自由的政策得到落实，千年古刹方得以劫后重光。当时的寺内住持、一代高僧离欲法师，出于爱国爱教一片赤诚之心，在97岁的高龄毅然挑起重建报国寺的艰巨任务，从整体规划到具体施工，都亲自料理。由于法师德高望重，各地信众踊跃捐款，不费国库财力，集资数百万。经过法师八年努力经营，终于把报国寺重建成琳宇梵宫、气象一新的佛家圣地。寺内广植树木花果，绿荫密布，鸟语花香，法师还从缅甸迎回玉佛十三尊（其中四尊高达2.5米），重新规划报国寺千佛岩造像，命人精工造就长达13米的卧佛像一龛，及高约4米的接引佛像一尊，药师佛像一尊，观音菩萨像二尊，终于使报国寺气象一新，巍然屹立，而成为今日朝拜观光之胜地。

乐至报国寺的最早记录资料是雍正版《乐至县志》，县志中有四川贡生郭即金写的报国寺七绝二首，原诗全文如下：“邑贡生郎即金：碑载万历年间建寺，先朝士大夫题咏甚多，今残文剥蚀，并委灌莽，读之不能成句。即金设馆寺中，不胜慨然，题以志之。”（意思是对于乐至报国寺，历朝历代达官贵人题词咏诗非常之多，由于年代久远，日晒雨淋，现在其文字风化腐蚀，残缺不全，并且碑文被灌木草丛覆盖，读起来有许多不完整的句子。我将住地搬到乐至报国寺之内，非常感慨，题诗二首以表达自己的心情）：

《题报国寺二首》

邑贡生郭即金

昔年文物盛乐阳，报国殷勤夙夜将。

近日题名无可究，欣欣草木畅东皇。

馆榖年来萧寺中，诗书半卷课儿童。

颜貌依稀逐岁月，寸心犹似古人衷。

乾隆年间《乐至县志》卷三，寺观篇第25页，有曾担任乐至县令的郑吉士题写的一首诗。原诗前有县志作者的注释说：“报国寺，治东北四十里，康熙五十四年重修。”原诗全文如下：

《游报国寺》

前邑令郑吉士

乘闲挈伴出秋城，野色林光处处明。

早稻千畦垂穗密，晴峦几片度云轻。

禅关共适登临兴，梵唱应嫌车马声。

我亦有怀期报国，敢将盏酒记浮生。

道光年间《乐至县志》卷九，寺观篇第十一页，有县令郑吉士，县令尤秉元题咏乐至报国寺的诗各一首。县志作者在诗前注释说：“报国寺在治东三十五里，古寺毁，今重装饰，奇石嵯峨，六峰排比，老绿荫空，昼曦剥漏，游屐淹留，所谓竹柏之怀与神心妙远。寺建于李唐前，故灵异之迹，往往而在，有明代嘉靖时磬，新出孟蜀广政间二碑，载入古迹志。”县志注释大意是：乐至报国寺在乐至辖区东部三十五里处，古寺曾被毁坏，现在重新装修粉饰，奇石巍峨高峻，六峰并列相靠；老树遮蔽天空，阳光从绿叶的缝隙中洒下，游客们在此留连忘返，这才能感受到竹和柏的胸怀，以及心灵的神奇美妙和高远。乐至报国寺始建于唐朝以前，所以灵妙奇异的古迹到处都有，现保存有明朝嘉靖时期的磬和刚出土的后蜀广政年间的两块石碑，一同载入了《古迹志》。

《过报国寺》

邑令尤秉元

山城公事暇，驻马问香林。

老宿霜毛古，闲房夏木深。

好风迎客面，时雨见天心。

即此禅味悦，悠然忘夕阴。

在现今记录报国寺历史的碑文上，有一块是报国寺重建之后镌刻的，内容比较清楚，详文如下：

隋唐古刹，历尽沧桑。十年浩劫，沦为废墟，十一届三中全会后，宗教政策落实。报国堂上，上离下欲大和尚出于爱国爱教，一片赤诚，以耄耋之年毅然独肩复兴巨任。在其无私奉献精神感召下，各地信众踊跃输将，终使千年名刹，历劫重辉。晚年，上人复发愿心，为祈祷世界和平、国家安宁、人民幸福，并使梵宇更臻庄严，躬亲规划，选定本寺左侧，兴建和平塔一座。塔高二十六米，钢筋混凝土框架结构，九层六面，供奉佛像五十余尊。从一九九五年十二月兴工，至一九九六年十月竣工。设计李明祥、伍明山、罗荣华；施工萧智安；镌刻龚正超、李大佐、李玉林。泐石铭心，以资不忘。铭曰：上人遗愿，后继遵行。众善襄助，缘满建成。兵革清除，国土安宁。风雨顺时，灾病不侵。人心向善，崇德兴仁。佛光普照，永保和平。

佛历二五三九年十月吉日

公历一九九六年十月吉日

敬立

这块碑文记录了十一届三中全会之后，离欲法师集资重建报国寺的历史事件，同时还特别说明：离欲法师对众信徒慷慨解囊援建寺庙的善举表示感谢，同时，希望后世人能够革除兵弊战乱，和平相处，以保国泰民安，这样百姓才能安居乐业。他还希望能够风调雨顺，百姓健康安乐不生病，人心向善，发扬崇高的美德，这样，佛祖将永远保佑众生幸福安康。

虽然由于年代久远，报国寺的初建时间已经无证可考，但是从以上这些史料中可以发现，报国寺至少有一千多年的历史了，在这一千多年的岁月中，这座古刹经历了风雨的洗礼，但是得于各方向佛义士和历代有志高僧的共同努力和苦心经营，如今的报国寺历久弥新、香火旺盛，成为佛家僧人的修行道场和文人香客的必游之地。

（二）佛缘深结，奇观天成

报国寺有着浓厚的佛法气息，可能是千年来受佛家灵慧的熏陶，寺中许多景物也显现出独有的奇观：

摩崖石刻

报国寺历史悠久，历代在崖石上造佛像无数，据道光版《乐至县志》记载"多至百千万亿"。新中国建国后，仍存千佛崖石刻八龛，上镌 0.33 米佛像千余尊，1952 年被列入全国文物简目。

历代石棺

报国寺所在地称为"金龟山"，无数圆形巨石犹如龟卵。寺内有历代雕刻的石棺，其中明朝正德九年的石棺还留有碑文，字迹隐约可辨，镂空的石花冠非常精美。

玉佛耀辉

报国寺先后从缅甸迎回佛菩萨及高僧玉佛像 34 尊，其数量之多，形体之高大，造型之精美，甚为罕见。

古树包佛

寺内有千年古榕树根巧包千年佛像佛龛，树与佛相依相偎，浑然天成。千百年来，树守护着佛像，佛像保佑着生灵。树抱佛是神的恩赐，是自然的造化，是历代高僧积善积德，潜心修行的结果。关于树包佛，还有一个传说：有一群诚心修佛的人，想寻找一个清静之地。有一天，这一群人来到报国寺外的山崖下，因旅途劳累，都倚着崖壁睡着了。佛发善心，让古树伸出根搂抱着这一群人，给他们一个清静的环境。终于，他们修成了正果……

万木朝佛，寺院绿树森森，四季如春。漫步其间，千年古树，随处可见，这些树的树尖都指向寺庙中心，疑是"万木朝佛"，让人生出无限遐想。

高僧辈出，许多高僧都是在乐至报国寺驻锡、修持、成道的。近代高僧本空法师、思摩法师

“人法之深，非常人能测”；前任住持离欲法师道法精深，德行高尚，107 岁时预知时至，安详坐化；现任住持昌臻法师深秉慧根，弘法利生，广施善举。

道场清净，寺中道场清净，寺风淳良，僧人严守戒律，信众依规守行。

（三）百代千秋，高僧辈出

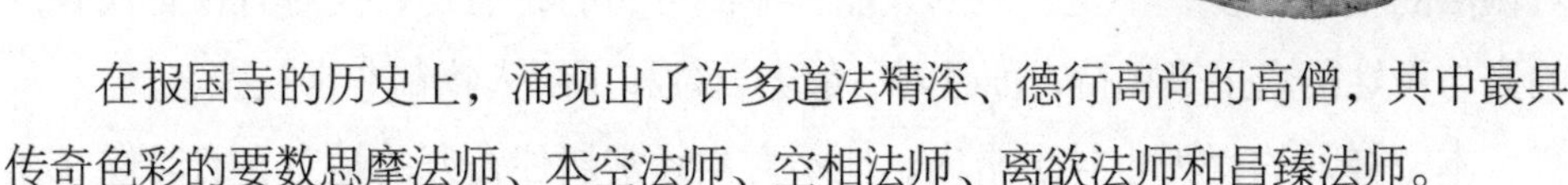

在报国寺的历史上，涌现出了许多道法精深、德行高尚的高僧，其中最具传奇色彩的要数思摩法师、本空法师、空相法师、离欲法师和昌臻法师。

思摩法师

思摩法师生于 1719 年(清康熙五十八年)辛丑夏四月初八日，1939 年己卯十月初十日圆寂，活了 220 岁。

据资料描述，思摩法师“身材魁伟，仪表堂堂，善根笃厚，智慧过人，早获彻悟；又博通诗文，兼擅书画；晚年悬壶济世，著手成春；秉性刚正，轻名利，贱富贵，行事神异，言语颠倒，深受乡人敬爱”。

关于思摩法师修成大成的转折点，有这样一个故事：辽阳龙泉寺的元空方丈聚众赏雪，即兴出一上联：“雪积观音，日照化身归南海。”众人无人能对，思摩法师遂前施礼道：“云成罗汉，风吹捷脚到西天。”老和尚听后大喜，当即收取为徒。

传说思摩法师圆寂后还曾显圣治病救人：1941 年，川彭县的罗乃琼（曾任川军将领）患顽皮肤顽疾，遍访名医均医治无效，后来听说有一名医专治疑难杂症，于是前往求治。在途中，他看见一个戴着红帽、身材魁梧的老和尚。老和尚问他去干什么，他以实相告。老和尚于是和他一起去找名医，结果得知名医已经去世了。后来，老和尚赠与良药，服药后罗乃琼的病竟神奇地痊愈了。事后大家才得知那老和尚就是已经圆寂的思摩大师。

思摩法师留下的一首偈语，可谓他老人家一生学道修行的经验总结和辉煌人生写照：“霹雳空千古，光明眼界开，全除云雾翳，为洗水晶来，春蔼凭磨炼，秋波任剪裁，霞云双镜彩，涛涌万珠开，银海瑶琴好，冰湖浊魄浣，重辉玄日月，一瞬脱尘埃，仙骨何日换，灵元上界培，湮湖诚可接，昂首即蓬莱。”

本空法师

关于本空法师的传说非常多，但关于本空法师的文字资料，仅有本空法师墓碑碑文和射洪县东山寺编印的《东山寺》小册子。本空很小就出家了，拜洋溪东山寺续坤上人为师，削发剃度。后来，明心、佛云二位高僧认为本空禅师很有慧根，主动向其传授佛门真谛。本空禅师接受以后，逐渐生出了更高的觉悟和智慧。

本空法师与人谈话很多时候都没有次序，甚至给人以疯癫的印象，所以他对佛法的精深程度，不是一般的人能够揣测得到的，但是，他对有权有钱有势的人与百姓民众平等相待，而且对一般老百姓和下层人物都非常礼貌客气。

本空禅师的行为也异于常人，他不喜欢经常居住在好的地方，有时候又在禅榻口打坐入眠数天不起来。他经常在山崖河谷之间行走，漫步感叹呼叫，在半夜三更独自燃起心中的祝福，在风雨中忽然生起很多思绪。想坐就坐，想站就站。他喜欢游走四方，寻找志同道合的同伴，特别在遂宁千佛寺，蓬溪三教寺住下的时候最多。

他晚年又回到东山寺，言行修行得更加精进。1936 年的一天，他忽然拿出自己写的一首偈子说：“辰巳两条龙，不下雨，吹狂风，登程起码，起码登程。”他的弟子都不懂，到了 29 日，他就安然坐化了。

空相法师

空相法师，24 岁出家，拜本空法师为师。据当地百姓传说空相法师道德高尚，修持严谨，一生辛勤奔劳，以医济世，行善积德，深受广大信众弟子和人民群众爱戴。

离欲法师

1922 年，离欲法师在射洪东山寺出家，八年后，离欲法师辞别师父出外行脚参访，他身穿破衲衣，背负烂蒲团，到了四川乐至县报国寺。寺中正在举办观音法会。离师对知客僧声称自己是个穷和尚，别无供养，愿在殿上打坐七天七夜，陪伴菩萨。众人不信，表示他若真能不吃不喝打坐七天七夜，就留他当住持，否则就赶出山门。结果大师打坐十天，众人大惊，当即争相参拜皈依。后来，经众人请求，大师主

持报国寺。当时，报国寺年久失修，作为住持，大师致力于寺院的修缮整理工作。他先后修复了观音殿、藏经楼、东西丈室等，使得报国寺焕然一新。

离欲法师医术神奇，平时除了弘法利生，每当有人求医也必救治，往往妙手回春，救人无数。相传1935年，离欲法师出外云游到了成都，当时四川军的师长范绍曾肩胛骨中弹，久治不愈，疼痛难忍。一次范绍曾机缘巧合遇到法师，于是恳求法师医治。法师随手捡了两颗蜜枣让他吃下去。范师长吃后，顿时疼痛就减轻了，晚上一觉醒来，已经不疼了。这时师长觉得背下有硬物，一看竟是肩胛骨中的子弹自己出来了。

1951年，离欲老和尚忽然回到报国寺，守寺护林，种地养蜂，编织草鞋，躬亲劳动，怡然自得。他生活俭朴，布衣蔬食；清心寡欲，不求名利。如果不是弘法利生的事，平时就不出山门。

1978年中央倡导宗教信仰自由，落实宗教政策，开放重点寺院。这时法师已经九十多岁了，但他毅然肩负起重建报国寺的重任，从整体规划到具体施工，都亲自料理。终于把报国寺修整得气象一新，欣欣向荣。

昌臻法师

昌臻法师，号妙首。昌臻法师成为至乐报国寺的住持也颇具传奇色彩，1992年，离欲法师预知自己即将圆寂，交代众人当时还没有剃度的张妙首颇具慧根，就是自己的接班人，随后法师坐化。众人根据离欲法师的描述找来了张妙首，并为他披剃落发，随即被任命为住持，法号昌臻。

昌臻法师继承离欲法师的遗志，广结善缘，扩建寺庙，扶贫济困，传播佛学。他以持戒修行、弘法利生为宗旨，专修专弘净土宗，培养净宗弘法人才。近年来，得力于昌臻法师和众人的共同努力，乐至报国寺得到了极大发展。寺内修建的佛学院声名远播，寺内还新修安养院，有来自全国各地的200多名居士在这里颐养天年。

（四）人文化成，美景美文

报国寺的历代高僧修行高深、德行著望，本身就对文学有着极为深厚的造

诣，又因为报国寺历史悠久，美名远扬，成为历代文人雅士的雅游之地，所以在乐至报国寺，有许多诗词、楹联、碑文值得人们学习和欣赏，同时，这些资料对了解和研究乐至报国寺具有非常重要的价值。现今的报国寺主要保留的诗词、楹联主要是后世赞扬和纪念离欲法师的作品、昌臻法师本人的作品、著名诗人刘克生先生的作品。

1976年，原任美国佛教总会会长、世界佛教联谊会会长宣化上人创建世界著名佛教圣地——万佛城。离欲法师挥毫题诗一首《赞万佛城》以表庆贺："万佛城中万佛生，万丈光明万户灯。万代一心万代业，万邦共仰万佛城。"离欲法师与万佛城的创建，还有这么一个故事：万佛城之前是美国加州公立的一所大型疗养院，全院可容纳两万多人居住。因加州干旱，地下水越抽越少，政府只有廉价出售。宣化上人买下后想在这个地方建造万佛城，苦于没有水源。后来，离欲法师指定了打井的地点，施工人员依照他的指定地点挖井，果然地下水竟源源不断。在离欲念佛堂有联："有大善根，时时得执持名号；是真慈母，朝朝望儿女归来。"赞扬离欲法师的崇高德行和慈悲之心，另外，在离欲念佛苑也有联题道："真诚清净平等正觉慈悲；看破放下自在随缘念佛"，后世还在离欲法师的墓联上赞扬法师："去妄归真慧业光照法苑；圆功证果灵心慈荫缘人""万法不离宗修静业详参般若；一心泯欲念具真诚多诵南无"报国寺寺中还有法师的寿藏铭，介绍了法师的生平和灵慧轶事，并感叹道："大德弱冠祝发兮，悟空了识凡俗。兴建古佛传戒兮，振宗风而功著。立寓蓉郊茅篷兮，旨于慈航普渡。广修报国护林兮，致全力于建树。恪遵宗教政策兮，末懈春秋寒暑。荣列人代协委兮，不愧佛门宗徒。钟毓山川灵秀兮，遗范昭然万古。"意思是说法师年轻的时候就悟空凡俗之事，皈依佛门；努力学习佛法，恪守戒规；他生活俭朴，以慈悲之心拯救苍生；为报国寺广植林木，休整寺容；秉承爱国爱教之心，不分春秋寒暑的劳耕不辍；他是佛门的杰出人物，荣列政府的高位；他的德行青山不朽、万古流芳。

离欲法师圆寂前预知并亲自指定的接班人，颇具慧根的昌臻法师，不仅秉承师志，弘法利生、振兴寺院，成为又一代德高望重的住持，而且他

在诗词上也有颇深造诣，加上他道义高深，使他的诗词、楹联成为文学艺术史上的一代佳作。例如，他的对联“山林静谧通禅意，茗宛从容惬素心”既有优美的意境又有佛家的禅心，给人以清新淡远之感。另外一首诗流传甚广，揭示了心地与命运之间的关系，阐明命由心造、境随心转和祸福无常，只是因为人的心地和命运的变化而变化的道理：“心地与命运，心好命又好，富贵直到老；命好心不好，福变为祸兆；心好命不好，祸转为福报；心命俱不好，遭殃且贫夭；心可挽平命，最要存仁道；命实造于心，吉凶惟人召；信命不修心，阴阳恐虚矫；修心一听命，天地自相保。”1999年，法师时年83岁，为庆祝澳门回归提笔挥就一首七言绝句，以表自己的喜悦之情：“江山万里尽朝晖，喜看澳门又回归。四百年来国耻雪，只因华夏正腾飞。”2001年3月，法师为了振寺风，教导僧人自律自戒，同时自勉，抄录下赵朴初居士咏史诗：“昔有三武祸吾宗，衲子离寺塔院空。应是昔年崇奉日，未能勤俭守家风。”该诗指出唐朝武则天时代，寺风败坏，僧人放逸、堕落，导致佛教衰微，都是因为不遵守寺规戒律造成的，同时教导众僧和勉励自己都应该勤劳俭朴遵守戒规。

在报国寺，四川著名诗人刘克生先生留下了许多经典的作品，这些诗词、楹联意境生动、寓意深远，给人以浓厚的佛家气息和宁静淡远的美感。按照创作时间的先后，先生的部分作品如下：

观音殿联：“悯众生相，发大悲心，洒甘露杨枝。寻声感应；观释氏音，称儒家士，仰慈云莲座，稽首皈依。”

接引殿联：“接来众姓缘人，皈依信受奉行，道场广设无遮会；引进十方善士，修到圆明彻悟，法海同登大愿船。”

大雄宝殿联：“芥子纳须弥，佛法无边，与儒道并尊为大；莲花开世界，禅风永振，赞菩萨普济曰雄。”

庭柏轩联：“且将明镜菩提，与客谈心，非无人解；试瀹清泉香茗，随君涤虑，冷暖自知。”“教尊鹫岭，寺显龙门，换旧地新天，金玉增辉三宝殿；佛广慈悲，僧高风谊，阐真言妙谛，琉璃永照万年灯。”

天王殿联：“如来拈花笑，弥勒开口笑，问礼拜禅林，有几个能深知笑意；

菩萨低眉时，金刚怒目时，要虔修慧业，愿众生莫错过时机。”

地藏殿联：“证果度慈亲佛门孝誉昭三界，献苍虔信士乐土禅风尚九华。”

弥勒殿联：“休夸我慈悲救世欢喜结缘万物能容宽大肚；但愿人慧业明心苦行正道一生受益敞虚怀。”

山门联：“孟蜀纪名碑此日仍传往事；隋唐留胜迹于今永结善缘”“听经如顶灌醍醐，四座接谈亲法苑；礼佛便心消烦恼，众生引领望慈云。”“兴废感隋唐，振来鹿苑宗风，看翠竹黄花，无非禅意；精灵聚山水，登得龙门净域，听晨钟暮鼓，总是福音。”

禅堂联：“念佛随缘，访来净土禅林，虹尘似梦；澄怀去妄，悟到清池皓月，碧水无痕。”

小山门联：“隋唐古迹陈往事；报国重辉结善缘。”

祖师殿联：“净业纪传灯，仰三代智慧圆通，奉心香一瓣；名山同选佛，有众生精诚感召，来顶礼千秋。”

佛寺宿舍联：“隋唐启梵宫非无高士耽禅悦；花木通幽径自有清心领妙香。”

……

这些优美精妙的楹联都是人们学习和欣赏的宝贵材料，也是至乐报国寺的巨大财富。

千年古刹报国寺带给了我们如此之多的惊叹和感慨，说不完的故事，道不尽的情愫，只能浓缩在冯学成的一首诗里：

《赞乐至报国寺》

雄殿临霄势欲飞，莲阶步步紫霞垂。

钟声歇处松云合，佛号宣时鸟雀依。

人到龙门话离欲，情关报国说昌臻。

心香但与华严众，不觉苔痕染衲衣。

三、福建金铙山报国寺

（一）青山掩古寺，彤霞伴钟声

福建金铙山报国寺坐落在福建省建宁县金铙山之上，是规模宏大、气势雄伟的一方古寺。它始建于梁龙德年间（921 年），它的建寺历史比驰名的峨嵋山报国寺、北京报国寺还早。

在当地流传的一个很动人的神话传说是关于金铙山和报国寺的：很早以前，金铙山山神与荷花仙子是一对情侣，二人共同修炼成仙。后来，荷花仙子遇到吕洞宾，吕洞宾爱慕荷花仙子美貌，便将其带往天宫做了神仙。可是，到了天宫，荷花仙子一直思念山神。王母娘娘办蟠桃会时，荷花仙子又遇到吕洞宾，吕洞宾告诉她，如果仙子将自己千百年修炼的结果送与山神，山神就能成仙了。荷花仙子听后，急忙从口内吐出仙果一粒，却正好落在金铙山金铙寺的放生池内，不几天，放山池里就长出了亭亭玉立的莲花。王母娘娘因此恼怒，罚仙子下凡到金铙山。数百年后，清朝皇帝游金铙山，晚上就在金铙寺休息。皇帝由于旅途劳累，身体不适，一连三天粒米未食，御医束手无策。金铙寺住持智辉法师知道后，将放生池中莲子用文火炖汤一碗，送与皇上。皇帝喝后，龙体康复，于是下旨重修金饶寺。金铙寺因得皇恩浩荡，于是改名为“报国寺”。

当然，那只是神话，关于报国寺名字的来由，下面这种说法似乎更为真实可信一些：话说金铙山中住着一位的“药仙老人”，他热心为方圆百里的百姓治病送药，救死扶伤，深得当地群众的爱戴。老人归西后，人们纷纷捐款捐物，在他当年开荒种药之处建造一座“金铙寺”。这时，建宁恰巧遇上了百年一遇的旱灾，朝廷官员巡视灾情路过此地，百姓便对他说了建寺的缘由和所遇到的困难，朝廷官员回京把此事禀报给了皇帝。皇帝听后，深受感动，立即拔款，派人送到了金铙寺。寺庙落成后，为了感谢皇帝的恩德，百姓便取名为“报国寺”。真是：“万里山河承佛德，众生今古沐慈恩。”

千年的历史如白驹过隙，报国寺也是历经风霜。寺院内佛像和许多珍贵文

物损失严重，一方古寺就此销迹。

1990年，该寺在政府的大力支持下，按原来的建筑风格规模依址重建了寺庙。寺中现有佛像35尊，最大的一尊释迦牟尼像高达6米，还有四大天王、护法大王、十八罗汉、文殊、普贤、伽叶、弥勒、地藏、观音等十三尊，塑造精致，栩栩如生，各显风姿，给人以浓重的佛家圣地的氛围。

（二）仙品人间现，奇景圣地开

据《建宁县志》载，报国寺初建时有八大景：白莲池、红芍圃、虎溪桥、蟾窟井、龙溪松、铁线梅、翠蒲涧、白玉峰。关于白莲池还有一个动人的故事：王母娘娘祝寿时，无意间遗落两粒莲子至白莲池，次年，白莲池便开满了白莲花，并结了许多莲子，莲子鲜脆可口，为果中珍品，上贡朝庭，得到皇帝的喜爱，被列为贡品。现在，报国寺只剩下四大景：白莲池、虎溪桥、蟾窟井、白玉蜂，但仍是不可多得的迷人风光，令人流连忘返。

寺庙的四周峰峦叠嶂，林木葱茏，泉清鸟鸣，四季如春。它背靠金铙山，金铙山风光无限：白石顶、龙王庙、仙人池、金铙晴雪、千姿石林、雌雄双瀑、红白石溪、平岗古村等都是不可多得的奇观，它们把报国寺簇拥其间，如众星捧月般，具有无限的诗情画意。古往今来前往参观游览者络绎不绝，且留下了许多诗文墨宝。《建宁县志》上至今载有一首李杜诗：“金铙古寺何崔巍，琼宫宝阙悬苍崖。石泉一泓自清浅，四时门外常萦回。古松阅世不知老，凛凛肯受冰霜摧。云鹤飞来白兔走，月明空照生公台。我来登临增感慨，残碑字没生苍苔。归时西山日已暮，但觉习习清风来。”便是对千年古刹的最生动的描绘和赞誉。

（三）鲁班生妙手，仙人显神功

报国寺建筑规模宏大，建筑结构独特新颖，气势雄浑。寺中主体建筑分三个层次，由山门、牌楼进入依次为天王殿、天井、大雄宝殿、法堂，两旁为附属建筑、左边为地藏殿、客厅等，右边为观音

殿、客厅、藏经楼等。据报国寺碑记载：报国寺“时为八闽上四府最大之寺院。”相传福州鼓山“涌泉寺”初建时，也曾经模仿它的图样与风格。寺外有护院围墙，内有禅房、堂厅等13个殿厅64间，屋顶飞檐翘角，殿内雕梁画栋，柱壁朱红涂漆，每个厅的四壁还绘有具有民族特色和乡土风情的壁画。处处古色古香，金光熠熠，其在寺院建筑史上，有较高的研究价值。

（四）弥勒频应世，玄奘屡再生

佛祖似乎特别眷顾这座历史悠久的古寺，在报国寺的历史上，涌现出了许多道法精深、德行高尚的高僧。这些高僧贤士的涌现，给报国寺带来了佛祖的灵气和吉祥。其中，最为杰出的有：慈航法师、广贤法师、演新法师等。

慈航法师

被佛教界被称为“弥勒应世、玄奘再生”的慈航法师，13岁起就在报国寺带发修行，兼作僧衣。据说大师18岁就与弥勒佛结下缘，有一个故事是这样的：大师18岁那年上山砍柴，正返回途中，突然天上乌云密布，狂风呼啸，暴雨倾盆。紧接着，一道闪电，一声炸雷，仿佛天崩地裂。大师心一慌，腿一滑，竟从十多丈高的山崖跌落，顿时昏死过去。恍惚中，他见到弥勒佛祖笑呵呵地飘然而至，蹲下身来在他头上轻轻抚摸了三下，接着闪过一道亮光便消失了。大师醒来，发现自己毫发未损，而身体四周尽是折断的树枝。慈航法师终生为实践“人间佛教”而奉献心力，他曾说：“如有一人未度，切莫自己逃了。”此种胸怀与地藏菩萨“但愿众生得离苦，不为自己求安乐”的伟大精神相映生辉。慈航法师早年追随太虚大师，为革新佛教而奔走，弘化足迹遍及中国及南洋等地。他认为只有开展文化、教育、慈善事业，才能复兴佛教，于是在他所到之处，均创办佛学院、佛学会，积极培养人才，所以佛教中人称他为“慈航菩萨”。大师颇有佛家灵慧，预知自己的圆寂日期，嘱咐众弟子在其坐化后用缸存肉身于弥勒内院后山墓塔。五年后弟子开缸，发现大师肉身不腐，容貌鲜活，有如在世，更令人啧啧称奇的是之前剃光的须发竟又长出半寸多长。慈航的肉

身舍利，至今仍供奉在台北汐止弥勒内院慈航堂中，成为永留人间的圣迹，而他一生慈悲喜舍，为僧伽教育而鞠躬尽瘁，也为世人留下最佳典范。

广贤法师

得道高僧广贤法师，出国弘扬佛法，原任北美佛教协会会长兼美国纽约“福寿寺”方丈。20 世纪 50 年代时，他在福建弘法，广度佛缘。他还持戒修行，净化身心；以慈悲之心济世，培植福德之辈，是为一代圣僧。

演新法师

现任住持演新法师，颇具慧根。法师自幼随父兄学习书画，在学习书法过程中曾作《学书》一首：“甲骨金文大小篆，汉简帛隶与曹全。勤习怀素及书谱，师法兰亭楷欧颜。先合后离学古贴，终成自家撑门面。十年不问江湖事，只为书法磨一剑。”；在学习绘画时曾作《学画》一首：“初时学画介子园，八大二石壁上观。江南四才与八怪，弘一弘仁和巨然。古人才艺为我用，今日也有张大千。不是我爱描丹青，为佛弘法利人天。”后来，法师学禅，又作《学禅》一首：“何谓祖师西来意，此是千年老话题。不立文字通妙法，以心传心悟真谛。自古多少寻道者，心外求法费心机。我空法空空亦空，方解如来真实义。”法师多才多艺，精通佛学、文学，擅长诗、书、画、印，熟于武术、医学、农耕、技工等等。

他继承先辈遗愿，坚持以多种形式开展弘法利生活动。如：举行佛法通俗讲座，与兄弟寺院协同举办“禅净共修营”“佛法与人生研讨会”，出版佛学书刊等，并长期举办助学、扶贫、救灾、放生、修路等活动。在大师的经营下，如今的报国寺佛风朴实淳良，成为专修专弘净土禅宗的清净场所，被誉为远近闻名的“闽中净土”，是朝拜观光的胜地。

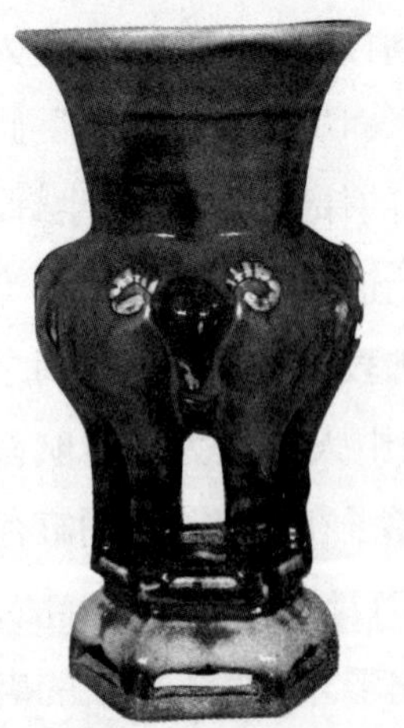

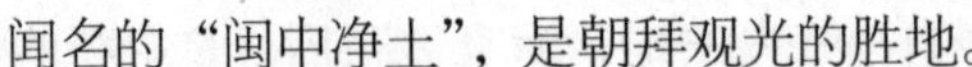

（五）江山多俊秀，文章自风流

“灵山生秀色，圣寺放光辉。”自古以来，山因古寺而添色，寺因名山而增辉。金铙山海拔 1858 米，有“秀起东南第一巅”之美誉，金铙山与报国寺交相映衬，使金铙山增添了几分佛家的灵性和神韵，也使报国寺增加了不少人文价值和历史厚重感。在报国寺，有不少美文

佳作，例如最为传统的楹联类，可以说，报国寺是处处观美景，处处赏美文。这些构思巧妙的楹联中包含着博大精深的佛家道理，让人读后豁然开朗，耳目一新。如：“万里俱明化作引，一心惟尽先磨志”“园林滴翠云飞五彩究属色相浮空；山溪拱秀水流千波岂是人生妙境。”再如阐述佛家因果报应思想，劝导世人多做好事，行善积德的：“以善为已任善终善报；知恩崇佛相恩泽恩回。”“心即佛现与求佛先求心；果由因造何因结何果。”当然，也有赞扬和鼓励法师和本寺弘扬佛法，普度众生的善举的：“聚集四方才智讲佛学，提高三宝知识化顽愚。”表达世界和平，人们能安居乐业的美好愿望的：“重修金铙寺都来祈祷全球干戈永息，请登三宝殿到此渴求世界永久和平。”

赞美金铙山的自然风光的：“金铙山麓红日永辉彼岸；闽水源头佛光普照迷津。”总之，报国寺不仅周边风景优美，殿阁雄伟，还有意境雅致、构思精巧的诗词、楹联文化，给这一方古寺增添了许多动人的情韵。

四、江苏苏州报国寺

（一）八百年的荣辱沉浮

江苏苏州报国寺，座落在古城苏州，它北邻著名的怡园，东有双塔，南有沧浪亭，处于闹市僻静处，颇有闹中取静、静中取禅的意境。报国寺经历了八百多年的风雨，有着悠久而曲折的历史。

报国寺始建于宋咸淳年间，当时的名字叫“报国禅院”。1285 年寺院重建，由普照大师任住持，由于普照大师的苦心经营和管理有方，一时间信佛的风气盛行。明朝初年，有僧人向朝廷请求，将禅院改成寺庙。后来，寺院住持成钊大师重新组织修建寺庙，扩大了寺庙的规模，当时，殿宇、客寮、斋堂、库房等加起来有好几百间，占地也达到 47 亩，一时间鼎盛至极、香客如云。但是到了万历年间，由于连绵战乱、社会动荡，佛教逐渐衰微，报国寺也没有逃脱日渐颓废的命运，渐渐衰落下来。万历末年一代高僧慧如和尚用慈悲之心救济他人，以他高深的德行去弘法利生教化众信徒，得到许多人的敬仰，在他的苦心经营之下，寺中终于有了三千多的僧人，至于受戒的人数则已过万，使该寺达到最为鼎盛的时期。

清朝咸丰年后，佛教就一直江河日下，逐渐衰败，于是僧人楚泉到北京请求光绪帝颁藏经。谁知在楚泉离寺后江苏巡抚程德已经听信幕僚的谎话，上报朝廷说报国寺里已经没有和尚了，于是朝廷将报国寺没收改建成了植园。当楚泉回到苏州后才发现寺庙已经被毁，只好等待机缘重新复兴古寺。1921 年，由于受到良心的谴责和对佛教信仰的加深，程德出资买下穿心街原中军的衙署，重建报国寺。但是，由于资金有限，建寺的规模受到极大的限制。寺成之后，众人请楚泉当该寺的住持，楚泉和尚圆寂之后，他的徒弟明道和尚继任住持。1930 年，报国寺迎来了一代高僧印光大师掩关，印光大师的到来，给报国寺的改革和发展带

来了新的契机。他当住持后，弘法利生，广传佛法，因此赢得了众信徒的尊敬。报国寺因而声名远扬，当时皈依报国寺的信徒太多，甚至导致穿心街上的人接踵摩肩，景象很是壮观。

1937年抗日战争爆发，印光法师为国难而四处奔走，以慈悲之心救难救人。后来，明道和尚也圆寂了，报国寺就此衰落破败。解放后，当地政府支持创办佛教文化事业，并斥资对寺庙进行了修缮和恢复工作。修缮后的报国寺气象一新，寺内除了各大殿楼阁，还有苏州佛教博物馆、苏州弘化社、苏州佛博弘化艺术院、苏州弘化社义诊所等佛教文化、慈善机构。

（二）报国寺与一代高僧印光大师

在苏州报国寺的历史上，佛法修行最为高深的就是印光大师了。印光大师别号常惭愧僧，是1930年从上海移居到苏州穿心街报国寺掩关的。他到报国寺后开设立弘化社，并亲自理事，出版《弘化月刊》，印行《印光法师文钞》《印光法师嘉言录》《净土十要》和《净土五经》等，这些文刊在海内外佛教界都有较大影响。1932年大师住报国寺不久，就写了题为《一函遍复》的公开信，向僧俗各界详细阐述“净土法门、三根普披、利纯全收”的精要奥秘。弘扬佛法的同时，他还加强自身修为，闭关七年，深居简出，俭朴沉静，潜心研究经藏。在这期间，他编纂了佛教四大名山志（即普陀山、九华山、五台山、峨眉山）。四大名山志发刊以后，在当时的僧俗各界引起轰动，受到广泛的赞扬。一直到今天，大师的四大名山志仍具有极其重要的参考和研究价值。

印光大师还是一位有着爱国热忱的圣僧，他提倡念佛不忘报国的思想，深受各界人士赞赏。在国难当头之际，大师毅然破关说法、捐款救灾；在战乱不断的时期又普劝称念观音圣号以祈战事速息，人宁国安；还拒收日僧经典，维护民族尊严。1935年陕西大灾，他捐赠一千元；1936年听说绥远灾情严重，他又捐赠了三千元，之后，又将自己的一千元书款尽数捐出。

印光大师谨守戒律、生活朴素，是一个清苦的大和尚。在报国寺时，一次菜中用了好酱油，他便对住持明道和尚加以申斥。有位香客在寺内吃斋饭，碗

内留饭，他非常生气，当面斥责：“你有多大福，竟如此糟蹋?”印光法师一生生活俭朴，言传身教，恪守不移，受大师盛得之感化，皈依弟子遍及中外。由于他的德望崇高，佛教人士都尊他为中国净土宗第十三祖。相传，大师曾经住得离锦帆路的国学大师章太炎的住宅很近，国学佛学两大师相邻，被传为佳话。

大师不仅撰写山志和佛刊，在楹联诗词方面也有所涉猎，如写观音菩萨的：“有感即通，千江有水千江月；无机不被，万里无云万里天。”再如表现自己心境平和，逍遥自在，如莲花出水般澄净的：“唯期五浊顿空，任他香无人焚、地无人扫；倘得一真共证，自尔愿令我满、心令我安。”还有表达自己一心向佛，慈悲为怀，普度众生的：“誓愿宏深，处处现身说法；慈悲广大，时时救苦寻声。”

1992年苏州报国寺按原貌修复，三间“印公关房”也得以重见天日。东间为叩关者休息处，中间为经堂书房，西间为印光大师之卧室。世人还可以看到印光大师手书的《楞严经大势至菩萨念佛圆通章》石刻。“印公关房”的修复，对于记录和研究印光大师其人，弘扬他的佛学思想都是具有重要意义的。

（三）苏州佛教博物馆——佛家文化的缩影

在苏州报国寺内的苏州佛教博物馆是江苏省第一座宗教博物馆，它以实物、图片、模型，辅以文字说明，展现苏州佛教的历史和现实风貌，使民族优秀传统文化得到弘扬和发展。按照馆藏物品，可以把博物馆分成八个部份，每个部分都各具特色，为游者展现出佛教的历史文化。

第一部份，介绍了自三国吴以来历代寺院的概貌，其中，在宋、明、清朝的寺院还以分布图、照片和模型的形式表现出来，另外，还展示有虎丘云岩寺塔和瑞光塔的出土文物资料。第二部份是佛家典藏，主要是佛像与经藏，有二十余尊形态各异的佛像是唐朝的，这说明在唐代，雕刻艺术就非常发达，同时也说明唐代是一个佛教盛行的时期，还展示了保圣寺的唐塑罗汉和紫金庵的宋塑罗汉。经藏则已各种经书的形式展示出来，

主要是自唐以来的各种善本经书，有唐人写经、宋代经书、明代经书、清代《龙藏》，还有藏文经书等等。第三部分向世人介绍了各位高僧的生平，体现了高僧的大德和智慧，年代最久远的高僧居然可以追溯到三国时期，例如最早来苏州弘扬佛法的高士支谦就是三国时期的人物，还有东晋时期的高僧支遁、唐代的寒山、宋代的绍隆、明代的弘储以及近代的印光大师和国学大师章太炎等。在文学方面，这里有雍正皇帝的御笔亲书、石涛画作等等。第四部分是佛家的法物法器，佛家的法物法器给人以比较神秘的感觉，着重展示的是法器和衣物。第五部份与第三部分有相似之处，介绍的是各位高僧弘法利生的事业，主要是说各位高僧弘扬佛法、佛教修持、慈善事业、友好交往等内容。第六部分是介绍大殿佛像的供奉定式，其中最引人瞩目的是一尊两米高的玉佛和一尊四十八臂观世音像，佛像造型优美逼真，线条流畅，是不可多得的艺术佳品。第七部分是前文介绍过的“印公关房”。最后，是弘化社，弘化社是印光大师到报国寺以后创建的，目的是宣讲佛法，在弘化社里展示的也是各种经书，其中就有印光大师主持下出版的经书。

苏州佛教博物馆以其详实的历史资料，丰富的展览内容，庄严肃穆的佛教氛围，成为弘扬佛教文化的窗口。苏州佛教博物馆的建设和完善为继承、发扬印光大师弘化事业提供了良好的活动平台，是与苏州报国寺相互映衬的佛教胜地。

五、北京报国寺

（一）一位国舅与一座古寺

京城名刹报国寺，殿宇恢弘，红墙绿瓦，坐落在广安门内大街牛街西北，历经近千年沧桑，有深厚文化底蕴。寺院始建于辽金时期，因为院内有两棵怪异的松树，所以曾经被称为“双松寺”。元世祖忽必烈统一中原后，为表彰开国元勋，赞扬他们的报国之心，在原有基础上进行了修建，并改名为“报国寺”。

报国寺本是一座名不见经传的寺庙，要说到它的兴旺和出名，不得不说到一位国舅。根据《明史》第300卷第25册的记载：“孝肃有弟吉祥，儿时出游，去为僧，家人莫知所在，孝肃亦若忘之。一夕，梦伽蓝神来，言后弟今在某所，英宗亦同时梦。旦遣小黄门，以梦中言物色，得之报国寺伽蓝殿中，召入见。后且喜且泣，欲爵之不可，厚赐遣还。宪宗立，为建大慈仁寺，赐庄田数百顷。其后，周氏衰落，而慈仁寺庄田久犹存。”这段话的意思是说：明朝时期，孝肃皇后（后来的太后）有一个弟弟叫“吉祥”。吉祥小的时候就看破凡俗出家做了和尚，但是他的家人并不知道他去哪里做了和尚，孝肃始终没有忘记这个弟弟。明朝宪宗皇帝成化二年（1465年）的一天晚上，孝肃做了一个梦，梦见伽蓝神来告诉她，她弟弟现在所在的地方，后来发现，原来英宗也做了一个同样的梦。第二天早上，孝肃就把梦中伽蓝神所形容的景物跟侍从说了一遍，并问那是什么地方。后来得知那就是报国寺的伽蓝殿，于是她急切地召弟弟入宫相见。见到弟弟后，孝肃喜极而泣，非要给弟弟高官厚禄。但周吉祥经再三劝说仍不肯还俗进宫享受荣华富贵，连所有的赏赐也都退回去了。等到宪宗即位（孝肃成为皇太后），宪宗皇帝赏赐庄田数百顷来修建这所寺庙。后来，周家衰落了，但是寺里的田地还是保留着。

报国寺经过按皇家庙宇的规制进行修建之后，更名为大慈仁寺，国舅吉祥为住持。七层大殿，七

进院落，纵轴式布局，十分轩敞，显示了皇族庙宇的雄姿威仪。在《赠大慈仁寺左方丈住持宇上人序》一文里，就生动地叙述了这个故事。

虽然这个寺庙在几百年里几度兴衰，数易其名，但是民间百姓却仍称之为“报国寺”。

（二）古代文人墨客的雅游之地

在清代，顺治之后康熙、雍正都重武功亦重文治，广揽人才，因此宣南一带文人名士聚居，精英荟萃，他们多有收藏之爱好，常常到报国寺庙市寻觅，还在寺中诗词酬唱。有书记载，报国寺庙市热闹非凡，人流熙攘，商品五花八门，古董珍玩、字画碑帖、文物古籍、工艺美术品居多，价格便宜，但赝品充塞其间，慧眼识金者可廉价猎奇。

那时报国寺的景观也为京城一绝，前院有双松，后院有毗卢阁，沿三十六级台阶而上，登阁可远眺卢沟桥……所以古代的文人墨客到了京城都爱到报国寺雅游猎奇、吟诗作赋。据传，清初诗坛领袖王士祯，别号王渔洋，官位很高，先后为刑部尚书、大司寇，酷爱文物，常到报国寺书摊买书，他很有鉴赏力，时常发现珍贵善本。那时，名剧《桃花扇》的作者孔尚任，是孔子第六十四代孙，也是康熙赏识的国子监博士，初到京城，多次想求见高官加名士的王渔洋，到府上拜访都吃闭门羹。后来有人别人告诉他：“找王渔洋别到家中去，上报国寺旧书摊准能找到他。”孔尚任依言行事，果然在庙市见到仰慕已久的王渔洋。

还有一件轶事是说龚鼎孳的。龚鼎孳是清初三大诗人之一，官居礼部尚书，娶了“秦淮八艳”之一的江南名妓顾眉。顾眉颇有才华，能诗善画，先是给龚鼎孳做妾，后来被扶正为正妻，于是改名为顾横波，人称“横波夫人”。龚尚书家就在报国寺西北，因此常常带着横波夫人同游报国寺。这时就会引得无数风流骚客驻足想一睹横波夫人的芳容，也留下了很多诗文墨迹，形成报国寺独特的文化底蕴。

（三）当今群体大众的文化广场

1907 年，清代名臣湖广总督张之洞建议，为了祭奠清祖忠魂功能，慰藉英

烈，对被炮火焚毁的广安门内的报国寺进行修缮，改名昭忠祠。日军侵华后北京沦陷，报国寺被日本从军僧占据。从1945年到1948年底，报国寺又沦为国民党军河北省田粮处。1989年，政府斥资，用资三千万余元，历时八年，才将这座古寺修整一新。

现在，寺院朝着多元化方向发展，不仅是一处佛教圣地，而且在寺庙的周边，也新建出许多文化市场。报国寺文化市场就“全国第一”而言就有以下几项：民间收藏产业的第一个倡导者和实践者、全国第一个民间收藏的综合基地、全国第一个收藏市场风向标、全国第一个系统组织交流交换的市场、全国第一个四季举办钱币交流会的市场、全国第一个举办大众拍卖的市场、全国第一个拥有权威报刊的市场、全国第一个将协会系列引入的市场、全国第一个建立民间收藏馆群落的市场、全国第一个自觉保护文化遗产的市场……市场内有店铺和摊商，古旧陶瓷、珠宝钻翠、古旧家具、中外字画、古旧钟表，玉器古雕、地毯刺锈、金属工艺、奇石根雕，景泰蓝、旧书、钱币、古玩交流应有尽有。

此外，报国寺收藏市场还有十八家收藏馆，每一家都可以说是该收藏领域的一大活动基地，它们不仅为广大收藏者提供了一个免费参观、相互交流的平台，而且也让海内外的旅游者认识了中国历史文化的博大精深。报国寺文化市场还辟出殿堂开设收藏知识讲座，时常请来专家为群众鉴宝，不定期举办藏品展览，还经常举办藏品拍卖，多元化经营使报国寺成为闻名全国的民间收藏活动基地。

报国寺首创性地举办了以收藏为主要内容的文化庙会，丰富了首都市民生活，更增添了北京节日的喜庆气氛。

六、上海报国寺

上海报国寺坐落在碧波荡漾的淀山湖畔，是一座著名的古庙。报国寺建于明代，因为供奉着三国时期蜀国的名将关羽，所以又叫“关王庙”。明崇祯十三年（1640年）报国寺进行过重修，至今，庙内仍保存着崇祯年间的一块石碑。

在一个世纪以前，报国寺的香火还是极其鼎盛，佛事空前的，但是后来由于战事连绵，这里的大部分建筑被毁，在20世纪40年代末期时，只剩下东、西两殿了。原本殿中还有两块石碑和一口大铜钟，但是因为大钟做工精细，价值连城，也就被人偷走了。寺后有一棵老银杏，树龄已经有1055年了，大约是五代时期种下的，是上海地区最古、最大的一株银杏，已被列为市级文物保护单位。如今只有它从容淡定的屹立在淀山湖畔，见证着古寺的沧桑历史，见证着这座城市的荣辱兴衰。

关王庙在20世纪80年代初得以重新修葺，再次成为佛教活动场所，并对外开放。1989年，在上海玉佛寺方丈真禅法师的倡导下，关王庙得以修缮扩建，作为上海玉佛寺下院，取名“报国寺”，意思是佛教四众弟子报恩于国土。1991年又新建了一座观音殿，观音殿上层为玉佛殿，下层供一丈二尺余高的香樟木观音佛像。建成后的报国寺，总占地面积达38.5亩，建筑面积5000多平方米，气势恢弘，令人惊叹。报国寺地处淀山湖畔，风景秀丽，交通便捷，成为广大善男信女的拜佛朝圣的一方名寺。

少 林 寺

嵩山少林寺是佛教禅宗的发源地，也是享誉世界的少林武术的发源地。自古以来，这里留下了许多有关皇帝巡游祭祀、文人骚客著文吟诗、高僧名家隐居传经、英雄豪杰习武健身的动人故事，其文化传说的深邃独特和自然景观的雄浑秀美，吸引着来自世界各地的人们到这里探源寻胜，使嵩山少林寺成为融人文景观和自然景观为一体的旅游胜地。

一、少林寺历史变迁

“长歌游宝地，徙倚对珠林。雁塔风霜古，龙池岁月深。绀园澄夕霁，碧殿下秋阴。归路烟霞晚，山蝉处处吟”。这是唐代诗人沈佺期游少林时所作，再现了少林寺的风貌和富有神秘色彩的历史传奇。自古以来，中国有南北两少林之说，“一在闽中，一在中州”。南少林在福建闽中福清嵩山，北少林即河南中州登封嵩山的少林寺。本书主要讲述的就是被世人称为“天下第一名刹”的河南嵩山少林寺。

嵩山，五岳之一，虽东不如泰山雄伟，西不如华山险峻，南不如衡山秀丽，北不如恒山奇丽，然它“萃两间之秀，居四方之中”。以其灿烂古老的文化、独特的历史而享誉中外。少林寺位于河南省登封县（今属郑州市辖县级市）嵩山北麓，面对少室山，背依五乳峰。群山环峙，松柏叠翠，峰峦秀丽，层叠若莲，因它坐落于少室山阴的茂密树林之中，所以取名为“少林寺”。(史书解释：少林者，少室之林也。)寺前，一条少溪河蜿蜒曲折，河水清澈。少林寺创建于北魏孝文帝太和十九年（495 年），距今已有一千五百多年的历史。少林寺总面积约三万八千多平方米，寺内主要建筑有：山门、天王殿、大雄宝殿、藏经阁、方丈室、达摩亭和千佛殿，两侧还有六祖殿、紧那罗殿、东西禅堂、地藏殿、白衣殿等。“深山藏古寺，碧溪锁少林”。是对少林寺风貌真实的写照，无愧为中州胜地，嵩岳之神秀。

嵩山少林寺是佛教禅宗的发源地，也是享誉世界的少林武术的发源地。自古以来，这里留下了许多皇帝巡游祭祀、文人骚客著文吟诗、高僧名家隐居传经、英雄豪杰习武健身的动人故事，其文化传说的深邃独特和自然景观的雄浑秀美，吸引着来自世界各地不同肤色、不同语言的人们探源寻胜，使嵩山少林寺成为融人文景观和自然景观为一体的旅游胜地。

（一）少林寺建寺的背景

少林寺历史久远，始建于北魏太和十九

年（495年），距今已有一千五百多年的历史了。南北朝时期，佛教昌盛，门派众多，论著丰富，而且思想也很活跃，争相取宠于皇帝，极力为朝廷服务，于是受到了上层统治阶级的特别保护。北魏孝文帝就是一个特别崇信佛教的皇帝，他“善谈老庄，尤精释义”。在其执政期间，不但倡导佛教，而且还令良家男女百余人进入空门。他还亲自为众人削发，施以僧服。太和元年(477年)三月，京城内佛寺已有百余所，从佛僧尼数量已达两千余人。京城外地，上传下效，佛寺多达六千余所，僧尼数量高达七万余人。鉴于这种情况，名流高僧，尤其是来中国传教的外国僧人就理所当然地成了皇帝的座上宾。印度高僧跋陀，就是在这种背景下来到孝文帝身边的。

跋陀又称佛陀，即为“觉悟之人”。系天竺（印度）人，起初他与自己的六位师兄弟在本国一起修道，数年之后，其他五人相继修炼成功，唯跋陀一直没有成就。最后，他决定背井离乡求取功名。他经历千难万险，远游各国之后，最终来到孝文帝身边。因跋陀博通经法，深为孝文帝敬仰，孝文帝为之别设禅林，凿石为龛。为关心跋陀，孝文帝还为其复设静院，敕以处置。由于跋陀来中国的目的只是宣传佛法，宫中那种衣来伸手、食来张口的无聊生活并不是他追求的目标。所以，他不安于宫中的日子，总在寻找自己理想的传道场所。当孝文帝发现跋陀“性爱幽栖，林谷是托，屡往嵩岳，拟谢人事”时，便依跋陀的心愿，敕令在嵩山支脉的少室山阴，为之建造了少林寺，让他在那里翻译佛经，广收门徒，传播佛法。闻风而来者，数以百计。因寺院建于少室丛林中，遂命名为少林寺。

北魏孝明帝孝昌三年（527年），印度婆罗门摩诃迦叶（释迎牟尼弟子）的第二十八代佛徒菩提达摩，从印度出发远渡重洋，历经三年，经南海至金陵，辗转进入嵩洛地区，并寄居嵩山少林寺。他在阴暗潮湿的岩洞中“面壁而坐，终日默然”，传授以《楞伽经》为依据的大乘禅法。达摩之徒慧可，“师事达摩，朝夕参乘”。相传恭立达摩门外的慧可，曾用利刃砍断自己的左臂，献于达摩，流淌的鲜血染红了周围的白雪，慧可一心求法的诚意感动了达摩，取得了法嗣的地位。达摩和慧可为法忘躯，以启山林的精神确立了少林寺作为禅宗祖

庭不可动摇的地位。以后，广集信徒传授禅宗，僧徒日益增多，寺院逐渐扩大，少林寺声名日渐大振。因此，达摩被称为中国佛教禅宗的初祖，少林寺称为禅宗的祖庭，达摩因此成为中国佛教禅宗的开山祖师。

但是，少林寺在历史上也曾被改称为陟岵寺，为什么要改称陟岵寺呢？当时佛教盛行已久，就连北周统治者本身也受到很深的影响。据统计，北周的皇后先后有十人，都信仰佛教。周武帝死后，其子宇文□继位。他继位的第二年(579年)，就把皇位传给自己刚满7岁的儿子宇文阐。宇文阐当时年幼，实际上，国家军政大权一下子就落到了宣帝嫡妻、天主大皇后杨氏之父杨坚的手中。杨坚图谋代周，于大象元年（579年）三下诏旨，不遗余力地提倡佛教。这次复法，最初并未在全国普遍展开，只是在京师长安和洛阳各立一寺，均取名为陟岵寺。洛阳的陟岵寺即为少林寺。少林寺被更名的原因，在少林寺现存的碑文中是这样记述的：“大象中，初复佛象及天尊像，乃于两京（长安、洛阳）各立一寺，因孝思所置，以陟岵为名。其洛中陟岵，即此寺也。”少林寺被皇室命名为陟岵寺以后，从原沙门中挑选了“声望嘉者一百二十人，在陟岵寺替国行道”。皇帝征调这些高僧大德汇集陟岵寺，其任务不是念经诵佛，而是研究释、儒、道三教方面的哲学著作。此时的他们，不是以僧侣道士的身份参加，而是以官吏的身份参加的。因此，不削发剃须，也不着僧服道冠，而以朝廷命官的名义，施以官服，执行公务。就这样，当时的陟岵寺又成了释、儒、道三教名流汇萃的地方。

开皇元年(581年)，杨坚废静帝，代周称帝，建都长安，改国号为隋。隋文帝杨坚一上台，便积极发展佛教，对少林寺十分关心，上台之初，就下令废陟岵寺寺名，恢复少林寺寺名。直至今日，少林寺寺名再也没有被更改过。

（二）少林寺的历史演变

少林寺历尽沧桑，它既有过香烟缭绕、钟鼓齐鸣的鼎盛时代，又有屡遭兵燹风雨的劫难。南北朝时，佛教盛行，当时佛寺遍布天下，北周武帝时采纳元嵩“定教先后”的建议，于建德三年（574年）下令禁止佛、道二

教传流，当时少林寺也没能幸免，僧众流亡严重。

到了隋代，当隋文帝即位后，颇重佛教，对佛教大力扶持，并赐少林寺田地一百顷为寺院庄园，少林寺从此成为一个拥有百顷良田的大庄园。隋末天下大乱，烽烟四起，一场大火将整座寺院化为灰烬。

到了唐太宗时期，少林寺才恢复元气，寺内殿宇楼阁林立，全寺占地一万多亩，寺僧约有两千人。唐武德二年(619 年)，少林寺十三位僧人擒拿叛将王仁则有功，受到唐王李世民的慰赏，于是赐田地千顷，水碾一具，参战僧人也各有封赐，并赐少林寺田地四十顷。由于有朝廷的大力支持，少林寺发展很快，成为当时驰名的大佛寺。被誉为“天下第一名刹”。少林寺也成了李唐最高统治者经常驾临游幸之所。如高宗、武则天不断到少林寺游幸，每次都有封赐，并对少林寺大加扩建。到了唐宋年间，少林寺拥有土地一万四千多亩，寺基五百四十亩，楼台殿阁五千余间，僧徒达两千多人，甚为兴盛。

唐末至五代，达摩开创的禅宗教派兴盛，并逐渐成为中国佛教最大的宗派，少林寺成为禅宗教派的朝圣地。为了纪念达摩，在少林寺后山达摩曾经坐禅传法的地方创建初祖庵，并建立高大的达摩面壁之塔。

元明时期少林寺仍很昌盛。元初，世祖命福裕和尚主持少林，并统领嵩岳一带所有寺院。福裕主持少林时，创建钟楼、鼓楼，增修廊庑库厨，金碧辉煌，殿宇一新，僧徒云集演武礼佛，“众常两千”。后福裕被元帝追封为晋国公。

明王朝建立后，少林寺的殿宇楼阁屡经修葺，并有所增建。明朝近三百年间，少林寺僧人至少六次受到朝廷征调，参与官方的征战，多次受到朝廷嘉奖，并在少林寺树碑立坊修殿。现在寺内许多建筑系明清两代所建。少林寺的山门，是清雍正年间奉敕创建的；“少林寺”的门匾是清康熙皇帝的御笔。清末以后，少林寺屡遭兵燹战火。

现代史上少林寺遭遇的最严重的劫难，是 1928 年的军阀混战。河南军阀樊钟秀自称建国军总司令，他过去曾在登封驻扎过，结识了少林寺的一些和尚。1928 年春，当冯玉祥正在安阳、大名一带和张作霖打仗时，樊钟秀和山西李虎臣结盟反冯。李虎臣出兵卡住潼关。樊钟秀在少林寺和尚的帮助下，派其部将

李山林、赵振江两军，一路出龙门进攻洛阳，一路由轩辕关攻打偃师、巩县，夺取了孝义（今巩县城）兵工厂。冯玉祥派石友三率军从萼岭口反攻过来。三月十五日石友三的部队攻到少林寺，原在寺里驻扎的樊钟秀和全体寺僧都逃跑了。石友三盛怒之下，放火烧寺。大火延续了45个昼夜，烧毁了从天王殿到法堂之间的建筑物，包括天王殿、大雄殿、法堂、钟楼、鼓楼、客堂、库房、东西禅堂、紧那罗殿、六祖堂、阎王殿和龙王殿等。又烧毁了全部寺藏的明代藏经、达摩面壁影石和所有佛堂陈设的仪仗，损失惨重。

20世纪80年代初，政府全面落实宗教信仰自由政策，寺院宗教生活开始恢复。少林寺在一片废墟上开始重建。寺内现存有山门、客堂、达摩亭、白衣殿、地藏殿及千佛殿等。千佛殿内有明代五百罗汉朝毗卢壁画。寺旁有始建于唐贞元七年（791年）的塔林，有塔二百二十余座，还有初祖庵、二祖庵，以及附近的唐代法玩塔、同光塔、五代法华塔、元代缘公塔等。寺内保存唐以来碑碣石刻甚多，重要的如《唐太宗赐少林教碑》《武则天诗书碑》《戒坛铭》《少林寺碑》《灵运禅师塔碑铭》《裕公和尚碑》《息庵禅师道行碑》和近年建立的《日本大和尚宗道臣纪念碑》等。该寺近年来曾屡加修缮，使千年古刹重放异彩。

（三）少林寺的第一次灾难

西域名僧跋陀主持少林寺以后，受到了皇室的支持和推崇，广收门徒，习禅练法，少林寺一直处于发达之势。但在北周武帝宇文邕建德年间，周武帝实施禁佛道二教政策，少林寺也未能幸免，同其他寺院一样“咸从废毁”。这是中国佛教史上的第二次大灭佛，在少林寺史上，可谓是第一次大灾难。周武帝的这次灭佛禁道，并非偶然之举，是因为佛教势力当时发展到扰乱天下的地步。据《魏书·释老志》记载：“寺夺民舍，三分且一，僧寺无处不有，或比满城邑之中，或连溢屠沽之肆，或三五少僧共为一寺。象塔缠于腥臊，性灵没于嗜欲，真伪混居，往来纷杂。正光以后，天下多虞，王役尤甚，於于所在编民，

相与入道。假慕沙门，实避调役，猥滥之极。”为此弃田入寺的农民，为了逃避国家律令约束，直接受寺院僧主的支配，在经济等一系列利益方面与官府对抗，这在民以食为天，以农业立国的封建社会，是一个国家大权主宰于谁手、国家兴衰如何的重大问题。尽管佛教是统治阶级的御用工具，但由于它的大肆泛滥已威胁到了国家和统治阶级利益，也必然形成政、教之间的矛盾且不断尖锐化。为了打击佛门势力、发展生产、富国强民，北周武帝便开始筹划禁佛的计划。

据少林寺《少林寺碑》记载，周武帝“纳元嵩之说，断释老之教，率土伽蓝，咸从废毁”。由此看来，元嵩的意见促成了周武帝灭佛的决心。少林寺在这次禁佛斗争中，同样受到了毁灭性打击。卫元嵩，益州（成都）人，本是一位佛门信徒，出家跟名法师从佛，此人聪明过人，深精阴阳历数，曾到各地漫游，四处扬名。后来，他以俗人的身份到中原游历。因其喜交权贵，因而得到了周武帝的赏识，并封他为蜀郡公。卫元嵩原为佛门弟子，深知佛门内幕，目睹佛法的荒唐。面对佛、道的日益泛滥，他和一个名叫张宾的道徒联合起来，于天和二年（567 年），上书周武帝，请省寺减僧，禁佛道二教。

如何对佛、道二教采取行动，周武帝考虑再三，慎之又慎。自天和至建德年中，他曾七次令释、儒、道三教名僧及朝中大臣聚集大殿进行大辩论，并亲临其场，细耳倾听三教之间的激烈争辩，以审其先后和优劣。历经反复洞察，终于于建德三年（574 年）五月才下定决心，下令断佛、道二教。融佛灭经，驱僧破塔，宝刹伽蓝皆成俗宅。

建德六年(577 年)，北周灭北齐，当年正月，武帝进入北齐宫殿，召集五百众僧于殿，讨论佛教废立之事。讨论结果，留儒除佛。此时虽有名僧慧远极力争辩，但武帝灭佛决心已定，仍令尽毁齐境佛塔，解散寺院所有人员，复军民，回到原来的户口编册。这就是佛教历史上著名“三武之厄”中的第二次禁佛大行动。此时，北方僧众纷纷逃至江南。少林僧徒也在这次事件中受到冲击，四散奔逃，有的隐居尘俗，有的遁匿山林，有的逃往江南。名刹少林惨遭废毁，这也是少林寺历史上的首次大灾难。

二、少林寺的名胜和古迹

（一）传奇的碑林

山门即少林寺常住院的大门。为清雍正十三年（1735年）修建。门额“少林寺”三字为清康熙御书。山门，面临少溪，溪上原架有三座相互平行的石桥，相距甚近，将少溪南北连接起来。最西为少阳桥，正对寺门。中间的叫庆寿桥，可通溪南周府庵。最东的一座因通往白衣殿，叫做白衣桥，早被山水冲坏，残迹犹存。门台用青石砌成，高三米，台阶呈垂带式，共十七级。山门前两旁有由五节石雕成的大石狮，象征着镇邪与吉祥。门外左右两方跨着马道的东、西两个牌坊，左面（即东面）的石坊明嘉靖二十三年甲辰（1544年）建，其外额刻有“祖源谛本”四字，内额刻有“跋陀开创”四字。石坊上刻的对联是：“心传古洞严冬雪拥神光膝，面接嵩峰静夜风闻子晋笙。”其右面（即西面）的石坊，为嘉靖三十四年乙卯（1555年）建。外额刻的是“嵩山禅林”，内额刻的是“大乘胜地”。石坊上刻的对联是：“地在天中四海名山为第一，心传言外十方法教是初元。”山门殿佛龛中供奉的是大肚弥勒佛，又称迎宾佛，人们把弥勒佛称为“端庄庄重山门喜看世间光辉照，笑哈哈迎来人祝福极乐无穷”。

踏入少林寺首先见到的便是少林寺两大胜景之一的碑林。唐宋以来的石刻五十余座，集中在大通道的两旁草地上，还有一些散落在天王殿的前后。碑林中，有唐、宋、元、明、清各代最杰出的书法家的手迹。其中以《唐太宗赐少林教碑》、王敬之书写的《大唐天后御制诗书碑》、北宋鲁国公蔡京书写的“面壁之塔”、元赵孟兆页书写的《裕公和尚碑》、明董其昌书写的《道公禅师碑》等文物价值最高。

《唐太宗赐少林教碑》据《金石录》记载，此碑为八分书。无书写人姓名，疑为后人重书。叶奕苞的《金石录补》和傅梅的《嵩书》都说，碑额隶书“太宗文皇帝御书”七字，为唐玄宗李隆基所题。碑文共240个字，

其内容为秦王李世民讨王世充时因少林寺僧助战有功，遣使奖慰之文，并附有赐地、水碾，还寺教书。但碑文并非出自唐太宗亲笔，盖出于幕僚之手。书法不甚工整，但亦不俗。其中“世民”二字，是李世民以渴笔草书嵌入，乃亲笔草签，其余的字皆正书。

《裕公和尚碑》为元仁宗延祐元年（1314年）十一月刻立。元翰林学士程巨夫撰文，赵孟兆页所书，清丽秀致。据《元史》卷一七二评价赵孟兆页笔迹，其“篆籀分隶真草书，无不冠绝古今，遂以书名天下。天竺有僧，数万里来求其书归，国中宝之”。

《道公禅师碑》与赵孟兆页所书《裕公和尚碑》并立。高约四米，六龙盘首，刻立于明万历三十七年（1609年）正月，为明代书法家董其昌书。字体为草书，遒健放逸，柔润可观。据《明史》卷二八八对其评价为“潇洒生动，非人力所及也，四方金石之刻，得其制作手书，以为二绝”。

碑林中有一尊刻碑很有影响，即“息庵禅师道行之碑”，为日本僧人邵元所撰。1973年，郭沫若携河南画像石及碑赴日展览时，也带上这两道碑刻拓片，并题诗赞曰：“息庵碑是邵元文，求法来唐不让仁。愿作典型千万代，相师相学倍相亲。”碑文内容是记叙少林寺十五代住持息庵禅师的事迹，撰文者邵元是日本一位有名的高僧。元泰定四年（1327年）来到中国，先到福州，又到天台山、天目山和五台山等处遍访名僧。最后来到嵩岳少林寺，长期居住在此。邵元的佛学修养很高，在来中国之前，是日本山阴道但洲正法禅寺的住持。他在少林寺期间，曾先任寺里书记，后为首座。当时元政府要从全国选一百名高僧到京师宫里翻译大藏经，邵元是被选中之一。他在中国待了21年，到至正七年（1347年）始东归，回国之后，声誉大振，成了日本有名的高僧。

（二）天王殿、大雄殿

从“山门”开始，直至最高的“千佛殿”，每一进都有主殿和配殿，各自形成一个独立的建筑群。由第二进的天王殿算起，每一进都有大殿一座，依次是大雄宝殿、藏经阁、方丈室、佛祖殿、千佛殿，两旁建筑群依次排列：东有钟

楼，紧那罗殿、东禅堂，白衣殿；西有鼓楼，祖堂，西禅堂，地藏殿，等等。

天王殿是少林寺最为庄严宏伟的一所殿宇，原殿毁于民国十七年（1928年），于1982年重修。除四周走廊外，宽三间，深两间，原来外塑金刚像，内塑四天王像，又称四大金刚，它们的职责是视察众生的善恶行为，扶危济困、降福人间。人们根据四大天王的组合特点，寓意“风调雨顺”。1704年，康熙帝御书“少林寺”三字，原来悬在天王殿外，现在挂在山门外边。天王殿遗址后并列三通石碑，中间的一通为明天启甲子年（1624年）刻制。正面为“达摩一苇渡江”的画像，达摩蓬头袒胸，神态飘然，脚踏芦苇，枝开五叶，据传是达摩谒见梁武帝，梁武帝见他其貌不扬，未予任用，达摩即于江边拔一芦苇置江中，踩苇渡江到少林寺居住。

大雄宝殿是全寺的中心建筑，是僧人进行佛事活动的重要场所，该殿和天王殿一样，在民国十七年（1928年）被军阀石友三烧毁。现在的大殿是1985年重建的。该殿是面阔五间的重檐歇山式建筑，殿内正中供奉着现世佛“释迦牟尼如来佛”，左为过去佛即东方净琉璃世界的“药师佛”，右为未来佛即西方极乐世界的“阿弥陀佛”，殿内东西山墙悬塑的是十八罗汉，屏墙后壁悬塑的是观世音。少林寺大雄宝殿与其他寺院大雄宝殿的不同之处在于，这里的三世佛左右各塑有站像——达摩祖师和被称为少林寺棍术创始人的紧那罗王。另外，该殿中间两根大柱下还有麒麟雕像，预示了禅宗佛教是完全汉化的中国式佛教。

大雄宝殿东侧的殿宇是紧那罗殿，重建于1982年，内塑的紧那罗王是少林寺特有的护法神。这里展示了紧那罗王的报身、法身、应身三种不同的形象。传说古时山贼困少林，群僧束手，“烧火和尚挺身而出，抡棍攻陷敌阵，声如吼，动如闪，却敌于一霎间，之后自称紧那罗王，飞仙而去”。现已无从稽考。

在紧那罗殿南，原有元代创建的钟楼，西向，两间，高十丈。所悬的大铁钟，重约一万一千斤，粗可四人围，声闻三十里。系金章宗泰和四年（1204年）铸造，原来悬挂在钟楼。1928年大火后，大钟跌成数片。解放以后，1957年加以修整，仍放在钟楼原处。在钟楼前，竖有清乾隆皇帝于乾隆十五年（1750年）刻立的《乾隆御碑》。碑文是一首五言诗：“明日瞻中岳，今宵宿少林。心依六禅静，寺据万山深。树古风留籁，

地灵夕作阴。应教半岩雨，发我夜窗吟。”

在六祖殿南和钟楼东西相对的是鼓楼，高与钟楼齐。方三间，高三层，面向东，因为基层上加修了一层围墙，所以从外面看是四层。四面为砖壁，创建于元大德年间（1297—1307 年），由十六根大石柱建成。钟、鼓二楼是寺院的常见建筑，人们说的“晨钟暮鼓”是寺僧起居和进行佛事活动的一种信号。

（三）达摩亭、千佛殿

过了大雄殿，再登高一层，便是法堂。它是寺僧藏经说法的场所，清乾隆八年（1743 年）奉敕在此藏存经卷，所以又名藏经阁。为明代所建，毁于 1928 年军阀混战中，保存了几代的达摩面壁石同毁于此殿，一些武术资料也焚烧殆尽，现在的大殿为 1994 年重建。内供少林寺的一位缅甸弟子于 1996 年捐赠的汉白玉卧佛像一尊。在藏经阁月台下有一口大铁锅，是明代万历年间铸造的，据说是当时少林寺和尚用来炒菜用的小锅，从这口锅可以想象到少林寺当时的昌盛与繁荣。法堂的东边是客堂，西边是静室，也是东西相对。

法堂之后为方丈室，宽五间，深三间，是少林寺住持僧（也就是方丈）起居、生活、理事的地方。乾隆十五年（1750 年），清高宗弘历游嵩岳时，曾住在此室，后人称之为龙庭。解放以后，寺僧曾将它用作招待游人的休息室，改称“客庭”。方丈室走廊东端悬挂元代至元二年（1336 年）铸造的铁钟一口，重约六百五十斤，钟上的铭文，字迹清晰，内容为当年少林寺知事僧的名字和元代少林寺的三十一个下院的名称。走廊的南墙壁上嵌有宋代书法家蔡京的“面壁之塔”石刻和其他石刻画像多种。夏日雨过天晴，站在客庭向江南望，对面的少室山石壁在水光山色及日光映照下，面壁的光雪犹如一堵雪墙，故有少室晴雪之称。

从方丈室后，再登上高约二丈许的台阶，便是达摩亭，为清代建筑，深阔各三间。相传禅宗二祖慧可在没有得道之前，渴望得到初祖达摩的“衣钵真传”，乃长久地站立门外，雪深过膝，始终坚持忍着，达摩进一步考验他，说除非雪是红的，才纳他为弟子，于是慧可断然抽刀断臂，血染雪阶，这就是少林

传说的“立雪断臂”。为纪念二祖慧可立雪断臂求得佛法，人们又将此处“达摩亭”称为“立雪亭”。亭内神龛中供奉的是铜质达摩坐像，两侧分别是二祖慧可、三祖僧灿、四祖道信、五祖弘忍。现亭内悬挂的“雪印心珠”四字乃乾隆皇帝御题。东壁角铜钟为明万历十七年（1589 年）造，重五百余斤。

少林寺最高最大的一座殿宇，就是第七进的千佛殿，又名毗卢殿。建于明万历戊子年（1588 年），清乾隆年间重修。殿高二十余米，面积约三百余平方米，是寺内最大的佛殿。殿中间神龛中供奉的是铜铸莲花座毗卢佛像，神龛上悬挂的“法印高提”匾额是清乾隆皇帝御书。殿内东、西北、三面墙壁上是晚明无名氏绘制的“五百罗汉朝毗卢”巨幅彩色壁画，是寺内最珍贵的艺术品之一。毗卢为梵语，意思是至高无上的善神。后人把他当做佛祖释迦牟尼的化身。此画背景自下而上分三个层次，下层是波涛起伏的海洋，一列罗汉浮游其上；中层风云浮动，又一列罗汉似在腾云驾雾；上层是连绵的山林，又一列罗汉神游其间。每个罗汉神态各异，或分或合，都自成一幅美妙的艺术画。特别是用笔着彩，别具一格，用笔粗犷有力，轮廓简单清晰，着色清淡，神气飘然。全殿青砖铺地，地面有 48 个深浅不等的陷坑，分四排，最深的坑约深二十厘米。传说这是古时寺僧“站桩”留下的脚窝。

在千佛殿前的东面，是白衣殿，又名锤谱殿。它是千佛殿的配殿，殿内神龛中供奉着白衣大士，即观音菩萨。墙壁上有清末画的彩色壁画。神龛南壁为“降龙”，北壁为“伏虎”，东北、东南面壁眉有“文殊骑青狮”“普贤骑白象”烘托着两幅反映少林传说的主题画，“十三棍僧救唐王”和“紧那罗王御红巾”。

千佛殿西面是地藏殿，殿中间供奉的是地藏王，站在地藏王南侧的为答辩长老，北侧的为道明和尚，殿内南北两面墙壁绘制的是十帝阎君的画像。在中国古代传说中，他们是主宰“阴间地狱”的神。地藏王骑着一只怪兽，叫“谛听”，据说它有“顺风耳”，所以地藏王靠着它能知道世界每个角落的事情。地藏殿早年倒塌，现在的大殿为1979 年时重建。

（四）“少林三庵”与神奇的达摩洞

整个少林寺是一个广大的区域。寺外还包

括少林三庵、达摩洞等胜景和连绵数百顷的山田，少林寺最大的艺术价值和最有文史价值的部分，不是在寺内，而是在寺外。

初祖庵位于少林寺西北约两公里五乳峰下的阜丘上，建筑物仅存一座大殿、两间小亭和一所新修的千佛阁。建于北宋宣和七年（1125年），是为了纪念禅宗始祖达摩而建。此庵全用木材，与其他庵迥然不同，它是河南省最古老的木结构建筑物。殿门两侧有砖雕楹联：“在西天二十八祖，过东土初开少林”，简明地说出了达摩的身世和来历。全殿有八角石柱十六根，殿内四根金柱上有高浮雕画刻：握杵执鞭、气度威严的武士、活泼的游龙、潇洒的舞凤、飘然若生的飞天和浑圆的盘龙，这些高浮雕刚容柔和，惹人注目。其他神台须弥座及墙石护脚上的蕃草、猛狮、麒麟、水兽等浮雕，无不生动传神。殿前东南角有古柏一株，相传是六祖慧能于唐代初年用钵盂从广东带回了一棵柏树苗，栽植在这里的，以表示对达摩的尊重和怀念。迄今犹苍翠欲滴，树下有康熙乙酉年（1705年）立的石碑，上面刻有“六祖手植柏，从广东至此”十个大字。殿内神龛中供奉着禅宗列祖的塑像，其中，只有二祖慧可、三祖僧灿、四祖道信、五祖弘忍侍立在初祖达摩的周围，独缺殷切怀念达摩的六祖慧能，这又是什么缘故呢？这里，隐藏着一段佛教界为之震惊的法门“党争”的内幕。禅宗发展到第六代，分裂成“南宗”和“北宗”，佛教史上有所谓“六祖乱传法”的事，指的就是这么一回事。

二祖庵在寺西南四公里的钵盂峰上，为纪念二祖慧可而建，据说二祖慧可“立雪端臂”后，就在那里疗伤，所以二祖庵又称“养伤台”。殿内现有殿房三间，明清碑碣数通，殿前有古柏三株，庭院四角有水井四眼，这就是有名的“卓锡泉”。传说达摩去看圣地时，发觉四处缺水，于是提起禅杖，在殿前的东南西北方各拄一下，水即源源而出，这些水有酸、甜、苦、辣四种味道，这就是达摩“卓锡得泉”的故事。庭院周围有砖塔三座，其中一座为唐万岁登封元年（696年）所建。

三祖庵仅存三祖僧灿的佛塑像，此外，再无值得称道的东西。

在初祖庵北的五乳峰上，有一个天然石洞，据说这就是达摩面壁禅坐的地方。该石洞深七米，宽三米，相传为达摩面壁九年（或十年，527—536年）之

处，最后达摩的像映入崖中。此石崖已移至寺内展览，石上确实有似用毛笔勾画的达摩肖像。当然这不可能是真的，想必是古人用墨所绘，年久后墨汁浸石，洗后仍留痕迹所致。现在石洞尚存，称为达摩面壁洞或达摩面壁九年处。面壁的意思是外息诸缘，内心无惴，心如墙壁，可以入道。就是要排除一切干扰因素，在“明心见性，一切皆空”上面下功夫，在思想深处苦心“炼魔”。洞前，有明代立的石牌坊一座，南面的牌额刻有“默玄处”，北面牌额刻有“东来肇迹”。为何人所书至今不详。

关于达摩的故事有很多，据说达摩在少林寺收了个徒弟，叫神光。神光原姓姬。幼年时在洛阳龙门香山出家，受戒于永穆寺。40岁那年，于寂默静坐之中忽然看见一神人对他说：“大道非遥，汝其南矣。”醒来后大惊，知是神助，遂改名为神光。第二天，感觉头痛如刺，他的师父宝静禅师听到喊痛声，想给他治疗。这时空中有声：“此乃换骨，非常痛也。”宝静禅师吓得不敢治了，这时再看神光的头顶，分明显出五个凸出物，俨如五峰秀出。宝静禅师知神光非同小可，命他去少林拜达摩为师。神光来到少林寺求见达摩，欲以拜师，然而不管神光怎么恳求，达摩总是端坐面壁，不发一语。神光想起前人为求道不惜敲骨取髓、投崖饲虎的种种事迹，决心以自己的实际行动感动达摩，于是他天天参禅在达摩身边，不计晨夕。有一年十二月初九夜，天降大雪，神光竖立不动，到天明，雪过膝盖。达摩终于有所感动，问道：“汝久立雪中，当求何事？”神光含悲流泪道：“惟愿和尚慈悲，开甘露门，广度群品。”后来神光还自断左臂，进一步表现不辞辛劳、献身佛门的决心。神光成为达摩弟子后，改名慧可。达摩灭度前考察手下诸弟子，认为唯慧可得其法门真谛精髓，遂将作为法信的袈裟传予慧可。

还有一个神奇的传说，达摩在少林寺坐禅，多次遭到暗害。有人下药五次，达摩均化险为夷。至第六次，达摩虽知有毒，但感到业缘已毕，传法得人，安静地食完这下了毒药的斋食，端居而逝。达摩大约死于536年。达摩死后三年，北魏使臣宋云出使西域回国，在葱岭忽然看见一位高个子和尚手提一只鞋，迅疾而来。宋云认出是达摩，大喊：“师何往？”达摩答：“西天去。”宋云回来说了此事，人们不信，于

是挖开墓穴，打开棺材，发现的确为空棺，唯有一只鞋在棺中。北魏皇帝闻奏，命取这只鞋放在少林寺供养。唐朝开元年间，有人盗取此鞋，移放在五台山华严寺，后不知所在。

关于达摩的传说还有很多，令人莫衷一是，想不到清代乾隆皇帝却有惊人之语。话说1750年乾隆游少林寺时，写了一首诗。诗云："大地那非碧眼僧，九年面壁却何曾！宋云道是逢葱岭，五叶原教到慧能。片石无端留色相，千秋不必考明征。他告诫人们不要太过相信这些传说，也不必花费时间去考证。

（五）少林之宝——塔林

塔林者，佛塔如林之谓也，位于少林寺西面约三百米处的山脚下。塔林即历代少林寺僧的墓群。塔是古印度语"塔婆"的简称，译为坟墓。佛家有名望的和尚死后，把骨灰或尸骨埋入地宫，上面建塔，以示纪念。少林寺塔林现存有唐贞元七年（791年）至清嘉庆八年（1803年）之间的唐、宋、金、元、明、清各代的砖、石墓塔二百二十余座，其中唐塔两座、宋塔三座、金塔十座、元塔四十座，明塔最多，有一百三十八座，清塔只有十座，其他题记刻字不清者，有二十余座，占地面积约两万平方米，是我国现存最大的塔群。

塔的层级一般为一至七级，高的有几丈，矮的只有三尺左右，每个塔上几乎都有塔铭和佛像雕刻。塔铭大小不一，有的镶嵌在塔的正前面，有的安装在塔的后壁。塔的造型以方形居多，也有四角、六角、柱体、锥体、圆形、宝瓶形及独石雕刻等，塔林中的塔为什么有高有低、有大有小？除了各时代建筑风格不同外，还与塔主生前在佛教寺院中的地位、佛学修养、僧徒多少、威望高低及经济状况等条件有关。

在塔林中，以唐代法玩禅师塔、宋代普通塔、金代西堂老师和尚塔、元代中林禅师寿塔、明代坦然和尚塔和清代彼岸宽公寿塔等最具代表性。这些塔是不同朝代的代表作。

法玩禅师塔是塔中现存最古老的一座一级四角方形砖塔，建于唐贞元七年（791年），高约七米，是塔林里最早的一座寿塔，用水磨砖和黄泥垒砌而成，

塔顶为五层石雕组成，下层为为高浮雕飞天、二层为轴形转轮、三层为仰莲、四层为云雷纹圆盘、上顶为一圆球形的宝珠。塔门为拱形，嵌有一块高约一米多的象征性石门。门额上浮雕两个长尾短翅禽爪人身的直立飞天，额侧两厢浮雕两个束腰、飘服、卷发、长裙的对称形飞天。门口两侧雕，有两个武士，执剑托塔，气度威严。门栏杆上浮雕的两扇石门上雕有石锁，刀工细致，形象逼真。

塔林内埋葬的一般都是大德高僧，但建于宋宣和三年（1121 年）的宋代普通塔却是一座众生塔，塔下埋葬着 32 具僧人尸骨，他们原是长期游方的僧人，本不能进入塔林，原先分别葬在寺院周围的山坡上。后住持僧菊庵长老料理寺院时，才把这些僧人运回塔林合葬在一起。因不知其姓名，故名“普通塔”。这座塔用石灰砌砖，形制与法玩禅师塔相似。高约五米，塔的基层为一砖砌方形台子，四角折射高挑，塔顶由五层石雕组成，分别施以覆莲、轴形转轮、圆盘云雷纹和长尖状宝塔等。拱形门洞里，镶嵌着一座石门，高约一米许。原来的门扇早已丢失，现在仅存一座塔室。

西堂老师和尚塔建于金正隆二年（1157 年）十月。用石灰和水磨砖砌成。高约六米，为一级四角正方形塔。塔顶砌有正方形的砖台，台上施石雕，上面的雕石已失，仅存塔基。须弥座塔基的束腰处，有二十八格砖塑莲菊树草、鹿马虎鸽等图案花饰。拱形塔门上浮雕乳钉五十，铺首衔环，大方美观。

元世祖至元二十七年（1290 年）建的中林禅师塔是一座六角七级的实心塔，是用各种不同形状的水磨砖砌成的，高约九米。塔身为密檐，自下而上分别迭出。八层、七层、六层、五层和四层，层层迭收，形成锥体。塔顶为砖砌的鼓形台，台上安放石雕塔基，为仰、覆莲组成。拱形塔门高约七十厘米，门扇上有乳钉五十，石锁一具。塔志砌在塔门之上，题为“宣授中林禅师之塔”，塔铭在塔的后壁上。须弥座式塔基，周围砌有树木图案，形象真切。这座塔由于缝合紧密，建筑坚固，现在仍甚完好。

坦然和尚塔建于明万历八年（1580 年），这座塔是用八块雕刻的青石砌成的。塔身呈喇叭形，高约五米，基座为覆莲。座上雕有人兽图案的八角石柱。二层为八角石盘，周身有线雕花草和姿态不同的四

对高浮雕石狮。三层为圆形石块，四层为八角石盘，浮雕着八卦图。五层为塔的主身，约占塔高的一半，其形如瓶。南面刻有塔铭和象征性的石门。六层为五转的螺旋形柱状石雕。七层为圆形石盘，稍大，刻有八组浮雕图案，周沿刻十二个“十”字形纽带。八层为塔顶。这座塔雕刻精巧，秀丽玲珑。

彼岸宽公寿塔建于清康熙五年（1666年）六月，为六角七层砖塔，高约十米。塔身密檐，自上而下分别迭出。四层至八层，逐层迭收为圆锥体，密檐六角，各饰有挑角兽头，装点精美。尖细的塔顶，置有五级塔刹，仍为仰、覆莲之类的石雕组成。塔基须弥座的束腰处，饰有十二格花草动物等图案的砖制雕塑。

此外，塔林中部偏东处有宋绍兴九年（1139年）修造的菊庵长老寿塔一座，塔为五级六角，高八米。后壁镶嵌的塔铭，系少林首座日本国沙门邵元撰文，文辞和书法都具有相当的造诣。1973年4月郭沫若题诗赞曰：“邵元撰写照公塔，仿佛唐僧留印年。花落花开沤起灭，何缘哀痛着陈言。”塔林西边还有明嘉靖四十三年（1564年）修造的天竺和尚塔一座。这些事例说明中日、中印关系亲善交往甚密，文化交流的史实是不乏先例的。

少林寺塔林古塔从唐贞元七年（791年)开始建设，到清嘉庆八年（1803年)结束，建设时间长达千余年。最早的塔已有一千二百多年，最短的也有二百多年历史。塔林中的这些塔，虽历经千年风雨，仍保存完好，这不能不说是中国建筑史上的奇迹。

三、天下武功出少林

（一）少林武术的起源和发展

少林武术博大精深、源远流长，是中华武术的重要组成部分。少林武术起源于达摩。据清《少林寺》解释：禅宗初祖达摩，本无心于研立拳术。只因为长期盘膝静坐，肢体麻困，不得不经常起身活动四肢，舒展筋骨。据说达摩将鸟兽虫鱼飞腾、跳跃、游弋、滑翔等多种姿势融合进来，逐渐形成一套健身养性的少林拳的雏形，并将它刻成壁画，令僧徒演习。可能这就是最早的少林武术了。据传达摩逝世后，又流传了《易筋》《洗髓》二经，遗憾的是其徒慧可密持《洗髓经》，未传于世，只留《易筋经》供僧众们演习作强身之术。后来经过僧众们长期演练、综合、接纳，曾发展到百余种。

少林武术的发扬光大，是隋唐之际的一件大事。隋朝末年，天下大乱，少林寺被山贼所劫，僧众奋起拒敌，贼人放火烧毁寺院。唐高祖李渊派其子李世民，率兵进攻盘踞洛阳的王世充。李世民曾写信邀请少林寺武僧下山助战，以昙宗、志操为首的十三名和尚率领众僧下山，解救了被王世充围困的李世民，生擒王世充侄儿王仁则，李世民即位后，对昙宗等十三人给予赏赐，还准许少林寺容纳武僧，练拳习武。因而少林寺名声大振，僧徒日众，达两千余人，练武之风逐渐兴起。

从宋到元，少林武术有了一个较大的发展。先是福居和尚曾邀集全国十八家武术名手于少林寺，将各家之技艺，加以汇总。经过了几年的钻研，取各家之长，汇集成册。现在流传的拳谱上有这样的记载："夫短打者（即长拳），原自少林福居禅师删集也。习学诸家之法多年，乃得真传。最要者有功三乘：第一行功积力；第二推送沙袋，操练拳掌；第三演习诸家手法，此乃习武之要也。如金钟罩、吞符水、吹丹在手、纵地法，皆系外道，不堪传世。删集之时，一概焚之。"福居和尚将十八家手法之

妙记载于内，要求后之学者，务得勤习苦练，豁然贯通。传说赵匡胤对少林拳术研究最深，尤精三十六路长拳、六步猴拳、国拳等，曾有著述，后之学习者称其为太祖门。

元朝建立后，少林寺得到大力推崇，使之成为拥有至高无上地位的佛教寺院，少林寺由此也极力维护元朝的统治。元朝时曾下令民间禁止铸造兵器，不准民间习武。但并不禁止少林寺习武用以自卫。元朝末年，在少林寺与农民起义军的对抗中，少林寺曾组织僧兵反击红巾军，但最终还是被强大的农民军打败，少林寺也被攻陷。关于元末少林武僧与农民军进行的战争，后来演化成了“紧那罗王御红巾”的神话。传说，红巾军进攻少林寺时，烧火僧紧那罗王手持烧火棍，站于太室、少室两山之间，吓退了红巾军。然而事实与传说恰恰相反，不是少林棍僧紧那罗王打败了红巾军，而是红巾军击败了少林武僧，并攻占了少林寺。后来少林寺还把紧那罗王奉为棍术大师，武僧则把唐代的大将军僧昙宗称为头辈武僧师爷，把紧那罗王称为二辈师爷。

元末，少林寺僧徒星散，寺院废毁大半，少林武术受到很大影响。相传朱元璋在发展势力时，曾得到少林僧徒的帮助。因而在明王朝建立不久，寺院就很快得到恢复。从正德到天启，明政府经常征调少林僧兵，正德时少林武僧周友曾率僧兵镇守山陕边关并征讨云南，嘉靖时少林武僧也曾大规模参与抗倭战争。战争的洗礼，使少林武术得到了长足发展。少林武术自明代扬名之后，即开始在国内广泛传播。明代是少林武术发展史上的一个辉煌时期，此期间不仅少林寺繁荣，寺僧练武、演武、传武风气也很兴盛，甚至朝廷也多次调遣僧兵参战。

清道光八年（1828年），满洲大员麟庆代表河南巡抚来到登封祭祀中岳，居住少林寺时要求看一下少林寺的拳法。但因清朝统治者曾严禁民间练习拳棒，违者要逮捕法办，所以少林和尚都讳言不解。后来，麟庆对僧众讲：“少林拳勇，自昔有闻，只在谨守清规，保护名山，正不必打诳语。”和尚们才敢在殿前表演拳术。麟庆看后称赞少林拳法：“熊经鸟伸，果然矫捷。”康熙后期，少林武术在社会上的传播已相当广泛，不仅天地会说武艺出在少林寺，民间习武者也沿习教会、帮会的说法，说自己的武艺出自知名的少林寺。清康熙时长洲人

褚人获《坚瓠集》："今人谈武艺，辄曰：'从少林寺出来。'"这句话实际上就是后来的"天下武功出少林"的早期表述。

（二）少林武僧代表——僧稠

僧稠，为跋陀的弟子，是当时著名的禅僧，跋陀称他为"葱岭以东，禅学之最，汝其人也"。

在跋陀众多的弟子中，僧稠无疑是其中最优秀者之一。僧稠继承跋陀的佛派观点，与以后达摩的禅风大不相同，因此他是后来达摩来中国宣传佛教禅宗的有力抗衡者。僧稠，俗姓孙氏(479—569 年)，昌黎人，从小以"孝信知名，而勤学释典"。28 岁时，他入巨鹿景明寺习佛，拜治实为师，后跋山涉水来到少林寺叩拜跋陀为师，以学习经法。进少林寺后，僧稠目的明确，聪明有志，寺存《少林寺碑》有"一览佛经，涣然神讲"之语，说的就是僧稠具有很高的天资。跋陀对僧稠十分宠爱，曾夸奖说："自葱岭以东，禅学之最，汝其人也，乃更受深要。"僧稠得法后，离寺传法，曾主持过嵩岳寺，还游化过怀州(河南沁阳)西王屋山、青罗山、马头山等处。

正光三年（522 年)，文宣帝敕令在叶城西南八十里处的龙山之阳，修建云门寺，恭请僧稠在其居住。在这里，僧稠享受着皇帝的特殊恩赐，生活十分奢华。数以千计的门徒随其从佛，其规模之盛大，其供应之丰富，可谓无与伦比。北齐天保二年（551 年)，僧稠应文宣帝高洋的邀请，到邺城从事佛教活动。初到邺城时，高洋出郊远迎，并亲扶僧稠进入皇室，请教正理，接受禅道戒法。齐乾明元年（560 年)，僧稠卒于寺中，终年 81 岁。僧稠去世的第二年，其弟子奏请皇帝为禅师起塔。僧稠大化那天，哀悼之僧数以万计，四周山坡皆被人群覆盖，哀声动地，音震河川，显示了佛门弟子对僧稠禅师的无限敬仰。

僧稠是佛门禅师，名望极高。又是一位武林高手，是少林寺有史以来第一个武僧代表。据《太平广记》中记载："少林武僧，著称于北齐，稠禅师能跃之梁，引重千钧，拳捷骁武。"此话看来，这与唐人张兆《朝野佥载》中的记述颇为近似："北齐稠禅师，邺人也，幼落发为沙弥，时辈甚

众，每休暇，常角力腾越为戏，而禅师以劣弱见凌。给侮殴击者相继。禅师羞之，及入殿中，闭户抱金刚而誓曰：‘我以羸弱为等类轻侮，为辱已甚，不如死也。汝以力闻，当佑我，我捧汝足七日，不与我力，必死于此，无还志……须臾于堂中会食。食毕，诸同列又戏殴。禅师曰：‘我有力，恐不堪于汝。’同列试引其臂，筋骨强劲，殆非人也，方惊疑。禅师曰：‘吾为汝试之。’因入殿中，横塌壁行，自西至东凡数百步，又跃首至于梁数四，及引重千钧，其拳捷骁武劲。先轻侮者俯伏流汗，莫敢仰视。”对于这个佛教故事的记述，我们先排除其封建迷信的色彩，透过内容可以清楚地看到，僧稠入寺之初，常“以劣弱见凌，为辱已甚”，僧徒之间争强斗争之事，以为常见。后来，僧稠发奋锻炼，最终成为武技的佼佼者。这也是我们追溯少林寺最早武踪和前辈武僧的明显证据。

（三）少林功夫

自隋唐以来，少林以武术著称于世，所传功夫极多，有“少林七十二艺”之说。这些功夫，按性质分，大致可分为内功、外功、硬功、轻功、气功等。所谓内功，如易筋经、洗髓经等，以练精、气、神为主，功成后整体内壮。所谓外功、硬功，多指锻炼躯体某一局部的猛力，如点石功、铁膝盖等，功成之后可凭一指、一膝的功力致敌于伤残。轻功专练纵跳和超距，功成后飞檐走壁，如履平地。至于气功，包括练气与养气，合武功与禅学成一体，练就“金刚不坏之躯”，乃少林上乘功夫，功夫中的精华。

一般看过武术表演的人，总觉得武术是如此的神奇，不敢企望。其实，世间万物，哪一件超越得了科学的范畴？功夫也自有它的极限：练成刀枪不入的

血肉之躯，毕竟抗御不了火器枪炮。纵有高超的轻功，毕竟不能脱离地心引力而凌空飞行。气功的神奇效应，通过科学方法的研究，终将彻底揭示其奥秘。再就功夫的练法而论，任何功夫，莫不是遵循严格的法则而脚踏实地练出来的。一切事实证明，功夫与科学并行不悖。

练功夫若有望成功，必须遵守如下原则，即：按照正确的方法、循序渐进和持之以恒。一般硬功或外功，约三五年可望成功。而轻功、气功，则需苦练十年或更长的时间，坚韧的毅力和恒心是成功的秘诀。兹将少林功夫的一些练法介绍如下：

梅花桩：用坚木棒五根，各长七尺，埋入地下三尺。桩头直径二寸，平头，外用铁箍加固。每桩相距二尺，中桩立于四桩中央，呈梅花形。先于桩上站马步，初用足心，继用足跟，最后用足尖，共百日。之后于各桩上随意跳跃，最后于桩上练习拳术套路。活步练习，纯用足尖。此功既增长下盘实力，并锻炼身手的灵活度，是少林门中一项重要的基本功。

上缶功：为专练上肢悬劲和两手抓劲的少林嫡传功夫。先备一个具有双耳的酒坛，用短绳系牢两耳。坚木棒一根，长七寸五分，直径一寸五分，正中穿一对小孔，另用一绳穿之，绳长约为身高的三分之二，其下端与联系坛耳的短绳系牢。坛中盛铁砂两三斤，连坛重十斤。练功者站马步，手握棒的两端，把坛悬起，身腰挺直，两手与肩平，肘垂胸前。两手将木棒缓缓向内翻转，绳缠棒上，坛渐上升，至于胸前时，稍停片刻，两手再缓缓向外翻转，坛降至原位，如此每日早晚各练三五十次。每三月向坛中加铁砂三两，不可贪多。照此循序不辍练去，至加铁砂到连坛重三十斤，即告成功。

石柱功：练武者最重视下盘的稳固，因此，站马步极为重要。石柱功即从站马步入手，练功者早晚两次站马步，系低马步形式，大腿面呈水平位，头项、身腰挺直，两手置膝上。渐次增长时间，练至能坚持半小时许而不喘不汗，即可进而练站桩。竖木桩两根于地，练功者即于木桩上站马步，练至如平地时一样持久时，再在两大腿上加青石块，石旁有耳，可以着手。石块自二十斤开始，每三月加十斤，至能承二百斤重石块，站桩半小时许时，大功告成。此时两腿实力极大，站立时如铜浇铁铸一般，虽多人推挽，亦不动分毫；且大腿肌肉坚实，有刀枪不入之功。

沙包功：此功练肩、肘、腕、胯、膝的实力，兼练手眼身腰步。以结实帆布做成口袋，内装细沙三十斤，共四个，作四方木架悬之，沙袋高与胸齐。练功者站于中心，用掌向前后左右沙袋拍击。当沙袋被排出荡回之时，宜左右闪避，以练身法，然后再用掌拍击。此功用掌为主，练至纯熟时，或掌或膝，前掌后腿，以及肩肘腕胯，随意练习。早晚两次，坚持不懈。沙包内的成沙逐渐增加，练功者的功力也就与日俱增。

总之，少林功夫种类繁多，对一切古代文化遗产，我们应取其精华、弃其糟粕。对于武术，我们也应采取这种态度。气功为少林功夫之极致，练成之后，亦刚亦柔，变化无方，而某些不得其法、专凭蛮力练就的“功夫”，操练之时易使局部气血阻滞而致伤，而练成之后也只能震惊一般人，一旦遇到高手，以柔克之，无不立败。所谓“泰山虽重，其奈压不着我乎？”就是这个道理。所以用蛮法练就的“功夫”，多为高明的武术家所不取。而活泼气机而使整体健壮、增进实力而不损伤肌体，是我们今天判断功夫优劣的标准。

四、少林寺记事

（一）少林寺走出的两位“开国将军”

1955年中国人民解放军授衔时，有两位出自少林寺的开国将军：许世友上将和钱钧中将。

1. 许世友上将

许世友，1905年出生在河南新县，这里属于河南、湖北两省交界的大别山区。因父母养活不了他们兄妹七人，才在逃荒的路上把他送进少林寺，做了和尚。许世友虽然是个杂役，但一有空就偷偷躲在一边，看武僧们练武，边看边学。当时少林寺规矩很严，没有方丈的许可一般僧人是不许练武的，为此许世友还受了罚。后来，执寺武僧贞绪大师见他学武心诚，只要忙完了杂活，便开始传授许世友武功。在师父的教导下，许世友学会了站桩、摔棍、跑立砖、插沙、运气、打梅花桩等功夫。许世友练功十分刻苦，不怕流汗流血，又因为年龄小，长进很快，不久就练就了过硬的功夫。据说，许世友臂力过人，刀枪剑棍十八般兵器样样精通，在一同习武的人中相当出众，只要他不带练功用的沙袋，寺内数米高的围墙几步开外就能一跃而上，运足了气，三寸多厚的大方砖一掌就能击碎。

1921年，许世友走出了山门，这年他才16岁。不久通过舅父的关系，许世友到了洛阳，在军阀吴佩孚的队伍里当了一名童子军。当兵以后，许世友的生活有了保障。“我们每天下操，打劈头，扒杠子，生活很快活，我很高兴。”对比离开少林寺后颠沛流离的窘况，许世友觉得还不错，决心好好干下去。直奉战争爆发后，许世友所在部队准备赴前线参战。正在这时许世友闹出了一条人命。那天轮到许世友值日，有个老兵说许世友的内务没有整理好，嘴里骂骂咧咧的，要许世友重叠被子。许世友回了几句嘴，那个老兵欺许世友年龄小，动手打了许世友几个耳光。许世友急了，抬腿就是一脚，不巧正踢在那个

老兵的要害处，当场就死了。许世友被五花大绑，关了七天七夜。不巧的是，死的这个老兵跟吴佩孚沾了那么一点亲戚关系，许世友在劫难逃，被军法处判了死刑。就在他吃过“断头饭”、押到刑场准备行刑之际，他舅父慌慌张张地陪着吴佩孚走过来。吴佩孚上下打量了许世友一下，开口问：“听说你有两下子，露一手给我看看?”许世友默不做声，双手一运气，用力一拉，就听“啪”的一声，身上的铁镣铐断为两截。吴佩孚目瞪口呆，本着惜才之心，下令释放了许世友，许世友捡回了一条命。

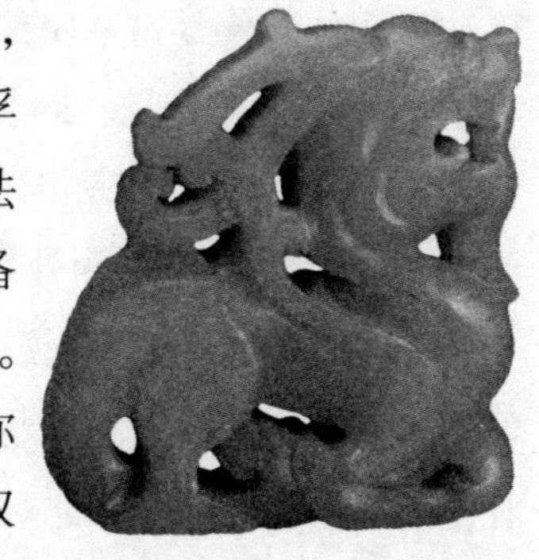

1926年北伐军攻克武昌时，许世友所在的北洋军阀部队宣布起义，他被任命为连长。就在这时，许世友遇到了同乡傅孟贤和胡德魁，这两位共产党人指引许世友走上了曲折而又辉煌的革命道路。蒋介石发动“四·一二”反革命政变后，许世友根据党组织的安排，以招兵的名义回到大别山，投身于正面临严峻考验的农民运动。战场上许世友勇猛无比，少林功夫发挥了不小的作用。许世友在红军中曾七次参加敢死队，五次担任敢死队长，打了很多硬仗，每次都是身先士卒，舞着一把大刀冲在最前面。有一次，子弹打光了，许世友率领几个战士冲入敌群，硬是拼了四个小时的大刀，把敌人赶出了阵地。许世友常说：“人死如吹灯，杀头不过碗大的疤。”许世友曾七次负伤，每次都是自己用手指头硬把伤口里的子弹抠出来，糊点南瓜瓤了事。解放后，许世友的功夫虽然再难有用武之地，但他仍坚持勤练不辍。许世友的家中摆满了刀枪剑棍，院子的大树上还吊着沙袋，平日里许世友常常像战时一样，闻鸡起舞，活动拳脚。

有一次苏联军事代表团访问南京，一个苏军军官搬起一个鼓形石墩，在场的军官夸他是个“大力士”。许世友一时兴起，脱掉上衣，双手高高举起一个石狮子，绕场三圈，赢得雷鸣般的掌声，那个苏军军官面子上过不去，也去举那个石狮子，可惜即使用尽力气，石狮子也纹丝不动。

2. 钱钧中将

钱钧是河南光山县钱家湾人。由于家境贫困，6岁那年他被送到地主家里当了放牛娃，后来又做过漆匠的小工。11岁的小钱钧又辗转到湖北省宣化店的一个画匠家里当了学徒。一天，钱钧到河边给师母洗衣服，受到别人耻笑：“年轻轻的后生，给女人洗衣服，一辈子没出息!”小钱钧被激怒了，他自幼便

喜欢听武林游侠劫富济贫的传奇故事，对武林圣地嵩山少林寺更是神往已久，于是他毅然辞别师傅，步行数百里，到嵩山少林寺做了一名俗家弟子。

进少林寺后，值班和尚让钱钧烧火。灶前没有木柴，只立着一个木桩，大约有碗口粗。小钱钧四处寻找劈柴刀，但都没有找到，便问："劈柴刀在哪儿?"值班和尚笑着举手说："这就是刀。"只见他用手撕木桩，一撕一片，就像撕棉絮一样，霎时，木桩便化为碎片。小钱钧惊呆了，这跟他潜意识里游侠壮士的形象不谋而合，他对少林功夫更加叹服，下决心一定要将其学到手。

此后，钱钧除了三餐后稍事休息外，便整天待在练功房里练功。当时练功房的墙上挂着一捆捆二尺来厚、密实坚硬的"千张纸"，大梁上垂吊着百把斤的大沙包，地上放着盛满清水的水窝臼，小钱钧每天双拳不停地向着这些目标击打。长时间的击打使他的手臂青一块、紫一块，肿胀变形，腰肢和双腿酸痛得无法躬蹲，但小钱钧在信念的支持下都咬牙坚持了下来，也由此练就了他百折不挠的坚强意志。就这样，在少林寺生活的五年里，钱钧练就了一身武艺，其中尤以"朱砂掌"最为擅长。他的"朱砂掌"就像是一把钢铸的利斧，大块岩石，一掌下去，立刻碎裂。至于劈青砖，那简直像切豆腐一样。这也就是钱钧被冠以"铁掌将军"雅号的由来。

1930 年钱钧参加了红军。钱钧说："许司令武功好，是打出山门的。我武功差，打不出去，只好从后山小道溜走，参加了红军。"1933 年，钱钧在鄂、豫、皖特委担任手枪队长。一天，钱钧率领手枪队攻打"红枪会"，当他们听到动静时，发现大门已被堵死，五六十个亡命之徒蜂拥地攀墙而上，妄想突围逃命。趁着夜色沉沉，隐蔽在墙外的钱钧一纵身跃上墙头，伸出铁掌把爬上墙的匪徒像老鹰捉小鸡似的一个个往外摔，一连摔了十几个匪徒，有的当场跌死，有的被摔进水塘，手枪队员一拥而上，不到一个小时，就解决了战斗。

1938 年，钱钧任鲁南抗日游击队四支队二团团长。为了夺回被敌人抢走的两部省委与党中央保持联系的电台，他率领一个连冒死冲进敌阵，当战斗进行到白刃战时，钱钧高举大刀，左砍右劈。一道道寒光下，刀起头落，敌人纷纷倒下，两部电台被夺了回来。钱钧在山东抗日根据地和日本鬼子打过许多次硬仗，每

次白刃肉搏，敌人都没占一点便宜。钱钧身上挨了十五颗子弹，挂过十九次彩。“文化大革命”中的一天，钱钧乘车出行，途经南京中山门时，被一群“造反派”拦下。“造反派”们手持铁长矛，要检查军车，钱钧下车与他们理论，一名“造反派”就把长矛伸到钱钧胸前威胁。钱钧微微一笑，伸出左手握住长矛，“造反派”想收回，用力一拉，长矛却纹丝不动，钱钧又伸出右手，猛一用力，铁矛已成弓形，“造反派”们一下子被震住了。就这样，无论是在鄂、豫、皖的崇山峻岭中，还是在雪山草地上，抑或是在烽火连天的艰苦岁月中，钱钧那一身武艺、那铁塔一样坚强的身骨，都使他在战争中如虎添翼，屡立奇功。

“拳不离手，曲不离口”，这是钱钧的口头禅。钱钧晨起练功，风雨无阻。口吟《峨嵋道人拳歌》，吟完舒臂抬腿，摆成“弓字桩”，双拳交替前出，接着换为“骑马桩”推掌，“虚字桩”定型，站桩完毕，又打一套“小洪拳”，有时兴起，亮几手朱砂掌。一天，钱钧练功完毕，要警卫员找一个岩石来。钱钧止步拉架，聚神运气，忽出右掌，猛劈而下，岩石即刻断为两截，这时钱钧已经年过七十了。

钱钧一直很推崇许世友的武功：“我在少林寺，练的是朱砂掌和大洪拳。许司令武功比我高。他会气功，内外双修。

（二）少林十三棍僧救唐王

公元617年初夏的一个上午，和煦的阳光沐浴着锦绣的中州大地，巍峨的嵩岳更加俊美，挺拔的玉寨分外妖娆。在这两座名山间的龙潭河边，有十二名身着青灰土布、白领连襟的和尚正在练武。一会儿是“白云罩顶”“枯树盘根”，一会儿是“毒蛇出洞”“力拔千钧”。只听得棍棒的飞舞声“嗖嗖”直响。人赞“觉远舞棍，泼水不进”。师兄弟们棍棒拳技之高就可想而知了。唐开国皇帝李渊之子李世民，化装轻骑，深入敌后侦察时，不幸被郑王王世充的侄子王仁则的部下发现擒获。当王仁则将李世民作为“钦犯”押赴洛阳、向其叔父报功的途中，李世民竭尽全力，使出“霸王蜕铐”的招数，砸碎了重铐，打死了

解差军，径直向五乳峰方向跑来。正当王仁则率兵赶到龙潭河边，情况万分危急之时，练武的觉远和尚发现王仁则带兵追赶一个跑得筋疲力尽的后生，出于善心和对郑军的杀父之恨，觉远急中生智，与其他十一名棍僧一起略施小计，把后生救回寺内暗藏，此举得到了棍僧师父紧那罗的赞赏，却遭到老方丈和僧值的反对。

第二天，王仁则向方丈要“钦犯”和暗藏“钦犯”的“狂僧”时，方丈决定先责打觉远一百大板，而后送交郑王处置。正当觉远和紧那罗等师徒束手无策时，李世民毅然从躲藏的僧棚里飞步来到大雄宝殿，对方丈和僧值说：“祸由我出，应由我承担，不能责打恩公。我愿立即离开，以保贵寺清白。”说完扭头就走，不料一出山门，就被王仁则的伏兵所擒，第二次落入王仁则之手，立即被押往洛阳。紧那罗、觉远等师徒十三人就尾随郑军伺机营救，经过一天一夜后抵达洛阳城，李世民被押进城门。十三棍僧在城外密林之中商议营救之计。午夜后，十三人丢掉平时练功用的“重身”之物“铁压肩”“铁护胸”“腕骨铁袖圈”“腿沙袋”等，轻似飞燕地爬上城头。由于紧那罗熟识城内街巷，很快找到了囚禁“钦犯”的监牢，弄来了牢房钥匙，以闪电般的速度跃至牢房，开了牢房与大枷，背上李世民就出了监门。杀了守城门的郑军，打开城门，觉远背着李世民急急朝正东而去，其余十二人在后面抵御追赶的郑军，出城不远，巧遇前来营救李世民的唐将秦叔宝。十三棍僧喜出望外，送李世民回唐营，第二次搭救了李世民，为大唐立下了大功，李世民当了皇帝后，屡次要重赏十三棍僧，均被拒绝，太宗无奈，只好特意敕封少林和尚可以吃酒肉、开杀戒、招僧兵、参政事。后又升觉远为方丈，又赐《唐太宗赐少林寺主教碑》立于寺内，以示皇恩。碑文中“世民”二字是李世民亲自草签的。从此，少林寺也就闻名于天下。后来，佛门弟子为了颂扬十三棍僧救驾有功，特请当朝名家在白衣殿东墙上绘了两面巨幅壁画。南边一幅上画着：城门口追出了一支人马，十三棍僧护围着年轻的李世民正在马上东逃，北边一幅画着：十三棍僧在五乳峰下生擒郑将王仁则。如今，画面仍栩栩如生，真实地再现了当年救驾的情景。

（三）少林和尚擒郑将的故事

公元617年夏季的一个早晨，骄阳尚未肆虐，天气就阴沉下来，一阵凉风过后，五彩缤纷的朝霞就被滚滚乌云遮盖住了，天空中只有燕子掠地而过。在这“山雨欲来风满楼”的时刻，由南向北通往白马寺的山路上走着一女一男。女的一副山村媳妇打扮，头顶花巾，身穿紫衫绿裤红绣鞋，举着雨伞前边赶路，颇有男子汉风度。男的身材魁梧，面目清秀，头戴草帽肩扛行李在后面紧跟，正向前走。忽然听得一声“站住！”一群郑军赶上来问：“干什么的？”男的不慌不忙说：“走亲戚。”“她是你什么人？”“姐姐。”“是不是和尚觉远？”女子并不答话。男的抓下草帽说：“什么和尚！我没那福。”郑军欲搜女子身，正在撕扯中，忽听一声“青天白日欺负良家女子，是何道理？”一个七十开外、面色红润的长须老人走下山来。郑军喝道：“少管闲事，我等王命在身。”老人说：“岂有欺负女子的王命！”“郑王告示捉拿和尚觉远，你能管吗？”老人笑说：“和尚定是男子，你们为何搜女子？”老人上前一把取下女子头巾说道：“这是我孙女，岂能有假！”郑军一看是个女子，都灰溜溜地走开了。这女子是谁呢？正是觉远和尚。

三人瞒过盘查，继续向前走去，觉远趁无人时，换上僧装前行。太阳压山时才到白马寺，觉远拜佛心切，径直朝山门走去。进门一看，一下子惊呆了，只见十多个和尚被反绑在大树上，惨叫声不断，觉远心中嘀咕，与其为了我，让这里也遭劫，何不一人赴难救出佛门后嗣？想到这里，觉远正要出寺，白胡须老者抓住其胳膊将他拉出山门，跑了一会儿躲入路旁林中。还未坐下，忽听一阵脚步声，还有人说：“师父，师兄怎敢到郑军眼皮下来，到白马寺也是空跑。”觉远一听便两眼泪汪汪，看见师父紧那罗来此，便向师父介绍了冉公。觉远想去救那些被捆绑的僧值，但被冉公阻止，“今若觉远赴难，郑王更有把柄嫁祸少林。若要保全佛门，需速向上下陈述利害，只要少林齐心，郑王就无隙可乘”。他们此时如梦方醒，一同回到了少林。

浓重的晨雾还未被阳光驱散，少林寺大雄宝殿参佛未毕，守门沙弥就跑过来报说：“郑军已将寺院团团围住。”此时，外面吵闹声更凶，紧那罗说：“今

日已不是讲理退敌之时，为今之计，敌强我弱，只能斗智不可斗勇。”方丈传出法令，要上下听从紧那罗指挥。紧那罗向红面小僧低语几句之后，“哗啦”打开山门，郑军正要一拥上前，红面小僧站在山门前台阶上搭话，他赤手空拳，面无惧色。王仁则说道：“少要啰嗦，让觉远来见。”话音刚落，山门处觉远已站在门前合掌说道：“王将军在上，小僧觉远有礼。”王仁则一见觉远，大出所料，随口说道：“我道是个高僧，原来是个貌不惊人的沙弥，早知如此，割鸡何用牛刀。”郑军应声而上，此时觉远已从山门里抓来一根铁棒，把郑军的枪棒打得七零八落。王仁则怒气填膺，飞步向前，两人翻滚跳跃打斗起来，只看得郑军眼花缭乱，分不清谁是谁。两人你来我往斗了几个回合之后，觉远看出对方慢慢气力不支，也就故意放慢拳脚。王仁则却认为觉远不敌，心中大喜，双拳紧逼想一下子把觉远打翻在地。觉远看他已经上钩，便且战且退，王仁则则步步紧逼。当退至塔林边时，觉远跳出圈外说道：“王将军，你斗不过小僧，后会有期。”扭头就向五乳峰跑去。王仁则贪功心切，正想捉拿觉远以显本领，便飞步赶来，恨不得一步赶上抓住觉远。觉远见王仁则紧紧追来，心中万分高兴，说时迟那时快，使出绝招，一个“悟空筋斗”就从空中砸了下来。这一砸犹如泰山压顶，正好砸在王仁则身上，觉远跨在王仁则的背上，王仁则死命挣扎，妄想一下子把觉远翻下去。觉远伸出平日练就的开山锤，轻轻两下，王仁则的两条胳膊就已动弹不得，浑身骨头已酥，再也挣扎不起。

郑军看见主将被擒，哪里还有心思再战，又被十二棍僧一冲，早就丢盔弃甲四散逃命而去。几个沙弥迎上觉远，七手八脚把王仁则五花大绑捆了起来。今日少林寺白衣殿东墙上北边巨幅壁画，就是这个胜利场景的再现。

这就是少林和尚救唐王后又擒王仁则的历史故事。李世民统一天下后，一再赐封紧那罗、觉远师徒。紧那罗圆寂升天，李世民又加封他为“那罗佛祖”，并雕塑了铜像。如今，这座铜像仍端坐在少林寺“立雪亭”内，接受人间香火。

（四）咏少林寺诗

选取一些从唐至明清几代文人学士所作的歌咏少林寺的作品，以飨读者。

问少室南原

地僻人烟断，山深鸟语哗。清溪鸣石齿，暖日长藤芽。绿映高低树，红迷远近花。林间见鸡犬，直疑是仙家。（元好问）

游少林寺

步行招提路，因之访道林。石龛苍藓积，香径白云深。双树含秋色，孤峰起夕阴。屧廊行欲遍，回首一长吟。（戴叔伦）

少林寺

峨峨五乳峰，奕奕少林寺。海内昔横流，立功自隋季。宏构类宸居，天衣照金织。清梵切云霄，禅灯晃苍翠。颇闻经律余，多亦谙武艺。疆场有艰虞，遣之扞王事。今者何寂寥？阒哉成芜秽。坏壁出游蜂，空庭劬荒雉。答言新令严，括田任污吏。增科及寺庄，不问前朝赐。山僧缺餐粥，住守无一二。百物有盛衰，回旋倘天意。岂无材杰人？发愤起颓废。寄语惠场流，勉待秦王至。（顾炎武）

寻达摩祖师面壁处

老禅参可破，面壁悟真空。遁迹尘嚣远，藏修道业通。九年山谷里，拳石草庵中。忆昔飘然渡，芦花江上风。（李天发）

望少林次韵

三十六峰云气通，何峰寺西何者东。林岩霜横远亦静，烟岚日破重还空。千山尽历暮转碧，一树不落秋能红。渐闻钟声出杳霭，得路谁怜马仆功！（李梦阳）

宿少林寺二首

山游访古刹，荆棘苦猛密。入寺眼忽明，当门拱少室。老柏翠参天，疏影漏斜日。碑版多唐宋，斑驳映玉质。广庭岚气袭，单衣骤凛栗。何处发钟声，凉飙助萧瑟。

初祖从西来，选胜乃得此。九年不回头，神在石壁里。岧岧五乳峰，青莲吐花蕊。禅门承七祖，宗文自兹始。更有紧那罗，金身壮奇诡。卓立张空拳，见客色有喜。（顾嗣立）

法门寺

法门寺是中国十大名寺之一，坐落在陕西省扶风县，号称“关西祖庙”。作为一代古刹，法门寺有着悠久的历史，它建立于东汉时期。法门寺的建立与发展，得益于它所供奉的释迦牟尼真身指骨舍利。因为有神圣的舍利，几乎历朝历代都对法门寺青睐有加。法门寺有着厚重的文化底蕴，无论是宗教方面还是非宗教方面，透过它，我们可以以小见大地了解中国传统文化。

一、法门寺历史沿革概况

（一）缘起

关于法门寺的建立，有一个很感人的传说。周朝时，美阳村有一个非常信崇佛教的书生，名叫法阿门。他在村子里设佛坛，弘扬佛法，还上书给周天子，力劝天子也参与到这样的行动中来。而当时，佛教在中国是被视为夷狄之地的邪说的，周天子自然不会同意，还大发雷霆，砍去了法阿门的四肢，挖掉了他的眼睛，割掉了他的舌头和耳朵，样子和经吕后残害后的戚夫人差不多了。但是，即便如此，法阿门还是坚持不改变信仰。法阿门坚持护法的事迹感动了远在印度的释迦牟尼，交待阿育王，一定要在自己死后，把自己身体的一部分送到东土法阿门的故居。于是，释迦牟尼的指骨舍利就这样来到了美阳村，又按阿育王的意思，建立一座塔来供奉舍利。这个传说，意在说明法门寺舍利和佛塔的来历。虽然有失真实（《魏略》中记载了大概是最早的佛教东传的情况：西汉哀帝元寿元年，即公元前 2 年，大月氏国王的使者伊存向汉博士弟子景卢讲授了《浮屠经》。而公认的最早建立的佛寺是东汉明帝永平十年，即 67 年，在洛阳建立的白马寺。这些都大大晚于周朝这个时间界限），但对于了解法门寺的历史还是有些帮助的。

法门寺大概建立在东汉，据《扶风县志》的记载，是在永平十年（67 年），“美阳县（今扶风县地区）建阿育王塔藏佛指骨”。有了塔之后，寺是必然会出现的，所以，“桓帝建和元年至灵帝中平六年（147—189 年），建阿育王寺，称塔为‘圣冢’”。之所以选择在此建立塔寺，重要的原因大致有三个：第一，

扶风地区地处东西交流的丝绸之路的关键位置，所谓“扶风孔道”，必然会较早受到佛教影响；第二，此地区距离洛阳很近，也容易受到已在洛阳站稳脚跟的佛教的影响；第三，此地区是中国文明的起源之地——周、秦文明都在此建立。佛教想要更好地发展，就需要在此

领略中华文明的风采，以更好地寻找到佛教在中国本土的有效发展方式。

在随后的魏晋南北朝时期，法门寺虽经历了战乱不断的时代，却因为此时的各代帝王，无论是西北各少数民族还是汉族帝王，都是信佛的，所以法门寺也没有在战乱中受损。北魏太武帝拓跋焘虽然最初是一个地道的佛教信徒，但即位后不久，就在道士寇谦之和大臣崔浩的一步步引导下远离了佛教，更兼后来一些佛教寺院僧人行为十分有损佛教声誉，太武帝的禁佛指令日益严酷起来，从要求壮年僧人还俗，到将僧人限制在寺院中，再到毁弃寺院佛像，诛杀长安的僧人，黑云笼罩在众僧人和佛寺的头上，佛教在此期间受到了毁灭性的打击。法门寺也厄运难逃，具体的损失情况史书没有什么记载，但从其他寺院的悲惨境遇中可以想见。

终于，在文成帝登基后佛教重新焕发出生命的光彩。到了西魏时期，在宇文氏的大力提倡下，佛教兴盛起来。宇文护掌权后，迫使恭帝把周原地区封给宇文觉，后来更是迫使恭帝禅让帝位于宇文觉。这样宇文觉就自视周原岐阳、武功一带为自己的后院，顺势地，这一带的寺院也就成了皇家寺院。法门寺此时主要受长安佛教的影响，宇文皇室经常来寺里降香礼佛，有七女碑碑文为证，从碑文的记载来看，造访法门寺的都是些名门贵族。法门寺也逐渐扩大规模，当时已有五百僧人，堪称是史无前例了。

在北周武帝时代，佛教又经受了一次大规模的洗劫。因为，北周武帝虽然在即位之初对佛教很是崇敬，但他更热衷于儒家学说。鉴于南朝佛寺林立却导致灭国的教训，北周武帝决定禁佛。从天和四年（569年）开始，到建德三年(574年)，六年间，武帝举行了八次儒、释、道三家辩论会，经过舆论准备后，很快就颁布了禁佛令。关闭佛寺，强制僧人还俗，没收寺产，烧毁佛经，法门寺作为皇家寺院，在这场浩劫中首当其冲，偌大的一座寺院，最后只剩下两间堂屋。僧人各处逃散，部分僧人被禁锢在太白山九林寺中，其状可谓悲惨之至。复兴的希望只能寄托于新皇帝登基。经历灾难后，必将是一片光明的前景，果然，隋唐时代，法门寺迎来了自己发展史上最辉煌的时期。

（二）兴盛

隋朝，在统一了中国后，隋文帝废除了北周武帝的灭佛令，开始对经历劫

难的各处寺院进行修缮，并广建寺院，弘扬佛法。曾被囚禁在太白山九林寺的法门寺僧人也都被放了回来，还将寺名改为“成实道场”，专门弘扬《成实论》。后来，恭帝杨侑在李渊的建议下又改寺名为法门寺。法门寺又逐渐恢复了元气。可是，这次恢复，本该归属法门寺的荣誉却被所谓藏有舍利的凤泉寺夺去了，法门寺就渐渐不景气了。但在隋末，中国战火重燃，法门寺又一次遭到了破坏，被战火焚烧得只剩下光秃秃的地面了。

到了唐朝，几乎历代皇帝都崇信佛教，法门寺这时发展得极为迅速，盛极一时。唐代皇室对于舍利的供奉是极为恭敬而盛大的，在此先介绍一下法门寺的寺院在唐代的建设情况。还是在唐高祖李渊没有称帝的时候，他就为法门寺寻找住持了，这代表唐皇室已经开始重视法门寺了。太宗贞观初年，寺院被修复，僧人已近百人。高宗显庆五年，法门寺又被大修，这次修缮规模空前，寺庙殿宇气魄不凡、雕梁画栋，寺院环境曲径通幽，极具中国特色。由于受到皇室的特殊重视，法门寺的寺名在此期间竟然五次易名。第一次易名，改为成实道场。第二次是在中宗时，改为圣朝无忧王寺，这在《大唐圣朝无忧王寺大圣真身宝塔碑铭》中有明确的记载。这是法门寺成为皇家寺院后得到的殊荣。第三次是在宪宗元和十四年（819年），重新恢复法门寺的寺名。而在文宗开成三年（838年），法门寺曾更名为法云寺。原因是美阳县上空有五色祥云，以为是佛骨显圣。最后一次易名，是在懿宗咸通十四年左右，称为重真寺，有《大唐咸通启送岐阳真身志文碑》为证。

法门寺在唐代是众寺之首。之所以这么讲，是从法门寺的地位和自身特点来看的。地位方面，自是不必解释了，我们一直都在强调法门寺此时超出一般佛寺的皇家内道场、皇室寺院的崇高地位。而法门寺自身也有优势使其能够拥有这一殊荣。唐代的佛教，是分为若干门派的，如天台宗、三论宗、法相宗、南山宗、密宗、相部宗、律宗、华严宗、净土宗、禅宗等，其中还分南北两派，可谓门派众多，各地寺庙也都谨守其中某宗、某派。唯有法门寺，凭借自己供奉真身舍利的优势，在宗派之争中，可以做到不偏不倚，弘扬整体佛法，成为一个“九经十二部”的总道场，在佛法弘扬方面实为各寺之领袖。而在寺院建设上，别的寺院更是无法与其争锋。法门寺在高

宗时期设有瑰林宫二十四院：释迦院、弥陀院、塔会院、毗卢院、罗汉院、祝寿院、上生院、三圣院、天王院、五会院、圆通院、十王院、净土院、妙严院、地藏院、北禅院、维摩院、净光院、戒坛院、吉祥院、新兴院。每院各司其职，从中也可以看出法门寺兼容并包的博大精神。其实，还有诸如浴室院、修造院、招提院等服务性质的院。这二十四院的建设，使法门寺占地百余亩，与嵩山少林寺十二院相比，前者比后者要多了两倍的建设规模。而与此相关的就是法门寺此时雄厚的经济实力，因为，偌大一个寺院的平日支出和祀佛开销等可不是一个小数目。法门寺的经济来源大致有四种：皇室的赏赐，尤其是奉迎舍利时的赏赐，往往是绢数千匹，钱若干，金银器具不可胜数，或者赏赐良田若干顷；附和皇室的就是各位公卿大臣的布施了，往往是在奉迎舍利时，诸家公侯都布施不计其数的金钱；而以法门寺的地位，来自民间的香火自是旺盛有余，百姓们施舍的粮米等常常是数车装载，法门寺的物资非常富足；而凭借自身为数颇众的良田，收取的地租也是数目可观。以上因素成就了一个富甲天下的古刹名寺。也难怪后期的武宗要对佛教如此盛行带来的一些社会问题深恶痛绝，颁布了灭佛令。其前代帝王，敬宗和文宗都已开禁佛的先声，这次禁佛事件在会昌年间达到最盛，史称“会昌法难”。从开始将寺院隔绝，到后来的拆毁佛寺，没收寺院田产，最终发展到毁坏舍利的地步，幸而寺僧交出的代替品“影骨”使真舍利躲过一劫。在《大唐咸通启送岐阳真身志文碑》中对此都有记载。这场浩劫在宣宗即位后才有所改善，但法门寺衰落的种子已被埋下了。

（三）衰落

五代时期，佛教遭受了一次重大打击——后周世宗显德二年（955 年）五月又开展了一次佛教整顿行动。法门寺从梁代到陈代一直过着的平静日子被打断了，虽然作为名刹，法门寺不在被取缔的范围内，但在发展上也受到了较多的冲击，衰落的种子在这时已经萌芽了。

宋代，是佛教发展过程中一个比较好的朝代。从宋太祖开始，宋代的皇帝

基本上都奉行保护佛教的政策。尤其是宋初、中期。太祖、太宗、真宗、仁宗、神宗、哲宗等几位皇帝为佛教的发展作出了很大的贡献，很多佛经的翻译工作都是在这个时期进行的。法门寺在宋代虽然不再是皇家的内道场了，但是作为民间寺院，法门寺的香火还是很盛的。这在其浴室院还能每天沐浴千人的记载中就能看得出来。法门寺在仁宗朝改名为重真寺，此时，寺院香火依然很盛，这在《普通塔记》的碑文中就可得知，四方游僧纷至沓来，文人墨客、高官权贵更是不在少数。法门寺在宋代发展的最鲜明的特点就是：在唐代的基础之上，形成了以农业为基础，兼具手工业和商业的，成规模的庄园经济支撑力量。《扶风县石刻记》中有详细的记载：法门寺时有田地三百六十七亩，房屋八间，牛三头，车一辆等相关的农具。而僧人又在政府的支持下，可以大量购买土地，《买田地庄园记》中就记叙了法门寺二十四院之一的院购田四顷的情况，寺院的经济实力不容小觑。正是如此雄厚的经济实力，才可以支撑如此规模的一座寺院及其隆重的佛事活动。宋代皇帝并不是个个崇佛，徽宗就是一个例外，他虽然极力推崇道教，却也曾为法门寺写了《赞真身舍利》诗一首。徽宗如此作为，显得略有矛盾之处，应该是为政治需要才这么做的。于是，上有所好，下有所为，地方官为了讨好皇帝，就效仿隋文帝杨坚“立卧虎石于寺门”的典故，也运来一块大石头，请石匠雕刻了一只威风凛凛的老虎，打算立在大殿之前。可石匠动了手脚，用“水隐法”刻了一只猴子，石头经水一洗，虎不见了，只剩下一只猴子，人们都戏称这是“卧猴石”。更有传闻说法门寺“皇帝佛国”的匾额是徽宗携名妓李师师来寺院时题下的。虽不尽是事实，倒也说明法门寺此时的地位还是比较高的。

到了金代，女真人对于佛教还是重视的，法门寺在这段时期内依然保持着自己关西古刹的崇高地位。曾有寺僧抄写《大藏经》五千卷的记载。在《谨赋律诗九韵奉赞法门寺真身宝塔碑》中对此也有很好的体现：“三千界内真无等，十九名中最有缘。百代王孙争供养，六朝天子递修鲜……三级风檐压鲁地，九盘轮相壮秦川。”金代崇佛气息很浓厚，先后有金烛、法爽两位僧人做出惊人之举——自焚以侍佛。这在《金烛和尚焚身感应碑》中有所记载。法爽事件更是牵动了社会各个阶层的神经，足见法门寺此时仍是地位

不俗的佛门圣地。

元代，法门寺基本上没有什么发展，因为蒙古人信奉的是藏传佛教。

明代，是法门寺发展史上一个比较重要的时段。因为明太祖朱元璋曾经出家为僧，所以对于佛教很是另眼相待，但也正是因为朱元璋有出家的经历，对于佛教内部事务深有洞悉，他即位后就开始对佛教寺院进行改革：佛寺要由官府管理，限制寺院的地产、出家人的年龄，出家还要经过考试等等，表面上是规范了寺院管理，但无形中也对寺院造成了一定程度的压制。法门寺亦在收缩之列，经济上、僧人数量上，都有所减少，经济上更是日渐困难，规模大不如从前。更不幸的是，嘉靖三十四年（1555 年）十二月十二日，法门寺所在的华县地区发生了大地震，法门寺的四层木塔内部受损严重，随后在 1569 年，再度发生了大地震，使这座四层木制回廊式释迦牟尼真身宝塔彻底垮塌了。在朝廷未有行动前，自称“西蜀达州居士”的一位苦行僧效仿许玄度，身带铁链，四处为重建法门寺宝塔化缘，事迹十分令人感动。终于，在 1579 年，万历皇帝下令重建法门寺宝塔。历经三十年，在地方绅士杨禹臣、党万良的带领下建成了一座高四十六米、直径十六米，有八十八座佛像的十三级八棱砖塔。建成的宝塔塔基正南面的门上大书“真身宝塔”四字，正东面的门上则书写“浮图耀日”四字，西面是“舍利飞霞”，北面是“美阳重镇”，处处显示着此塔的神圣与重要。此宝塔矗立在关西平原上，气势雄奇高峻，更显示出名寺古刹的气魄。

明代法门寺的大殿中多了一块很有来历的石头——巧姣告状石。故事发生在正德五年（1510 年），宋巧姣是眉乌县宋家庄（今陕西眉县城关宋家院）人，幼年母亲就去世了，父亲宋国士虽是一名生员，但因家境贫寒，也就无心赶考。弟弟宋兴儿给乡约刘公道当童工，却被刘公道害死，牵扯宋国士入牢。原来，当时被刘瑾陷害而死的功臣傅有德之妻与子傅鹏流落到此，务农度日。傅鹏作为名门之后，生得眉清目秀，仪表不凡，是个知书达理之人。成年后，带着母亲给的一对玉镯自行择亲，与孙家庄的孙玉姣定下婚事。此事却被当地刘媒婆撞见，要了玉姣的一只鞋，表示愿意为二人做媒。回到家，被行为素来不端的儿子刘彪知道，前去企图行不轨之事时，却错把玉姣的舅父、舅母杀害，把尸

体扔在了刘公道家。刘公道怕招惹官司，就让兴儿把尸体扔进井里，又把兴儿害死，报官说是兴儿偷了自己的钱物逃跑了，连带宋国士入狱。巧姣咽不下这等冤枉苦水，据理力争，也被打入狱中，与孙玉姣相见，得知事情缘由，推断是刘彪杀人。被傅鹏赎出后，巧姣等待太后来法门寺敬香时，在太后面前告了御状，得以申明冤情，救出父亲。传说，巧姣告状伸冤起身后，跪着的地方出现两个圆圆的凹陷，人们都说是巧姣的诚心感动了上天，夸赞巧姣的机智勇敢，把这块石头留在了大殿的甬道处。玉姣和巧姣双双嫁于傅鹏，结下美满姻缘。这个故事后来也被改编为《宋巧姣告状》、《法门寺降香》、《双姣奇缘》等戏剧唱段。

清代皇室对藏传佛教十分感兴趣，所以，如同元代的遭遇，法门寺作为中原古刹、汉地佛寺，受到了冷遇，朝廷对法门寺只是进行了一些修缮工作。例如，顺治癸巳年（1653 年）重建钟楼，恢复了法门寺著名的、曾被明代王龙作诗歌咏的“法门晓钟”景观。清代扶风县知县刘瀚芳有《法门寺晓钟》诗，扶风县丞陈允锡也有《法门晓钟》诗。但是好景不再，法门寺在同治元年陕西的起义事件中毁于战火，幸而宝塔保存完好。在光绪十年（1884 年）又一次重修法门寺，历时一年，有《重修崇正镇法门寺碑记》的详细记载。但规模和前代无法相提并论，法门寺二十四院的辉煌时代一去不复返了。

二、法门寺至宝——舍利

（一）舍利简介

法门寺之所以有很大的名气，主要的原因之一就是它供奉着佛教圣物——释迦牟尼的真身佛指骨舍利。

舍利，就是得道高僧圆寂后，火化后留下来的残余骨烬。这是来自梵语 Sarira，音译读为驮都，也叫设利罗。舍利虽然是人火化后留下来的，但佛家舍利和普通的骨头是有区别的，据说不仅形状上变化多端，有圆形、椭圆形、莲花状等，在色彩上也富于变化，黑、白、红、绿等等，真可谓是多姿多彩。更让人惊奇的是，舍利中还有些像玛瑙、水晶一样晶莹剔透，光彩照人的。释迦牟尼留下来的脑舍利，就是五颜六色的透明的圆形颗粒，非常漂亮，也难怪佛教信徒们把它们看得如此神圣了。舍利有真身舍利和法身舍利之分，真身舍利就是佛的肉身火化后留下来的遗骨，法身舍利就是可以永世不灭的佛经。舍利还有全身、碎身之分。释迦牟尼的舍利分散四处供奉，就是碎身舍利，而在我国佛教发展史上有重要地位的六祖慧能的真身就是保存得很完整的全身舍利。

释迦牟尼涅槃后，他的弟子共搜集到他的一块头顶骨、两块肩胛骨、四颗牙齿、一节中指指骨舍利和八万四千颗珠状真身舍利子。法门寺的佛指骨舍利，就是当初留存下来的唯一指骨舍利。阿育王当政时，把这些舍利分散世界各处，华夏大地有五，而扶风得其一。各处都建塔以保存舍利，人称阿育王塔。在中国，据《法苑珠林》中的记载，阿育王塔共有十九座，分别是：西晋会稽贸（贸耳）县塔、东晋金陵长干塔、后赵青州东城塔、姚秦河东蒲坂塔、周岐州山南塔（即法门寺）、周瓜州城东古塔、周沙州城内大乘寺塔、周洛州故都西塔、周凉州姑藏故塔、周甘州删丹县故塔、周晋州霍山南塔、齐代州城东古塔、隋益州福感恩寺塔、隋怀州妙乐寺塔、隋并州净明寺塔、隋魏州临黄县塔等。而唯独法门寺地位颇显，在金代的《谨赋律诗九韵奉赞法门寺真身宝塔碑》中就有“三千界内真无等，十九名中最有缘”的说法，点明了舍利与法门寺有密切

的关系——寺以舍利为荣。佛塔在传到中国后，经过与中国传统文化的融合，带有了中国“味道”。舍利的存放地点也有了变化，不再把舍利安放在塔内，或者说是地面上了，而是转移到地下——地宫中。

法门寺的舍利是非常珍贵的佛教圣物，在佛教盛行的时代，它受到了自上至下的高度重视。下面就介绍一下历朝历代对法门寺舍利的奉迎情况。

（二）舍利的奉迎

法门寺舍利历史上共有十一次颇具规模的奉迎。分别发生在三个朝代：北魏、隋、唐。

首先是北魏。北魏皇室后裔拓跋育扩建法门寺，并于元魏二年（494 年）首次开塔奉迎舍利出塔。其次是隋。隋文帝开皇三年（583 年）改称法门寺为“成实道场”，仁寿二年（602 年）右内史李敏二次开塔瞻礼。

这两次奉迎活动在《大唐咸通启送岐阳真身志文》和《大唐圣朝无忧王寺大圣真身宝塔碑铭》中都有记载。

法门寺舍利最主要的奉迎活动发生在唐代，这与法门寺当时的显赫身份是分不开的。唐代皇室对佛教很重视，法门寺成了皇室的内道场。唐代皇室第一次奉迎舍利是在唐太宗贞观五年（631 年）。这源自信奉佛教的岐州刺史张德亮的建议。张德亮在法门寺处见寺塔“夜有禅光”，加上当时流传法门寺塔一闭三十年，舍利也就三十年一示人，舍利示人可以使国家太平、百姓和乐，故向太宗请示开塔，供奉舍利，太宗同意了。于是，舍利第三次出塔，接受世人的瞻礼。据《法苑珠林》记载，有一个已经失明很多年的人，在见到舍利后，眼睛就复明了。而众人眼中的舍利，也如“一千个读者就有一千个哈姆雷特”一样，有不同的形色，或五色光彩杂现、或净白如玉，更有见到佛像、菩萨形状的。但其中有个人却看不见舍利，他不是失明，而是因为平生作恶多端，只好忏悔不已。最虔诚的人甚至烧毁自己的躯体，刺破自己的肌肤，以如此诚心来向舍利、向佛祖表示崇敬，这才看到了舍利。这与韩愈《论佛骨表》中所描述的情形大致不二。

第二次迎接舍利，发生在高宗时期。显庆四年(659年)，僧人智琮建议高宗对法门寺进行维修。高宗就派他带着钱五千，绢五十四作为供养去迎接舍利。据说，智琮到了法门寺，并没有很顺利地迎接到舍利，而是经过了一番诚心的表示才见到了舍利。而经由在自己的臂膀上设置炭火，烧香祈祷后见到的舍利却不是指骨舍利，而是八粒宛若明珠的小舍利。写信报告皇帝后，高宗立刻下令修缮寺塔，塑造阿育王像，还送去三千匹绢。如此这般，才迎接到了指骨舍利。而舍利就是在这个时候更换了安置容器，由简陋的石臼变为豪华的金棺银椁，武则天也供奉衣帐作为供养器物。舍利被供奉在皇宫中直到龙朔二年（662年）才重新回到法门寺里。这次奉迎舍利真可谓是“旷日持久”。

第三次迎接舍利，就是在武后当政时了。武周长安四年（704年），武则天派人到法门寺迎接舍利到东都洛阳，舍利被供奉在明堂之上供养。第二年五月十五观灯日，武则天净身斋戒，大作佛事，又赐绢三千匹，以示自己侍佛之诚心。此事见载于《唐大荐福寺故寺主翻经大德法藏和尚传》，因为，法藏是这次供奉活动的主要参加者之一，亦见载于《大唐圣朝无忧王寺大圣真身宝塔碑铭》中。705年，发生了宫廷政变，武则天死去，舍利仍然留在宫中供养。

第四次是在中宗时。景龙二年（708年），中宗令僧文纲护送舍利往法门寺入塔。《唐中宗下发入塔铭》中详细记载了这件事。这次送舍利回法门寺，中宗为舍利准备了级别很高的供养，包括自己及顺天翊皇后、长宁公主、安乐公主、郑国夫人、崇国夫人的头发。古人的观点是：身体发肤，受之父母，不可有半点损伤。头发代表皇室是在用身体供养舍利。中宗奉还舍利，是对武则天奉迎舍利事件的一个了结，结束了舍利在东都三年多的供奉经历，时间长度大抵和高宗时差不多了。

第五次是在肃宗时期。肃宗奉迎舍利，应该是继“安史之乱”后，在道教盛行的情况下，唐代皇室心中还有佛教的一种表示。因为，在这段时期内，玄宗就曾满三十年未迎奉舍利。肃宗本人迎奉舍利也是出于实际的需要——稳定当时的动乱的政局。安禄山等人的叛乱，使肃宗从京都的皇宫中转移到了法门寺所在之地扶风。不空和尚帮助他用佛教稳定了军心、民心，后来唐军胜利，而且经过向佛祖的祈祷，肃宗的病也好了，肃宗开始倾心于佛教。曾经一度受

到冷遇的法门寺又回到皇家寺院的显赫位置。在又一个“三十年”之期到来时，肃宗决定奉迎舍利入宫供奉。上元元年（760年）五月十日，令僧法澄、中使宋合礼、府君崔光远于法门寺启发佛指舍利，迎赴内道场，于七月一日展出。肃宗圣躬临筵，昼夜苦行，以示自己对佛教的虔诚。同时，还诏赐瑟瑟像一铺、事金银之具、爪发玉简及瑟瑟数珠一索、襕金袈裟一副、沉、檀等香三百两。这次供奉活动持续了两个月，限于当时的情况，规模已大不如前代了。这在《大唐圣朝无忧王寺大圣真身宝塔碑铭》中也有记载。

第六次奉迎舍利是在代宗时期，代宗虽然很信奉佛教，但这次是空有想法，却没有行动。永泰元年（765年），政局险恶，回纥、吐蕃等联合仆固怀恩进攻奉天，京都告急，因为局势紧张，代宗只为法门寺立下了《大唐圣朝无忧王寺大圣真身宝塔碑铭并序》碑，没有遵守三十年一迎舍利的成例。

第七次奉迎舍利是在德宗期间。德宗登基之初，并不热衷佛教，只是在贞元六年（760年），适逢又一个三十之期，只好例行公事，迎接舍利，走了历时一个月的过场。

第八次奉迎舍利是在宪宗时期。这次迎接舍利，成了唐代历次迎接舍利中非常出名的一次，韩愈就是因为劝谏这次奉迎活动而被贬职的，具体情况在《韩愈与〈论佛骨表〉》一节中有详细介绍。据说，这次供奉设立后，宪宗自我感觉非常不错，还写下了一首诗以示纪念。

第九次奉迎舍利是在懿宗咸通十四年（873年）三月。这次活动是在咸通十二年就开始做准备的。经历了武宗灭佛的打击后，法门寺终于又迎来了严冬后的春天。咸通十四年四月八日，由朝中重要大臣组成的高规格迎舍利队伍迎接舍利归来。据《旧唐书》、《资治通鉴》等记载，懿宗对这次舍利供奉极为重视，派出禁军为舍利开路，大奏音乐，仪仗非常隆重，绵延了数十里路。懿宗还亲自登上安福门，膜拜舍利，广散金银锦帛。舍利入宫后，为舍利安排了金花帐、温清床、龙鳞之席、凤毛之褥、玉髓香、琼膏乳等进贡的精品。送还舍利时，懿宗又送去无数的琉璃、金银等供养器物。

唐以后的宋、金、元、明、清各代，都只是对法门寺进行了修缮工作，舍利从懿宗咸通十四年十二月归还、咸通十五年重入地宫后，就再也没有被奉迎过了。唐代是法门寺历史上最重要的一段时期，在唐代，法门寺受到了最高的重视，拥有了最繁盛的一段岁月。

三、地宫与唐代茶文化

（一）地宫简介

地宫是佛塔的基本结构之一。一般而言，佛塔是以地宫、塔基、塔身和塔刹等部分作为主体结构的。地宫处于最底层，顾名思义，相当于地下宫殿，与已逝者有密切的关系。法门寺地宫以其埋葬着佛骨舍利而闻名天下。但是，在佛教传统中，佛骨舍利不是埋在地下的，而是供奉在佛塔的顶部，称为“天宫”，传入中国后，为了发展的需要，逐渐接受了中国传统的改造，施行舍利地藏。地宫也被称为“龙宫”或者“龙窟”。龙，在中国传统中是圣物，唯有当朝天子可与之相提并论，现在，供奉佛骨的地宫也有此称，足见地宫之重要性、神圣性。地宫主要埋藏的是舍利，以及一些陪葬的珍贵器物。最初的地宫比较简陋，在盛唐和晚唐时期，皇家修建的地宫已经非常奢华了。法门寺地宫就是一例。

法门寺地宫历史久远，据史料考证，558年，淮安王拓跋育就曾开启塔基，供奉佛骨舍利。说明在此之前，地宫就是存在的。隋代末年，右内史李敏再次开启塔基，供奉佛骨舍利。到了唐代，皇室对法门寺给予了高度重视，对地宫也进行了修缮，地宫建设日趋豪华。唐代地宫也成为后世津津乐道的话题。唐代法门寺地宫建筑形式如下：有前中后三室，四重门，还有一个密龛。地宫室顶保持了佛教建筑的特色，是斜角平顶式。法门寺地宫的建筑规格是当时的最高等级，和皇帝的墓室建筑等级一样高，可见法门寺当时的极盛之势。法门寺佛骨舍利按照印度佛教的传统方式埋葬，以容器盛舍利，埋入地下。但在唐代，盛舍利的容器却发生了很大的变化——以金棺银椁这样奢华的东西来作容器。佛骨舍利享受了奢华的待遇：第一枚舍利，被安置在八重宝函内，舍利是套在银柱子上的。这八重宝函分别是：小金塔、金筐宝钿珍珠装珷玞石函、金筐宝钿珍珠装金函、盝定金函、盝顶银函、素面银函、鎏金盝顶银函、银棱盝顶檀香木函，外面用红色锦囊包裹。第二枚舍利，被安置在丝绸包裹的鎏金银棺内，

外套盝顶铁函，放在唐中宗景龙二年由法藏和尚供奉在佛祖前的汉白玉双檐灵帐之中。第三枚舍利，被安置在玉棺中，外面依次是水晶椁、银包角檀香木函、鎏金盝顶银函，用织金锦包裹，外套铁函，放在后密室的密龛中。第四枚舍利，被安置在银棺内，外裹罗面绢里夹包袱，放在汉白玉阿育王塔内的铜浮图里。这样隆重地安置舍利，与佛教舍利陪葬供养“七宝”说是分不开的，这“七宝”分别是：珍珠、玛瑙、琥珀、砗、琉璃、金、银。

如此之多的金银、玉石、水晶的宝器，足够炫目了。而地宫中除了神圣而珍贵的舍利，铺满地面的铜钱（人称“金钱铺地”）外，更有数不胜数的贵重陪葬器物。根据《监送真身使随真身供养道具及恩赐金银衣物帐》碑文的记载，这些陪葬器物大致分为生活用具、供养器、法器三大类，其中又细分若干小项。

1. 生活用具

这方面的器物涉及到了唐代生活，尤其是宫廷生活的各个方面，非常具体，是唐代生活的真实写照。包括唐代皇室使用的碗、盘、碟等及来自宫廷作坊文思院的一套完整的金银材质的茶具和来自浙西民间手工艺人之手的洗浴佛像专用的浴佛盒。具体的物件如鎏金双凤衔绶御前赐银方盒、鎏金双狮纹菱弧形圈足银盒、素面委角方银盒、素面圈足圆银盒、双鸿纹海棠形银盒、鎏金十字折枝花小银碟、盘圆座葵口小银碟、鎏金鸳鸯团花双耳大银盆等，无一不选材贵重、制造精美，处处显示着唐代皇室的奢华。

2. 供养器

香、花、灯、果、涂香、茶、食、宝、珠、衣是佛教的十大供养。法门寺在唐代时的极盛状态，使地宫中的佛骨舍利的供养器都是由很珍贵的材质制造的，足见唐代皇室礼佛的隆重。例如：银芙蕖（即莲花。佛教的本生故事中把莲花看做往生之所托）、鎏金卧龟莲花纹五足朵带银熏炉及银炉台、鎏金象首金刚镂孔五足朵带铜香炉（香炉也叫熏炉、火炉，是大乘比丘十八物之一，是佛事六供或十供常用的首要供具）、鎏金鸿雁纹壶门座五环银香炉、壶门高圈足座银风炉、长柄银手炉、鎏金双蛾纹银香囊、鎏金仰莲瓣荷叶圈足阏伽水碗、鎏金三钴杵纹臂钏、素面银灯、素面银香案、鎏金壶门座波罗子。

3. 法器

又称为佛器、佛具、法具或道具。宽泛地说，只要是在佛教寺院内，所有有关庄严佛坛，以及用于祈祷、修法、供养、法会等各类佛事的器具，甚至佛教徒所携带的念珠、锡杖等都可称之为法器。法器主要包括：佛坛、须弥坛、幡、盖、经幢、灯、华、香、香炉、衣（裓）、阏伽器、木鱼、钟、鼓、磬、云板、钵、三衣、澡豆、头巾、手巾、齿木、滤水囊、念珠、拂子、如意、竹篦、蒲团、佛龛、舍利塔、经箱、戒体箱、曼荼罗、金刚铃、金刚杵、法螺、护摩器具、唐卡、哈达、食子、八吉祥、七宝、颅器、嘎乌等。

法门寺地宫的法器包括：鎏金单轮六环铜锡杖、鎏金双轮十二环银锡杖、迎真身银金双轮十二环锡杖；伽陵频迦纹小金钵盂、鎏金团花银钵盂；鎏金银如意、素面银如意；银阏伽瓶、盘口细颈黄琉璃瓶、八棱秋色瓷净水瓶。

法门寺地宫的陪葬器物在装饰上都非常精美，或雕刻龙、凤、鸿雁、鸳鸯、鲤鱼、海棠、荷花、折枝团花等动植物纹饰，或采用中国传统神话中的飞天、天马流云纹，或绘以鲜明佛教特色的伽陵频迦等纹饰。而且，器物的造型都是精心设计的，器物线条都很流畅，美观大方、贵重精致是这些器物的共同特点。

（二）唐代的茶文化

对茶文化的介绍，源自地宫陪葬器物中一套完整精致而又贵重的宫廷茶具。茶文化在中国是有悠久历史的，是中国传统文化中非常有韵味的一部分。中国的茶文化在唐代以前处于安静无声的状态，直到唐代才兴盛起来，而且，随着佛教的盛行，茶文化也传播得更为广泛（当时，南北方寺院都已经普遍流行喝茶。禅宗在北方的兴盛，更是推动了饮茶习俗在北方的传播发展）。在唐代之前，我们所讲的"茶"字，实际上都是"荼"字，"茶"字是在唐代才出现的。唐代有山南、淮南、浙西、浙东、剑南、黔中、江南、岭南八大茶叶产区。从诗人王建"水门向晚茶商闹，桥市通宵酒客行"的诗句中我们可以感受到当时茶叶的经营也是很发达的。唐代茶文化中最重要的一点是，产生了人类历史上第一部关于茶的研究专著——陆羽的《茶经》。《茶经》中很好地反映了饮茶的

习俗在唐代的传播情况。据史料载，当时的宫廷经常用进贡的名茶举办茶宴，上至皇帝，下至群臣，流觞曲水，丝竹管弦，情趣盎然。甚至德宗皇帝在建中三年因兵变来到奉天时，手下人都没有忘记用快马给皇帝送来新近上供的好茶，足见其嗜茶之深。大诗人顾况还写了中国文学史上第一篇关于茶的赋——《茶赋》。

法门寺地宫中的这套茶具，基本材质都是金银，带着浓郁的皇家气息。《物帐碑》中记载："懿宗供奉：火筋一对，僖宗供奉：笼子一枚，重十六两半。龟一枚，重二十两。盐台一副，重十二两。结条笼子一枚，重八两三分。茶槽子、碾子、茶罗、匙子各一副，七事共重八十两。"这说得比较笼统，具体的茶具包括：鎏金镂空鸿雁球路纹银笼子、壶门高圈足座银风炉、鎏金壶门座茶碾子、鎏金飞鸿纹银匙、鎏金仙人驾鹤纹壶门座茶罗子、鎏金人物画银坛子、蕾纽摩羯纹三足架银盐台、鎏金伎乐纹调达子、系链银火筋、素面黄色琉璃茶托、茶盏及前面生活器具部分提到的龟盒等。从嵌字看米，多为僖宗皇帝所使用。

《茶经》中记载了唐人的饮茶方式有粗茶、散茶、末茶、饼茶，即斫、熬、炀、舂四种。在诗人储光羲《吃茗粥作》诗中，有"淹留膳茗粥，共我饭蕨薇"的句子，说明当时还保留了吃茶粥的古老风俗。唐代饮茶之风盛行，这四种饮茶方式在唐代诗人的诗作中都可以找到证据。例如，陆希声《茗坡》诗"惜取新芽旋摘煎"，说的就是摘即煎而饮之的散茶法。刘禹锡《西山兰若试茶歌》讲的就是将新摘茶芽烘炒后，研磨成末煎饮的"炀"法。但当时最流行的还是创自陆羽的饼茶法。即经过采、蒸、捣、拍、焙、穿、封七道工序，将茶芽制成茶饼。喝的时候，首先要对茶饼进行烘烤，把茶饼存储时吸收的水分烤干，再把烘烤变硬的茶饼碾碎成末，用箩筛出细致晶莹的茶粉，最后在"活火"上煎茶，在水处于"缘边如涌泉连珠"的二沸状态时放入茶末。而唐人饮茶时还会在茶里放些调料，如胡椒、盐等。薛能诗中就有"盐损添常诫，姜宜著更夸"的说法，还有添葱、橘皮、薄荷、茱萸等调味料的。唐代茶具有很丰富的内容，陆羽记载了二十八种：煎水的风炉、盛灰的灰承、扇火的筥、槌炭的炭挝、夹炭的箸、放茶的交床、烤茶的夹、存放

茶的纸囊、碾茶的碾及拂末、罗茶的罗合、称茶的则、盛水的水方、滤水的漉水囊、舀水的牺勺、搅水的竹夹、盛盐的鹾簋、放盐的揭、盛熟水的熟盂、饮茶的碗、放茶碗的畚、洗茶具的札、放剩水的涤方、放茶渣的滓方、擦茶具的巾、陈列茶具及存放茶具的都篮等。且对茶具都有很高审美要求，最好的是茶碗和茶色相得益彰的如玉如冰的越瓷。饮茶的用水也有山水、江水、井水三种品级之分。在煎茶时，水第一次煮沸时放入盐，第二次煮沸时要先舀出一瓢，然后用竹夹搅动，投入茶末，继续搅动，使水出现泡沫，即汤花。汤花分为轻细的花、薄的沫、厚的饽三种状态。关于分茶，陆羽认为最多煮水一升，最多分五碗，不可多分，且煎茶过程中不能添水。品茶则需要趁热连饮。陆羽的饮茶方式得到了很大的推广，后来还出现从“汤戏”发展来的斗茶习俗。

唐代这些饮茶习俗在唐代宫廷都有体现，法门寺地宫中的这套茶具是最好的证明。其中，门高圈足座银风炉、系链银火筋，是烤茶用的；鎏金壶门座茶碾子、纯银碢轴、鎏金仙人驾鹤纹壶门座茶箩子，是碾茶和筛茶用的；鎏金银龟盒，是贮存茶的；蕾纽摩羯纹三足架盐台，是放盐的；鎏金伎乐纹银调达子则属于点茶器。点茶，就是斗茶。这是很有趣的一种游戏，据说唐玄宗宠爱的梅妃不仅色艺双绝，还很会斗茶，甚至赢了玄宗。唐代宫廷对饮茶很重视，每年清明都会举办盛大的清明茶宴，清明茶宴的主要内容就是品尝明前茶。李郢的《茶山贡焙歌》：“十日王程路四千，到时须及清明宴。”说的就是各路贡茶清明前送抵京都的情况。另外，宫人们也会举办自娱自乐的茶会，皇帝也会把茶赏赐给臣下。在唐代，饮茶是一个举国上下皆风行的时尚活动。著名的日本茶道，就受到此时的中国茶文化很深的影响。唐代是中国茶文化的发展高峰及代表，在中国茶文化发展史上是里程碑式的一段时期。

四、法门寺与中国传统文学艺术

法门寺本身并不缺乏文化气息，像唐代大诗人贾岛的弟弟无可师傅就出家在此，他像哥哥一样，也工于诗歌创作。还有贯休法师，也是诗文兼备。但这里我们主要谈谈和法门寺有关的俗家文学创作。毕竟，在中国文学史上，他们有更重要的地位和影响力。

（一）诗歌：苏若兰与《璇玑图》

谁也不会想到在法门寺这个佛教圣地，居然会引出一段动人的爱情故事，而且更是由此为中国传统文学发展的长河中增添了一朵美丽的浪花。

在讲述这段爱情故事之前，先要介绍一个古代文学名词：回文诗。回文诗是我国古代诗歌中一种很独特的体裁。回文，也可以写作“回纹”、“回环”。回文诗就是一种将字词按照一定规则排列的诗，这种体裁的诗歌，虽然表面形式很规矩，但诵读起来却是变化多端的：无论是顺着读、倒着读，还是上下颠倒着读，更或是斜向交叉着读，只要遵循它的规律，都能读出一首优美的诗来。可见这是一种很活泼的诗，它的变化多姿，给予了诗文本身无穷的生命力。回文诗最早的创作可以上溯到西晋时期，是西晋初期的苏伯玉之妻所作的《盘中诗》。随后有东晋元帝时期的温峤和前秦时期的苏若兰作的回文诗。

这位苏若兰就是我们将要讲述的故事的主人公。也许读者会问，题目不是说“苏若兰与《璇玑图》”吗，怎么又说她与回文诗有关了？原来，回文诗的别名就叫璇玑图，而我们的主人公苏若兰正是以《璇玑图》名世的。

苏若兰，前秦时期人。本名苏惠，字叫若兰。是当时陈留武功苏道质的第三个女儿，约生于秦王苻坚永兴元年（357年）。据《晋书·列女传》的记载，苏若兰从小天资聪慧，三岁学字，五岁学诗，七岁学画，九岁学绣，十二十岁学织锦。

十五岁时，出落得如花似玉，描红女工，琴棋书画，无一不精，成了远近闻名的才女。前往苏门提亲的人络绎不绝，但所介绍的男子，都被苏若兰认为是平庸之辈，没有一个她能看得上的。

十六岁时，苏若兰跟随父亲到法门寺（此时，法门寺还叫阿育王寺）来游玩。恰逢庙会，在寺内的西池边看见一位英俊少年。只见此少年弯弓搭箭，向空中，射下飞鸟；向水面，射中游鱼，果真是一手好箭法！仔细观看，岸边还有一把宝剑，剑已出鞘，寒光烁烁，压着几卷书籍。正在此时，突然出现一群官兵，推推搡搡地带着一个衣衫破旧不堪的大汉走过，后面一位白发苍苍的老者在哭着追赶，样子实在是很悲惨。少年见了，连忙去劝阻官兵，但官兵们都不讲道理，还骂少年多管闲事。少年大怒，施展拳脚功夫，将官兵们打倒在地，救下了大汉。还赠送老者一锭纹银，让他和儿子速速离开。苏若兰见了，心中称赞："好一位侠肝义胆的少年英雄！"顿生仰慕之心。回去问父亲少年是谁，苏道质告诉她，少年就是已故右将军窦真的孙子窦滔，现在阿育王寺中习武。原来这少年英雄还出身名门，是虎将之后。苏若兰心中高兴，自己慧眼识人，就把心中的想法告诉了父亲。苏道质去窦家提亲，窦家见女方是名声在外的苏家三小姐，与自家门当户对，双方家长于是定下婚事，苏若兰在前秦建元十四年（347年）嫁给了自己寻到的得意夫婿。

婚后，夫妻二人十分相爱，生活幸福甜蜜。但窦滔很快就被苻坚派去作战，东征西讨，没有停歇的时候。窦滔出身将门，自幼习武读书，有勇有谋，为苻坚立下了赫赫战功，成为苻坚手下的一员大将。不久，苻坚要攻打东晋，派窦滔出征。此时的窦滔早就厌倦了战争生活，不仅苏若兰希望他不再打仗，就是他自己也希望结束这样的生活。于是，窦滔找了个借口，打算推掉这次任务。不料却因此惹恼了苻坚，被苻坚革职发配到了流沙（今甘肃敦煌一带），硬生生地将夫妻二人分开了。法门寺一别，苏若兰从此每天度日如年，苦苦地等候丈夫归来。绿叶萌芽枯叶成，红花落尽雪花飘，寒来暑往，几年过去了，窦滔还是没有消息。在痛苦的等待中，苏若兰把自己对丈夫的思念化作诗文，竟然写出了七千九百多首诗！可是，还是没有等到丈夫的身影出现在自己面前。

378年，苻坚发兵十万，大举进攻东晋，占领了军事重镇襄阳。征南大将

军苻洛在此时发动了叛乱，苻坚情急之下，只好重新起用了窦滔，将他从流沙叫回，并封他为安南将军，镇守襄阳。苏若兰终于盼到了丈夫的归来。可是，不久她就发现丈夫有些异常，窦滔不是经常在家，对自己的态度也不像以前那样了。调查后，她知道了真相。原来，窦滔在流沙时认识了一位歌伎赵阳台。这位赵阳台能歌善舞，容貌出众，在窦滔流放期间就把他迷住了。现在窦滔被重新重用，把她也一起带回来了，不敢让苏若兰知道，就另外给赵阳台安排了住处。苏若兰知道真相后，非常气愤，恨丈夫违背了当初不纳妾的誓言，更恨赵阳台和自己争抢丈夫。一气之下，找到赵阳台，大吵了一架。赵阳台可不是等闲之辈，把自己受气的事情告诉了窦滔，又不停地在窦滔面前说苏若兰的坏话，她的挑拨使夫妻二人更不和睦了。后来，窦滔去上任，只带着赵阳台走了，把苏若兰留在了家里。

丈夫走后，苏若兰伤心至极。虽然恨丈夫纳妾，却也不能放下自己对丈夫的爱，逐渐思念起丈夫来。时间长了，思念无法停止，就想和丈夫和解，想来想去，她别出心裁，把一首表达思念之情的回文诗用五色线织在一块八寸见方的手帕上，派人送给丈夫。窦滔一见诗文，感受到妻子对自己的情意，顿生悔意，立刻派人送赵阳台回关中去，又派人用盛大的仪式接来妻子，夫妻二人和好如初。

这方帕上的诗文就是名扬天下的《璇玑图》。《璇玑图》所写诗文，共 841 个字，横竖皆成诗，其中蕴含的感情真挚深切。据说，这首诗只有窦滔和苏若兰夫妻二人能读懂，别人无法明白其中深意。更有传说讲，原来苏若兰的《璇玑图》只有 840 个字，后人因为感动于苏若兰的痴情而加上去一个“心”字。虽然是传说，但这个“心”字也是此诗的关键——即一个妻子对丈夫的忠爱之心。

《璇玑图》原图是以红、黄、蓝、白、黑、紫，五色丝线织绣的，容纳八百四十一字，分二十九行排列而成。外围与内部井字图案，是红字，四角纵横皆六字黑色。上下两方纵六横十六和左右两字纵十三横六字各为蓝色字。井字中心，上下两方纵四横五和左右两方纵五横四以及井内中心四角纵横各三为黄色。所以后世解读此诗的方法中就有七色法和井栏法。

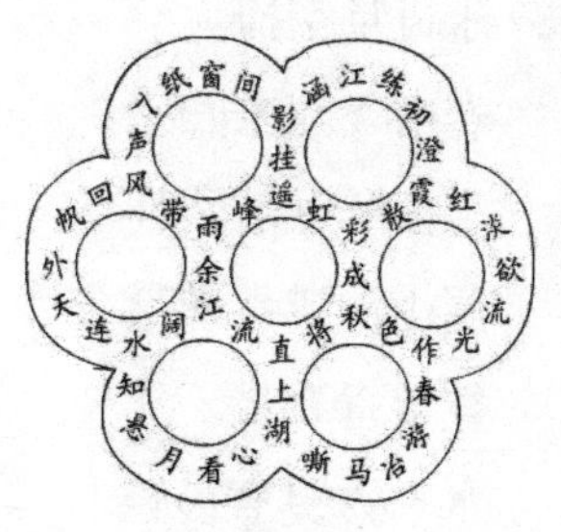
梅花形詩

《璇玑图》构思巧妙，无论是横读、纵读、斜读、蛇行读、退一字读、交互读、间一字读、左右旋读等，都可以成诗，组成三言、四言、五言、六言、七言诗句。据唐代武则天《璇玑图序》中讲大约可以读出二百多首诗，宋代人也持此观点，虽然黄庭坚说“千诗织就回文锦”，但也只是文学的夸张手法。直到明代起宗道人将回文锦分成七块，读出了3752首诗，后来，经史学家康万民从七块中又分出一图，读出诗4206首。而在乾隆四十七年（1781年），扶风县知事熊家振修扶风县志，说他能够读出9958首诗。《璇玑图》究竟蕴含了多少首诗，至今尚无定数，可见它的精妙之处。

《璇玑图》对后世文学产生了重大影响。庾信的《荡子赋》中就有“合欢无信寄，回纹织未成”的句子。萧绎的《荡妇秋思赋》中也有类似的句子：“妾怨回文之锦，君思出塞之歌。”唐女皇武则天亲自为《璇玑图》写序。北宋诗人黄庭坚写了《织锦璇玑图》诗：

千诗织就回文锦，如此阳台暮雨何？
只有英灵苏蕙子，更无悔过窦连波。

清代诗人王士正也有为苏若兰曾被窦滔遗弃而鸣不平的诗《织锦巷》：

慧绝璇玑手，当如弃置何？
怜她苏蕙子，枉嫁窦连波。

历代的文人也都很喜欢创作这种诗。著名的文学家如南北朝时期的庾信、唐代的陆龟蒙、皮日休、白居易；宋代的王安石、苏轼、黄庭坚、秦观；明代的高启、汤显祖；清代的纳兰性德等都有回文诗传世。如苏轼的“赏花归去马如飞，去马如飞酒力微。酒力微醒时已暮，醒时已暮赏花归”。传说中苏轼多才的妹妹苏小妹更是和秦观有遥赠回文诗的佳话。而回文也不仅仅作为诗的体裁之一，它在词、曲中都有所发展。像我们熟悉的宋词，王文甫的《虞美人》，顺读、逆读就有两种不同的词出现：

虞美人（顺读）

黄金柳嫩摇丝软，

永日堂空掩。
卷帘飞燕未归来，
客去醉眠欹残杯。
眉山浅拂青螺黛，
整整垂双带。
水垂香熨窄衫轻，
莹玉碧溪春溜烟波横。

（逆读）

横波烟溜春溪碧，
玉莹轻衫窄。
熨香垂水带双垂，
整整黛螺青拂、浅山眉。
杯残倚眠醉，
去客来归未？
燕飞帘卷掩空堂，
日永软丝摇嫩柳金黄。

经过历代诗人们的开发与创新，回文诗在形式上也有了更多的变化：有连环回文体、藏头拆字体、叠字回文体、借字回文体、诗词双回文体等等。使中国古典文学更具活泼性和趣味性。

而苏若兰的生长之地，更是以这位才女为荣，为了纪念苏若兰，人们把她在法门寺住过的小巷取名为“织锦巷”，修的台取名为“织锦台”（清人李笃因还写过歌咏织锦台的诗：织锦人何在？遗图尔自哀。秋风吹蔓草，野日照荒台。缭绕悲心极，回环妙绪开。此乡多好女，重识二班才。）漂洗过丝线的渠池取名为“续坑”，在她送窦滔去流沙的法门寺的北门外城墙上刻“西望续坑”四个大字和“苏氏安机处”五个小字。并在一方青石上面刻下《旋玑图》嵌镶在北门照壁中间，供人玩味观赏。

清乾隆时陕西巡抚毕沅还为窦滔题刻“前秦安南将军窦滔墓”的墓碑。夫妻二人可能谁都不会想到是法门寺成就了他们的姻缘，自己也会和法门寺结下不解之缘。

（二）散文：韩愈与《论佛骨表》

法门寺在前秦时期成就了才女苏若兰和窦滔的一段姻缘，却在唐代给大文学家韩愈带来了一段悲苦的遭遇。

作为政治家，韩愈可能不会在中国的历史上占有什么重要地位，但在文学史上韩愈却是一位举足轻重的人物，因为他是唐代古文运动的领导者，而古文运动的指导思想就是儒家思想，所以古文运动在一定程度上讲也是一次儒家思想的复兴运动。韩愈是儒家思想的推崇者，他认为只有儒家思想才是中国的正统思想，是最切实际的思想。但是，虽然汉武帝时“罢黜百家，独尊儒术”，但自从汉代佛教传入、道教兴起，儒家思想的正统地位受到了极大的动摇。而韩愈生活的时代（韩愈生卒年是768—824年）正是李唐皇室对佛教、道教极为重视的时代，佛、道二教的盛行，给社会带来了一些危害：大批人出家，他们本该承担的徭役赋税都摊派在人民头上，普通百姓的负担更重了；寺院占据了大片良田，造成农民破产；同时，修建壮丽的寺院，引起了大量财力、物力、人力的消耗等等，严重影响了社会的正常生活秩序。朝廷中已有不少有识之士看到了这些，纷纷上书给皇帝，如唐朝初年的太史令傅奕，武则天时代的狄仁杰等。而韩愈就是这批反佛教人士中的坚定分子，他对佛教的反对是十分坚决的，态度也是最勇敢的。而且，他不仅反对佛教，还反对道教。

韩愈在文章中屡次提到反对佛教的观点。《上宰相书》中他说佛教学说是妖邪奸佞的无稽之说。《送僧澄现》中他讲佛教的危害，说西方传来的佛教在中国广建寺庙，招收信徒，是中国的祸患。《送灵师》中讲官府对佛教的所作所为听之任之，使社会的生产力遭到严重破坏。在著名的《原道》中，他更是怒斥佛教给人民加重了负担。对于自己的好朋友柳宗元，他也直言不讳，怪他不该信奉佛教。而在唐代思想家中，柳宗元的“礼佛”论是很出名的。他自称从小好佛，已经研究佛教学说三十年了。被贬官到永州和柳州后，柳宗元更是

将自己无处发泄的愤懑心情转移到佛理的研究中。在《送僧浩初序》中，他表达了自己崇佛的观点。他还将佛教比喻成“韫玉”，认为韩愈是不懂佛教才会如此排斥佛教。而且柳宗元还有些援佛入儒的思想，认为二者并不冲突，可以利用彼此优势的方面。但这在认为孔孟是圣人、认为孔孟仁义之道是至道的韩愈看来，是十分错误的，韩愈毕生都在进行反对佛教的斗争。也正是因为他如此激烈地反对佛教，才给自己的政治生涯带来了重大挫折。

唐代皇帝对佛教都是无比的崇信，所以有唐一代，皇帝多次举办和佛教有关的盛大法事。法门寺建寺是因为要供奉佛祖释迦牟尼的指骨舍利，这使得法门寺在众佛寺中地位非同一般。在唐代，法门寺被指定为皇家寺院和内道场，是当时四大佛教圣地之一。李唐皇室也多次迎接佛骨舍利入长安都城。而最出名的迎奉佛骨事件发生在宪宗时期。之所以这么出名，在于这次事件得到了韩愈等人的激烈反对，在朝野上下产生了极大的轰动。

元和十四年（819年）春，唐宪宗想迎佛骨入宫中供养，一时轰动了长安城：唐宪宗命令太监和宫女手持鲜花，将佛骨迎入皇宫，供了三天后，又送到其他佛寺。当时上自王公大臣，下至平民百姓，都奔走相告，瞻拜施舍，闹得沸沸扬扬。韩愈自是站出来激烈反对，给宪宗皇帝上了一道《谏迎佛骨表》的奏章，劝谏皇帝不要如此迷信佛教，谁知惹得皇帝龙颜大怒，差点要杀了韩愈，多亏当时的宰相裴度等人求情，才留下韩愈的性命，把他从刑部侍郎贬官为潮州刺史。韩愈却始终不改其志。这道《谏迎佛骨表》就是赫赫有名的《论佛骨表》。

《论佛骨表》中充满了韩愈站在儒家立场上反对佛教的激烈言辞，整篇文章到处充斥着反佛教的思想，文章开篇，韩愈用了比较的方式，向皇帝说明佛教是中国的祸患。因为从上古开始，无论是黄帝、少昊、颛顼、帝喾还是尧舜禹在位，中国都是天下太平，百姓和乐的。后来建立商汤、周朝，因为没有佛教的传入，也都是相安无事的。而且，这些帝王们在位时间都很长久，上古时代帝王的寿命更是很长久的。如少昊活了一百岁，在位时间就有八十年之久；黄帝活了一百一十岁，在位时间有一百年。这些肯定都不是因为他们信奉佛教才出现这样的结果的。而汉明帝时佛教传

入了中国，情况就不同了，中国开始动乱不安。三分天下的三国鼎立不就是这样的吗？后来的宋、齐、梁、陈、魏等国都吸取教训，限制佛教的发展了。其中只有梁武帝好佛，留下了“南朝四百八十寺”的传说。可他如此敬佛，得到了怎样的结果？他几番想出家，不食荤腥，最终真的被围困在台城，因饥饿而死，国家也灭亡了。韩愈在这里讽刺说：信奉佛教是为了祈求幸福，却得到了灾祸，看来这个佛教是不值得信奉的。

接下来就提到了眼前皇帝迎舍利入京都的事情。作为儒家思想的信奉者，韩愈肯定要遵守儒家“温柔敦厚”的说教观和严格的等级观，不能直接指责皇帝的错误。所以，他盛赞宪宗皇帝是“数千百年来，未有伦比”“神圣英武”的皇帝。在即位之初，宪宗还禁止人民剃度出家，建立寺庙，有继承高祖皇帝志向的表现。如此英明的君主，自然是不能被佛教迷惑了。接下来，韩愈就要对皇帝进行劝导了，他说：佛教本是夷狄的信仰，西方夷狄与我们不仅语言、服饰不同，连思想也是不同的，我们有自己的孔孟思想，完全没必要信奉夷狄宗教。连孔圣人都说过“敬鬼神而远之”的话，所以，对待佛教，只是外交礼节上的表面文章，佛教说的舍利宝物，只不过是死人的骨头罢了，这种污秽之物怎么能进入宫廷禁地呢？现在佛骨在长安，闹得全城百姓都不得安宁，不顾家业，朝拜施舍，严重扰乱了社会秩序。对于佛骨，最好的解决办法就是烧掉，溶解在水里，永绝后患！韩愈还勇敢地承担起因此而可能出现的灾祸。

对于皇帝，韩愈可谓用心良苦，《论佛骨表》写得妙笔生花，说理透彻，怎奈皇帝执迷不悟，更因韩愈如此贬低他信奉的佛教，诋毁他如此看重的舍利，怎么能不把韩愈贬官撤职呢。于是，韩愈被贬到了潮州。

在去往潮州的路上，行至蓝田县时，遇到赶来的族侄孙湘，韩愈写下了著名的《左迁至蓝关示侄孙湘》诗：

一封朝奏九重天，夕贬潮州路八千。
欲为圣明除弊事，肯将衰朽惜残年！
云横秦岭家何在？雪拥蓝关马不前。
知汝远来应有意，好收吾骨瘴江边。

这首诗是韩愈诗作中艺术水平很高的一首。韩愈在诗中表达了自己因尽忠

而被贬，却矢志不渝的决心，但被贬官，心中也是很郁闷的，诗中也透露出这种无奈和对前途未卜的悲凉之情。首联直书自己被贬的原因，两句诗在格调上形成了鲜明的对比，早晨还是站在金銮殿上的朝廷重臣，晚上就被发配到了几近万里之遥的蛮荒之地。这落差是何等之大！颔联却承续了直叙的风格，直言自己将要将排佛之事进行到底，表达了韩愈对朝廷的忠心，可谓是用心良苦。也看出韩愈坚韧勇敢的一面，他还是坚持自己是正确的。颈联就开始表达被贬的郁闷之情了：远离亲人，自己独自走向蛮芜之地，这是何等孤单与痛苦。秦岭就是终南山，其高入云，遮挡住自己望京都的视线，所谓“总为浮云能蔽日，长安不见使人愁”，自己离开京城是前途未卜啊。尾联是对孙湘说的话——你来了与我同行，也是好事，就算我死了，还能有人替我收拾尸骨。这是多么的悲凉，充满了英雄末路的凄楚。而颈联中说“云横秦岭家何在，雪拥蓝关马不前”，这是对当时历史的写实之句。这一年，发生了大雪灾，极度的寒冷冻死了很多人，而韩愈此去潮州的路径只有两条，经过蓝关南下是其一，也是这场雪灾后的唯一选择。天灾人祸，缠绕在韩愈的心头，此句是韩愈当时烦乱忧思心态的最切实的写照。

《左迁蓝关示侄孙湘》与《论佛骨表》，一诗一文，围绕着佛骨事件，表现了一代大家韩愈思想中进步的一面，在创作艺术和思想上都达到了当时人所不能及的高度，堪称双璧。虽然韩愈因法门寺舍利事件使自己的人生经受了曲折，却功在后世，为后人留下了如此优秀的文章与诗歌。这可能也是“塞翁失马，焉知非福”吧。

（三）碑碣及书法艺术

碑碣，是用来记载一些有纪念意义的事情的石头。早在春秋时期就已经出现了“碑”这个名词，碑碣是碑的统称。法门寺作为一代佛教文化圣地，在其漫长的历史演变中，也不会缺少碑碣这一项内容。

法门寺的碑碣很多，但最早时期的碑碣毁坏严重，保存下来的较早的是周魏时期的

两块：千佛碑和七女碑。这两块碑的现世是在唐代。据唐代释道世的《法苑珠林》中记载，在贞观五年（631 年），唐太宗派岐州刺史张亮开启法门寺地宫，在迎接佛骨舍利时，发现了千佛碑的残碑。残碑埋在地下近丈深的地方，应该是北周武帝打击佛教的结果。碑面刻有很多佛像，或大或小，排列有序。又刻有十九个字：己卯三月己丑朔十七日乙巳佛弟子淳于舍干。这是碑文中的一段铭辞。根据这几个字所记载的干支月日，千佛碑应该是刻于北周明帝武成元年（559 年）。另一块北周七女碑，保存情况较好，从碑文中可以辨认出七行一百三十个字，足够了解碑文的内容了：记载的是北周贵族一家七子及其家人的一些情况。如，七子的官职，有些儿子做到了仪同三司。他们的妻子也都是出身王公贵族之家，可以看出，这是个富贵之家，或许是他家出钱修建了阿育王寺，所以立碑以示纪念。

周魏时期的碑碣存世的不多，到了唐代，法门寺受到皇室的格外礼遇，碑碣立了很多，保存情况也比较好。唐代的碑碣是研究法门寺历史的重要依据。主要的碑碣有：

唐千佛碑是武则天时代所立，碑面阴刻《大涅槃经》，但字迹剥落，无法辨认清楚具体内容。后不知道此碑去向，但据元代黄树穀所传《扶风县石刻记》中载此碑具体形象“白石娟致可鉴，圭首，碑高今尺三尺五寸，宽一尺八寸。上刻千佛……”及所刻经文，称此碑为唐碑中的“上上品”，当在元代时此碑尚存。

《法门寺惠恭大德之碑》，共两通，一为墓碑，一为记载事迹之碑。此碑立于唐永昌元年（689 年）。记载的是当时法门寺住持僧惠恭的事迹，这也是唯一一块记载法门寺住持僧事迹的碑碣。碑的阴面刻有《遗教经》。

《中宗皇帝下发入塔石匣盖铭》碑，此碑存于法门寺塔基西南地下。记载了唐中宗第三次迎佛骨的情况。

《大唐圣朝无忧王寺大圣真身宝塔铭并序》，此碑极具史学价值。立于大历十三年（778 年），由张彧撰写。铭文涉及的内容很广泛，包括法门寺的缘起、历史沿革情况、唐代皇室礼佛盛况等。碑高九尺六寸，宽四尺二寸，共一千九百二十五个字。

《大唐咸通启送岐阳真身志文碑》，碑文叙述了法门寺在唐代皇室迎佛骨时的盛况及后“会昌法难”时寺僧以“影骨”代替灵骨的经过。在内容上与张□的碑文相接。碑长一百一十三厘米，宽四十八厘米，共九百八十七个字，分刻四十七行。楷书行文。

《监送真身使随真身供养道具及恩赐金银衣物帐碑》，是对皇室礼佛情况在器物方面的一个详尽介绍。后三通碑，是唐碑中最具研究价值的碑碣。

五代时期，社会动荡不安，但还是能见到此时的两通碑碣。《大唐秦王重修法门寺塔庙记》，碑文内容主要是记叙李茂贞统治凤翔县二十年中对法门寺的五次重修，及法门寺的历史沿革情况。另一通是记载立此碑的刘源的情况。

到了宋代，存世之碑有两通。一是《法门寺浴室院暴雨冲注唯浴室镬器独不漂没灵异记》。此碑刻于北宋太平兴国三年（978年），为毛文恪撰文。碑石嵌于法门寺大殿西侧墙壁中。碑两尺见方，碑文约六百二十字。一为《普通塔记》，立于庆历五年（1045年）。碑文记叙的是智颙和尚为四十多具游僧的尸体化缘墓地安葬的事情。这个和尚做的最大的事情却是磨去前面所提的北周碑碣，来刻自己的碑文。碑文有《礼法门寺真身塔》诗题名、《买田地庄园记》、《圆相观音菩萨瑞像颂》、《琅琊宗元与渤海遵礼赞皇宗古彭城舜卿汝南永锡同谒道者广秘》题名、《法门寺重修九母子记》等八篇，对研究宋代佛教的新发展有很大帮助。

金代的碑碣有三通：

《谨赋律诗九韵奉赞法门寺真身宝塔碑》，立于金卫绍王完颜永济大安二年（1210年），此碑嵌于法门寺正殿西耳房前檐墙壁中。碑文主要是师伟和尚《奉赞法门寺诗》一首，全诗九韵十八句一百二十六个字。诗中有“百代王孙争供养，六朝天子递修鲜”等名句。

《金烛和尚焚身感应之碑》，记叙的是金烛和尚的身世及其焚身供佛的行为。金烛和尚生于金皇统九年（1149年），自焚于泰和六年（1206年）三月十八日，时年57岁。

《金代法门寺藏经碑》，介绍了法门寺搜集、修补、保存大藏经的情况。说此时法门寺藏经不下一万余卷，是了解法门寺藏经情况的重要资料。

明代碑碣有五通：

《重修法门寺大乘殿记》，由国子监生张杰撰写碑文，国子监阎忠书写。立于明弘治十八年（1505年），主要介绍了满訢、通璟二僧两次重修法门寺大乘殿的事迹，并涉及法门寺的历史情况。隆庆六年（1572年）立下了《西蜀大洲居士书痴僧劝缘偈》，记载了僧人苦行化缘以重修寺庙的事情。此外还有《记第四层宝塔助缘工成碑》、《岐阳镇丹霞观远门记》，以及立于万历四十三年的一通碑。

法门寺在清代时已经衰落了，立下的碑碣很少。顺治十年（1653年）立下《重建钟楼记》，光绪十年（1884年）立下《重修崇正镇法门寺碑记》，后光绪十二年、光绪十四年也都曾立碑纪念重修法门寺的事迹。

介绍了这么多的碑碣，除了将它们看做中国传统建筑学的一个内容外，值得我们关注的地方还有碑文中所体现出来的书法艺术美。书法艺术是中国传统的审美艺术，书法最集中、最具代表性地展现着东方的审美情趣。文学上常讲"文如其人"，书法也是这样，所谓"字如其人"，虽不能做到绝对准确（秦桧人不好，字却写得不错），但一般情况下还是比较准确的。扬雄说"书为心画"，这是有道理的。一点一横、一撇一捺，起承转合、抑扬顿挫中，一个人的精神世界展露无遗。这体现着一个人对世界、对自己、对人生的认知。同时，宗教精神对书法这种以内在精神为主要运笔动力的艺术，更是给予了很大的影响，使书法偏重于"意"的传达，所以说书法是有哲理审美意义的。一个人毕竟是生活在一个具体的时代中，其书法必定反映着这个时代的特色，所以时代自有变迁，而书法亦同步跟进。

法门寺的碑碣中反映书法的时代变迁要从北周碑碣开始算起。南北朝时期书法有北碑南帖之分。帖以流利为尚，适合草行；碑却以严整为美，适合隶楷。七女碑是典型的北碑，碑文字体结构严谨，字型齐整方正，而且笔锋明显，带有刃气。

唐代是我国碑刻最发达的时期，不仅内容丰富，书法上也有极高价值，法门寺的碑碣在唐代就显示出了极具审美特性的书法艺术美。唐代书法以楷书居多，所以碑碣中碑文以楷书书写为主，但也有所变化。例如，《法门寺惠恭大

德之碑》，字体方正严谨，笔锋险峻有力，却在刚健的内力中示人以圆融的外貌，鲜明地体现了唐楷的特点。《中宗皇帝下发铭》碑亦是这种情况，碑文字外柔内刚，颇有初唐虞世南、欧阳询、褚遂良等的风格。且章法缜密，圆融流畅，很像出自受到佛教精神影响的人之手。《物帐碑》《志文碑》都出自本寺僧人之手，文字平正冲和，自然端庄。

宋代则出现了书法四大家——苏轼、米芾、蔡襄、黄庭坚。此四人的书法各有千秋，苏轼丰腴跌宕，天真烂漫；黄庭坚纵横拗崛，昂藏郁拔；米芾俊迈豪放，沉着痛快；蔡襄取法晋唐，讲究古意与法度，其正楷端庄沉着，行书淳淡婉美，草书参用飞白法，谓之“散草”，自成一体，非常精妙。这四家在当时和后世都产生了重要影响，其风格特色为后世所效仿。《法门寺浴室院暴雨冲注唯浴室镬器独不漂没灵异记》碑的碑文字体却没有这个时代的优秀书法艺术的特色，显得严谨有余，神气不足。幸而《普通塔记》的碑文弥补了这一缺憾，此碑文出自寺僧可度之手，字体秀丽瘦劲，且飘然潇洒，颇有几分禅意，是难得的好作品。

元代的《谨赋律诗九韵奉赞法门寺真身宝塔碑》，碑文出自进士朱景佑之手，字体是行书，非常流畅飘逸，字体厚实。

明代书法最初流行台阁体，此体特别注意表现书法的形态美，表现为字形端庄雍容，笔法婉丽遒美，规范性强等特点。要求书法家必须具备娴熟的技艺，但又不得任意发挥，流露出较多的个性。《重修法门寺大乘殿记》碑，由国子监阎忠书写，碑文笔法不出台阁体之范围。《西蜀大洲居士书痴僧劝缘偈》碑文也能体现明代书法的这个时代特点。碑文匀称有加，却少了些生气。后弘治年间出现吴门书派，逐渐注重书法作者个人的个性发挥，文字才变得灵动一些了。

清代书法则多宗前代，清前期宗帖，中后期宗碑。各家的书法都很有特色：王铎行草浑雄恣肆，一时独步；刘墉的书法力厚思沉，筋摇脉聚；王文治的书法强调风神，秀丽飘逸，但缺少刘墉的魄力。此外，钱澧的颜体楷书丰腴厚润；伊秉绶擅长隶书，以颜书笔法体势作汉隶，魄力恢弘，有独特的风貌。扬州八怪中的郑板桥熔

真、草、篆、隶于一炉，自名为“六分半书”。陈鸿寿的隶书将篆隶相融，中敛外肆，意趣清新。清代书法在各种字体上都有很高的成就，所以，清代碑文的艺术水平较明代要出色很多。

尽管各代书法名家辈出，艺术造诣各有侧重，但就记载碑文而言，多使用楷书。这与楷书自身严正稳重的特点是分不开的，这是记叙文最适合的文字形式。

此外，还有宋代、明代的砖刻，也是很重要的研究法门寺的历史证物。但砖刻之文大都不是出自名家之笔，书法造诣上要比碑碣逊色很多，这里也就不作介绍了。

（四）佛教乐舞、佛像、武术

1. 佛教乐舞

不要认为寺院的生活就是青灯古佛的单调日子，其实，寺院亦不缺乏悦耳的音乐、动人的舞姿，即佛教为弘扬佛法举办的“无遮大会”。佛教音乐，即“梵呗之声”。有记载的中国第一位佛教音乐家是三国时的曹植，他创作了“鱼山梵呗”。东吴僧人支谦依《无量寿经》和《中本起经》创作了《赞菩萨连名梵呗》。康僧会也依双卷《泥洹》制《泥洹梵呗》。到了隋代，佛教音乐进入宫廷，属于当时“七部乐”“九部乐”中的“西凉钟”，包括《永世乐》《万世丰》《于阗佛曲》《天曲》等。唐代，宫廷设有“十部乐”，佛曲大盛，有《弥勒佛曲》《日光佛曲》《药师琉璃光佛曲》《龟兹佛曲》《观音佛曲》等二十六首。在一定场合下，佛曲还可以当做舞曲用，前面说的《天曲》中的《婆罗门》，就改编为《霓裳羽衣曲》，《龟兹佛曲》中的《浑脱舞》就被改编为公孙大娘的《剑器舞》。宋代，佛曲还和词等文学形式联系在一起，成为词的配乐。明代，明成祖朱棣御制佛曲，数量达四千五百首。佛教音乐分为三类，其中赞、颂、祝、礼、咒等用于做法事的音乐，和用于佛事活动的器乐音乐是最主要的两类，此外还有在民间广为流传的“杂曲”。佛乐使用的乐器主要有笙、管、笛，同时用木鱼、锣、鼓、铛、铙、钹等伴奏。佛乐最主要的特点是庄严、清正、和雅、澄澈、舒缓，具有很强的心灵净化作用。

与法门寺关系最为密切的是皇室奉迎舍利时的佛曲乐舞表演。据记载，懿宗咸通十四年迎接舍利时，就举办了盛大的无遮大会。四处张灯结彩，建设楼台殿阁，设置佛像，派乐队在上面鼓吹奏乐，让小孩子们穿得漂漂亮亮的，游戏其间。还装饰彩车，使歌儿舞女于车上演唱舞蹈。这种表演队伍，不仅仅有国家派出的，也有私人的，所谓“公私音乐，沸天烛地，绵亘数十里”，景象颇为壮观。

关于音乐方面，法门寺还有个“七音碑”的传说。说是在法门寺西的漆水河边住着个叫师况（这个名字倒和先秦时代的著名音乐家师旷相去不远）的少年，很有音乐天赋，自幼就喜欢唱歌，还能惟妙惟肖地学很多鸟兽虫鱼的叫声，用草叶、树叶也能吹出动听的声音。但他总是觉得遗憾，因为这么多美妙的声音却无法记录下来。有一天，他梦见自己跟着金凤凰游览了仙宫。在天庭里，他见到了七位正在表演歌舞的美丽仙女。这七位仙女各自演奏一种乐器，吹拉弹唱，舞姿翩翩，好不热闹迷人。师况看得出神，突发奇想——这仙女的身姿不是可以作记谱的象征，弹奏乐器的音律不是可以作乐谱吗？醒来后，他赶快记下了梦中所见所听，即 1、2、3、4、5、6、7，七个音调。更离奇的事情还在后面，师况披衣走入院中，忽然发现有几颗星星划过夜空，金光灿灿地坠入了漆水河。第二天，师况在漆水河中发现了一块有七个孔的长条陨石，用手敲打，石块就能发出美妙的音乐。师况慢慢从中体会出了音乐的基本规律，学会了乐谱的记载。人们为了纪念师况，就把漆水河改名叫七星河，那块陨石就叫做“七音碑”。后来，唐代大书法家褚遂良又在碑上写了《圣教序》，这块碑就更有传奇色彩和文化魅力了。

2. 佛像

佛教自从传入中国后，与中国传统文化相结合，逐渐创建了自己的神祇系统：第一是释迦牟尼佛祖，随后是菩萨，诸如文殊、普贤、地藏、弥勒、金刚手、观世音、除盖障、虚空藏等八大菩萨。其次是罗汉，所谓十八罗汉、五百罗汉等。还有护法，像夜叉、乾达婆、阿修罗、迦楼罗等“天龙八部”及伽蓝神等等。这就推动了佛像的发展，对中国的美术产生了极大的影响。在魏晋南北朝时

期，佛像雕塑成为中国雕塑的主流，产生了龙门、云冈等著名佛教石窟。东晋时更是出现了一批佛像美术家，如顾恺之、曹不兴、卫协这样的佛教画家。唐宋时期更是佛像雕塑的发达时期，产生了“吴带当风”的吴道子等著名的人物像画家。

法门寺的历代佛像主要有：周魏时期的千佛像、隋代的菩萨像、唐代懿宗、僖宗时代的鎏金珍珠装捧真身菩萨像、鎏金菩萨像、石刻南方天王、石刻东方天王、六臂观音等以及舍利宝函上雕刻的佛像，都是非常精美、带有大唐气象的珍贵艺术佳品。宋元时期留存下来的佛像较少，有记载的只有宋代的九子母像和观音像，虽然数量少，但也体现了宋代佛像艺术的特点之一——以菩萨像居多。明代的佛像，主要是重修的法门寺真身宝塔中的八十八座佛像，及万历等朝陆续建造的其他一些佛像。清代建造佛像较少，基本上处于对明代佛像进行维修的状态。

法门寺历代佛像，基本上都体现着当时最流行的造像艺术特色。如周魏的千佛碑，就体现着从十六国到北魏太武帝灭佛前的造像艺术特色，这段时间的佛像主要受印度佛像艺术和中国本土造像艺术的双重影响，更兼此时主要是北方游牧民族当权，佛像的塑造都带有鲜明的北方特色：造型都比较粗犷，佛像的面庞都比较丰满。佛像气势雄浑，神态安静内敛，气质稳重古朴。我们看到的千佛碑也基本如此，没有多余的粉饰，简单利落。南北朝时期的佛像，虽然不见记载，但根据当时佛教的繁盛情况看，数量应该不少。北朝虽然经过一阵“清瘦”的审美热潮，但后来依然转向“雄浑质朴、健壮威严”的特色。南朝却显示出很大区别，受当时崇尚清谈思想的影响，南朝佛像普遍都是清瘦的造型，气质上清雅娟秀，带有鲜明的南方风格。到了隋唐这样的造像盛世，佛像的风格就基本成熟了，唐代以丰硕为美，所以佛像都面庞圆润，显得端庄沉稳。而且佛像普遍都梳高髻，如鎏金珍珠装捧真身菩萨像就是这样，菩萨头戴花冠的特点也有所体现，这与当时女性流行的发饰是有密切关系的。唐代佛像都很“富态”，不仅在于他们造型雍容典雅，也在于佛像塑造得很健壮，这点在天王力士造像中体现得最明显。宋代佛像以写实为主，这表现在前代都是比较“苗条”的弥勒佛，在宋代就变成了如今所见的大肚弥勒了，带有世俗审美情趣，

亲切自然。宋代造像中菩萨像的艺术水品最高。辽、金两代，法门寺的佛像虽不可见，但史料对其佛像艺术特点均有记载，即二代继承了唐宋的佛像风格。表现在佛像造型虽不如唐代浑圆丰硕，但也不减健壮之姿。佛像的衣服给人的质感要强于前代，且佛像饰品如璎珞之类要比前代简洁。最鲜明的特色是发式和花冠，都带有少数民族的特色。明清佛像世俗化较宋代更进一步，神采较前代逊色许多。

3. 武术

这里对法门寺武术作一个简略的介绍，为的是让读者对法门寺的文化有一个比较全面的认识。都讲少林武术甲天下，可是法门寺作为名寺古刹，也不只是读经讲法的地方，法门寺也有武术。苏若兰的夫君窦滔在法门寺习武就是证明。法门寺著名的武术是红拳。

红拳是陕西最主要的武术流派，有着悠久的发展史。红拳的萌芽可以上溯到周秦时代，西周丰镐盛行“角力”舞。秦王嬴政战胜归来，命令武士“击髆拊髀”（跳拍打舞）以示庆贺，这成了红拳套路中的“放炮”和“十大响”的最初形式。红拳分为三大派：关东、关中、关西。关中红拳又有“小红拳”、“大红拳”、“二路红拳”、“太祖红拳”、“粉红拳”、“六趟”、“六架势”、“炮锤”、“四八锤”等内部流派。

唐代称红拳为“角抵”。据《扶风县志》的记载，唐代法门寺鼎盛一时，时有武僧近千人，皆以习练红拳为主。红拳经过在佛门的习练，逐渐融入了佛家精神。本来以拍打、撑斩为精髓的拳术与佛教以静、柔、韧为主的禅功相结合，创造出红拳的入门功法，即十大盘功：霸王举鼎、撑补势、力推泰山、千把攥、孤雁盘翅、却地龙、燕子噙泥、天王托塔、魁星提斗、朝天蹬。盘功是受禅功打坐功影响的产物，可以达到动以健身、静以修心的效果。红拳还成就了郭子仪、薛仁贵等唐代名将。

红拳的套路到了唐末宋初之时才基本定下来，这与宋代一个颇具传奇色彩的人物陈抟有密切关系。陈抟因为屡次科场失意，决定隐居，来到华山修道。在山上他经常遇见一个樵夫，两人渐渐熟了，樵夫不仅向他介绍华山的风土人情，还教他一套拳术用来健体防身。后来，因为陈抟跳出红尘，来此修道，却练习了红尘中的拳法，就把这套拳法叫做“红拳”，陈抟还曾把红拳传授给宋太祖赵匡胤。北宋末年的抗金名将岳飞也学过红拳。明代的戚继光还把红拳作为士兵训练的必修科目。而明末农民起义的领导者李自成更是把红拳加以改造，创立了一套“闯王拳”。红拳在清道光、咸丰年间达到了鼎盛阶段，出现了三原“鹞子”高三、临潼“黑虎”邢三及潼关“饿虎”苏三、“通背”李四四位高手。这四位精通红拳的大家使红拳发展得更为成熟了，他们共同研创了“四究拳”，使红拳形成了盘、法、势、理俱全的红拳体系。

玉泉寺

玉泉寺在中国佛教史上具有重要地位。隋朝时为天台宗祖庭之一，智者大师在此宣讲《法华玄义》《摩诃止观》，首创天台宗道场；唐为禅宗北宗祖庭，弘景、神秀、普寂、一行等高僧在寺创倡渐悟禅法；宋释道源、宋绶、宋祁编撰《景德传灯录》于此寺；张九龄、李白、白居易、孟浩然、元稹等历代文人墨客为之留下许多诗词、碑刻；中国关公文化也起源于此。

一、当阳玉泉寺

（一）地理环境

若至玉泉寺，先至玉泉山。玉泉山位于湖北当阳县西南15千米，以此山下有珍珠泉而得名。玉泉山气势磅礴，巍然壮观，宛如一艘巨船覆地，故又称覆船山。玉泉山以森林景观为基础、宗教文物为特色、三国遗迹为依托，融其他自然景观和人文景观于一体，是吟游采风、避暑休闲的绝佳去处。

玉泉山冬无严寒，夏无酷暑，年平均气温15.4℃，气候适宜，环境幽雅。境内有许多全国乃至世界独有或罕见的宗教建筑、文物古迹和历史遗迹，以及珍稀动、植物种，有大量历代名人留下的优美的诗文墨宝和许多世代相传的动人的神话传说，为文人墨客神往之处。

玉泉山山峦连绵，气势雄浑，林木毓秀，四季常青。古、大、珍、稀、特种树木颇多。有1200多年树龄，老少并株的唐代银杏；有花开千瓣且双蕊并存的千瓣莲（又称“并蒂莲”）；有“亭亭院中桂，每日独芬芳，密叶子层绿，花开万点黄”的月月桂；有似蛟龙盘旋昂首，似宝塔巍然屹立的百年九柳（枫杨）；有国家三级保护树种，号称湖北之最的二株紫茎（又名马凌光）；有树龄达70年的荷花玉兰；200余年的皂荚树、60厘米粗的冬青、24米高的黄连木，最大的一株卫茅已从灌木长成了乔木，还有古石榴、飞蛾槭、古圆柏、夜眠松等等。380多种花草树木，春天枝叶茂盛，花开遍野；夏天绿树成荫，凉爽宜人；秋时红黄交艳，层林尽染；冬季银装素裹，流溪雪香。同时，景区内还生长着众多的珍禽异兽。游人攀缘山径，远可听百鸟争鸣，林蝉高歌；近可见群兽嬉戏，林间觅食。

谈至此，不得不提明朝万历三十年，当时文坛上独树一帜的著名公安派“三袁”之一的袁宏道（中郎），当年，他与好友黄平倩同游玉泉时，写下的概揽玉泉山、玉泉寺胜景和传说的脍炙人

口的名诗《玉泉寺》。诗云：

蓝堆翠铺几千年，银浦何人也覆船。

龙伯徙来方辟地，蚕丝缘此遂登天。

红霞抹额将军拜，白石横烟幼妇眠。

闲与故人池上曲，摘将仙掌试清泉。

如前所述，玉泉山苍松古柏，处处杜鹃、石榴。堆蓝铺翠，四季荫浓。山中谷幽涧深，洞奇石怪；山下曲溪百折，泉珠喷涌。因山势而得“覆船山”名，周围清溪萦绕，所谓“银浦覆船”，说得十分美妙生动；又因山色“蓝堆翠铺”，又名“堆蓝山”；再有“清泉”可试“仙掌”，因泉状名，又称“玉泉山”，此山聚秀色佳趣于一体，因而素有“三楚名山”之称。

（二）发展历史

关于玉泉寺的历史，可以追溯到汉献帝建安年间（196—220）。据《三国演义》描述，关羽离开曹营后，带着刘备的两位夫人过汜水关时，汜水关守将卞善设计欲在镇国寺宴请关羽之时，击盏为号，杀害关羽。幸得寺中僧人普净告以密谋，关羽闻讯戒备，杀死卞善，得以脱难。关公走后，普净自忖难容于此处，便收拾衣钵，出游至玉泉山，接茅为庵，坐禅修道。后来，刘备为了感激普净救弟之情，为他修了一座庙宇，取名普净寺，即为玉泉寺的创建之始。当时为了纪念关羽，还在珍珠泉畔建了“显烈祠”。当然，这一说法毕竟是小说家之言，不足为信，在此说来，无非是一显玉泉寺渊源之深厚。其实据《玉泉志》记载，江西汜水关镇国寺长老普净禅师游历天下名山，见玉泉山山清水秀，便于山中的梅花井湾结茅为庵，此为玉泉山佛寺之始。

公元 528 年，梁武帝敕于覆船山造寺五座，建堂三所，至今寺南六里的庙坪村，仍留有覆船山寺的遗址。南朝天嘉三年（562），陈文帝敕修山中显烈祠，俗称小关庙。至隋朝，有一位大德高僧，名叫智者大师，俗家名陈道光，被尊为佛家天台宗实际创始人。592 年 12 月，智者大师由浙江天台经庐山回故乡荆州省亲，在覆船山北五里的金子山下创寺，隋文帝赐“一音”寺额，后移至覆船山东麓建寺，文帝改赐“玉泉”寺额。智者大师亲自组织了玉泉寺的修建，

并广开讲筵，一时学子云集，使玉泉寺享誉全国，而与浙江天台山国清寺、南京栖霞寺、山东长清灵岩寺并列为“天下丛林四绝”。智者大师在此阐发了他晚年比较成熟的佛学思想，并由弟子章安（灌顶）尊者整理成《法华玄义》、《摩诃止观》，与《法华文句》并称“天台三大部”。玉泉寺也因此成为中国佛教天台宗的一大祖庭。

唐高宗仪凤年间（676—679），禅宗五祖弘忍的大弟子神秀禅师从黄梅五祖寺来到当阳，在玉泉寺东七里建兰若，大开禅法，信众云集，二十余年间信徒数万，形成了与“南宗”六祖慧能相对应的“北宗”。久视元年（700），武则天遣天冠郎中张昌期前往玉泉山，恭迎神秀赴京，供养于内道场。唐中宗神龙二年（706），神秀圆寂于洛阳天宫寺，十月归葬玉泉山。

北宋景德年间（1004—1007），宋真宗赵恒的德妃刘氏，出资扩建玉泉寺，改额“景德禅林”。北宋天禧（1017—1021）末年再度扩建，使玉泉寺“为楼者九，为殿者十八，僧舍三千七百,星环云绕，为荆楚丛林之冠”。自南宋绍兴年间始，玉泉寺屡遭兵燹。据统计，南宋至清末,历代对玉泉寺共进行了十三次重修或补修。

（三）寺庙景观

玉泉寺山门是一座风格独特、气派浑厚的三圆门。山门中跨书有“三楚名山”四个大字，为已故佛教协会会长赵朴初所题。

玉泉寺原为十方古刹，十方即指东、西、南、北、东南、西南、东北、西北、上、下十个方位。但自明末开始，演变为“八堂十三家”。八堂分别指东禅堂、西禅堂、般若堂、观音堂、退居堂、藏经楼、圆通阁、小关庙，另加毗卢殿、大士阁、送子庵、大关庙、大云寺五家，合称十三家。其中以毗卢殿为十方丛林，设方丈一人，宗教活动统以毗卢殿为令，届时该殿钟鼓齐鸣，各自做早晚功课，经济上各家独立。玉泉寺现存弥勒殿、大雄宝殿、毗卢殿、韦驮殿、伽蓝殿、千光堂、大悲阁、十方堂、藏经阁、文殊楼、传灯楼、讲经台、般舟

堂、圆通阁等建筑。

进山门，过清溪桥，穿天王殿，便是玉泉寺的主体建筑大雄宝殿。大雄宝殿是玉泉寺的主体建筑，始建于隋初，鼎盛于唐宋，由于屡遭战乱，毁坏甚重。元初大修，元末又毁于战火，明成化年间修复，崇祯年间增建四周围廊，达到面阔九间，进深七间，占地1253平方米。整个建筑以72根楠木大立柱支撑，立柱周围达2.2米，为重檐歇山式。这种殿顶构成的殿宇平面呈矩形，面宽大于进深，前后两坡相交处是正脊，左右两坡有四条垂脊，分别交于正脊的一端。重檐庑殿顶，是在庑殿顶之下，又有短檐，四角各有一条短垂脊，共九脊。歇山顶亦叫九脊殿。除正脊、垂脊外，还有四条戗脊。正脊的前后两坡是整坡，左右两坡是半坡。重檐歇山顶的第二檐与庑殿顶的第二檐基本相同。整座建筑造型富丽堂皇，在等级上仅次于重檐庑殿顶。目前的古建筑中如天安门、太和门、保和殿、乾清宫等均为此种形式。古建筑中，歇山顶建筑是其中最基本，最常见的一种建筑形式。

大殿梁架斗拱用材硕大，天花藻井色彩斑斓。大殿规模宏大，结构严谨，外型雄伟壮观，整个建筑没有一颗铁钉，是湖北省现存的最大最古老的木结构建筑。殿侧有观音像，传为唐朝吴道子之笔。吴道子乃是中国古代第一大画家，其人被尊称为画圣，苏东坡在《书吴道子画后》一文中说："诗至于杜子美(杜甫)，文至于韩退之（韩愈)，书至于颜鲁公（颜真卿)，画至于吴道子，而古今之变，天下之能事尽矣!"吴道子之画，由此可见一斑。寺中观音画，虽然无法认定其确为吴道子所做，但可见此画也并非凡品。

殿前置有隋朝大业年间所铸铁镬，除口沿稍有缺损外，基本保存完好，原为玉泉寺"镇山八宝"之一。镬通高87.5厘米、口径157厘米、腹深60厘米、最大腹围413厘米。底部由四个裸体力士顶托，腹上有凸出弦纹三道，在上部两道弦纹之间，阳刻铭文四十四字："隋大业十一年岁次乙亥十一月十八日当阳县治下李慧达建造镬一口用铁今秤三千斤，永充玉泉道场供养。""大业"是隋炀帝的年号，"十一年"即公元615年，距今已有1395年。此外，寺内另存元代铁釜、铁钟，及明清的鼎、炉等大型铁质文物十余件，均十分珍贵。

寺内并蒂莲、古银杏、月月桂被称为玉泉寺三宝。殿前平排有两个荷花池，

池内满育着名贵的并蒂莲。莲花和菩提树、娑罗树、龙脑香一起，列为佛教的四大圣树。传说这里的并蒂莲原产浙江舟山群岛，隋朝开皇年间，寺中有位白意长老，到普陀进香朝拜时带回一支，种在玉泉寺池内，现在的并蒂莲就是它繁衍的后代，已在寺中生长繁衍了 1400 余年。六月开花，八月始盛，其花颜色由外向里逐渐加深，心部转为胭脂色，娇艳无比。这并不是结莲子的荷花，它并没有雄蕊和雌蕊，是纯粹的观赏性植物。有一个花轴的，有一个花轴分为两个或三个分支的，花瓣一般多达 350 瓣，花的直径 23 厘米。也有分成三支的，花瓣一般多达七百多瓣，花的直径 18 厘米。

袁宏道诗首句："蓝堆翠扑几千年"，今虽然难以考证；不过，般舟堂右侧一棵四人合抱的唐代银杏树，高十余丈，时逾千年，仍然奋力生长，枝叶繁盛茂密，亭亭如盖，倒可作为袁诗之一佐证。在般舟堂院内，有两棵桂花树，枝繁叶茂，"叶似碧玉花如金，异香扑鼻醉人心"。这是世上稀有的"月月桂"，除了最热和最冷的两个月外，一年四季总是金花满枝，浓香四溢。

说起植物，玉泉寺还有一桩为人津津乐道的事，就是品赏玉泉茶。古时，玉泉山乳窟洞的溪水畔，茗草罗生，叶如碧玉，其形状如掌，制作的茶叶被称作"仙人掌茶"。此茶清香滑熟，饮之能还童振枯。早在 1000 多年前，陆羽就将玉泉茶列为仅次峡州（今湖北宜都）茶的名茶。"摘将仙掌试清泉"，玉泉煮新茶，堪称茶事双绝，不可多得。

沿大雄宝殿右侧的台阶拾级而上，便是毗卢殿。过去这里是方丈居住的地方，现在用于展览当阳出土文物，陈列其中的是新石器时代的石斧、石凿和牛、马、鹿、东方剑齿象等动物化石，还有近年出土的楚国早期的铁器、陶器等。宝物在侧，古树参天，莲花竞放，月桂飘香。身在古寺幽境之间，大有出尘脱世之感。

千姿百态的中国古塔反映了中国古代劳动人民高超的建筑工程技术和建筑艺术成就，是我国人文历史资源宝库中璀璨的明珠。在玉泉寺东的一座土丘上，立有北宋嘉祐六年（1061）所铸铁塔一座，八角十三层，高 18 米，本名"佛牙舍利塔"，俗称"棱金铁塔"，塔身乌黑发亮，直插云霄。该塔与陕西大雁塔、楼观塔、报本寺塔、广西的归龙塔、

江苏的聚沙塔和青龙塔齐名。此塔是我国现存最高、最重、保存最完整的铁塔。其用铁“十万六千六百斤”，为仿木构八面楼阁式造型，双层弥座，每座都有平座和腰檐。平座之上，四门对开，隔层相错。二层南、北、东、西四面铸有铭文1397字，分别记载塔名、塔重、铸造年代，工匠及功德主姓名和有关事迹，铭文中著有“皇宋嘉祐六年辛丑岁八月十五日”是铁塔铸制年代最为可信的证据。每层每边嵌有佛像，或坐、或立、或骑象、或乘狮。佛旁有侍从，门边有卫士，并铸有海山、水波、海藻等纹样，布局严谨。铁塔在角梁飞檐前端铸出凌空龙头，用以悬挂风铎。据说，当年龙口上都有风铃，微风吹来，叮叮当当，悠扬悦耳，可闻书里。整个铁塔由四部分组成，分别为：地宫、塔基、塔身、塔刹。地宫为六角竖井，用特制青砖砌成，内置汉白玉须弥座，座上置三重石函，函内奉有舍利，塔基、塔身均为铁铸，塔基铸有山峰、大海及八仙过海、二龙戏珠的图案和纹饰。座上八面各铸有顶塔力士，全身甲胄，脚踏仙山托顶塔座，体态雄健，威猛异常。塔体另铸有佛像2279尊，故民间又称之为“千佛塔”。塔刹为铜制，形状如宝葫芦。铁塔的铸成方法是雕模制范翻铸而成，分层铸制，没有焊接，每段均为扣接安装。虽为铁铸，却千年不锈，为古今一奇。

铁塔外形轮廓纤巧玲珑，挺拔秀丽，颇似一根挥向蓝天的巨鞭。如果你仔细观察，就会发现塔身向北微微倾斜，这并非施工失误所致，恰恰相反，这种倾斜正是古人的独具匠心之处。原来，为了抵御冬季北风对铁塔的冲击和影响，建造者特意将塔的上半身微向北倾斜1.5度，千百年来，任凭风吹雨打，铁塔岿然屹立，不愧为古代建筑与冶炼技术史上的杰出之作。而普通百姓对于工匠们的良苦用心并不了解，伴随着塔顶的倾斜，编制了一个美丽的神话传说：很久以前，长江三峡中有一条恶龙，常常兴风作浪，吞食人畜，毁坏农田。南海观世音菩萨知道以后，特地赶到苏州制造了一座铁塔，然后驾着祥云，连夜启程，准备在天亮之前，将铁塔搬到三峡边上镇邪降妖。当观世音菩萨手托铁塔经过玉泉山时，天快亮了。这里的土地公公也想用观世音菩萨手中的铁塔来镇山，便学着公鸡的叫声，喔喔几声唱啼，观世音菩萨一听着急了，只好赶紧将手中的铁塔放在玉泉山上，匆忙之中，将塔顶放歪了。

唐代诗人张九龄写诗赞道："万木柔可结，千花欲敷然；松间鸣好鸟，竹下流清泉；石壁开精舍，金光照法筵。"而铁塔像山顶上的一颗明珠，每当夕阳照射在塔身上，铁塔的棱棱角角宛若披上一层金箔，紫气金霞，交相辉映，形成"铁塔棱金"的奇观。如果此时有风吹来，风吹铎响，更添几分情趣。明代文人袁中郎曾赞叹道："丛林忽涌中流地，铁塔曾擎半壁天。"

寺北山下有我国三大著名间歇泉之一的珍珠泉，此泉游人如傍岸静观，则池清水净，珠沫缓吐；若跺石击掌，则泉水沸涌，蔚为壮观，正所谓"清泉珠错落，泉沸珠盘旋"，"游人一击掌，迭迭如贯珠"。相传建安二十四年（219），关羽大意失荆州，败走麦城，被吕蒙所害。关公死后阴魂不散，悠悠飘到玉泉山，大呼三声"还吾头来！"被普净法师所劝。关羽所骑的赤兔马也悲愤不已，四蹄击土，趵出大坑，泉水涌出，关羽心如刀绞，泪如雨下，滴到水里如串串珍珠，就形成了珍珠泉，又称跑马泉。该泉现位于玉泉寺左侧的翠寒山下，泉水中冒出一串串水泡，恰似珍珠一般，水质青碧如玉。泉水冬暖夏凉，水温常年保持在 18℃到 20℃之间。宋代苏东坡题为"漱玉喷珠"，明代袁宏道称为"珠泉跳玉"。

除此之外，另两大间歇泉分别是在湖北省咸宁市九宫山景区的三潮泉，和在西藏雅鲁藏布江上游的搭各加地的间歇泉。其中三潮泉位于当地隐水洞旁的三潮泉村，村名也因间歇泉而得名。泉水一日涌流三潮，涌潮时，泉水奔涌而出，哗哗呼吼，白浪翻滚，如珍珠奔涌，历时三四十分钟左右，潮过后寂静断流，数百年来日日如此。西藏间歇泉的泉水涓涓流淌，在一系列短促的停歇和喷发之后，随着一阵震人心魄的巨大响声，高温水汽突然冲出泉口,即刻扩展成直径 2 米以上、高达 20 米的水柱，柱顶的蒸汽团继续翻滚腾跃，直冲蓝天，喷了几分钟或几十分钟之后就自动停止，隔一段时间才再次喷发。间歇泉即是因它喷喷停停、停停喷喷而得名。

科学家经过考察指出，适宜的地质构造和充足的地下水源是形成间歇泉最根本的因素，此外，还要有一些特殊的条件：首先，间歇泉必须具有能源，地壳运动比较活跃地区的炽热的岩浆活动是间歇泉的能源，因而它只能位于地表稍浅

的地区。其次，要形成间歇性的喷发，它还要有一套复杂的供水系统来连接一条深泉水通道。在通道最下部，地下水被炽热的岩浆烤热，但在通道上部，泉水在高压水柱的压力下又不能自由翻滚沸腾。同时，由于通道狭窄，泉水也不能随意上下对流。这样，通道下面的水在不断地加热中积蓄能量，当水道上部水的压力小于水柱底部的蒸气压力时，通道中的水被地下高压、高温的热气和热水顶出地表，造成强大的喷发。喷发后，压力减低，水温下降，喷发因而暂停，为下一次新的喷发积蓄能量。

科学家虽已揭开了间歇泉的神秘面纱，但人们仍为它雄伟而瑰丽的喷发景观所倾倒。

在珍珠泉右山麓，竖立着一座一丈高的石望表，柱顶蹲着一双昂首仰天的石兽，正面刻着“汉云长显圣处”。背后款为：“万历丙辰岁孟秋月吉旦建立”，即明神宗万历四十四年（1616）所立。

（四）玉泉寺的教派

被誉为“荆州丛林之冠”的玉泉寺在中国佛教史上有着极为重要的地位和影响。它既是中国第一个佛教宗派天台宗的祖庭之一，又是禅宗北宗的祖庭，所谓“一寺而兼两祖庭”。此外玉泉寺还与其他佛教宗派如律宗、净土宗、禅宗南宗等也有着极为密切的关系。隋唐之时，玉泉寺高僧辈出，国师云集，诸宗竞秀，蔚为大观，是当时全国的佛教中心之一。

述及玉泉寺之教派，不得不先概述一番我国佛教之状况。佛教发源于印度，传到中国后与中国的传统文化互相影响、吸收，发展为中国的民族宗教之一，成为中国文化的重要组成部分，对中国古代社会历史，对哲学、文学、艺术等其他文化形态，都产生了深远的多方面的影响。

佛教在中国的发展，历史上可分为两个阶段。一是吸收阶段，从东汉到魏晋南北朝，一直到隋唐这七八百年的时间。在这一时期内，中国基本上都是在吸收印度传来的佛教文化，绝大多数的佛教经典，就是在这一时期翻译过来的。第二阶段是佛教中国化的阶段。隋唐以来，天台、华严，特别是禅宗的形成和

发展，表明佛教在中国已具有特色，逐渐走上独立发展的道路，成为中华民族文化的重要组成部分。

佛教在周朝时已经陆陆续续传过来，但并非正式的，后国家派了使节到西域去迎请，礼请过来，这是正式的，从后汉永平十年（67）起，在中国已经有1900多年历史，并于当时的都城洛阳建立了第一个官办寺庙——白马寺。

魏晋南北朝时代佛教逐渐在民间流传开来，另外还有其他的一些印度佛教派别也来到了中国，如禅宗祖师菩提达摩就是这个时期来到中国的。达摩在嵩山少林寺隐居面壁九年的故事在中国广泛流传。

到了唐代（618—907），印度的佛教已经发展了几百年，出现了多种派别。在唐代中国佛教的一件大事就是，妇孺皆知的《西游记》中的唐僧——玄奘大师不远万里去印度取经。他回国后，唐太宗非常重视，安排了数千人参加玄奘大师的佛经翻译工作。因玄奘大师的弘扬，使印度后期佛教哲学和大、小乘佛教的经典，在中国得到广泛传播。

自17世纪中叶，佛教虽然仍被敬信，但是清廷为了笼络蒙藏地区边疆民族的关系，对密教的佛法尤为尊崇，此自元朝以来，已经相沿成习，成为国家政策的一贯传统。内地的佛教自雍正以后，禅宗一派在丛林制度的庇荫下，其法统的传承有形式的保留，但实际上已是一蹶不振，只有净土一宗还能保持昔日的阵容，普遍流传于民间社会。此外，如天台一宗，也是若隐若现。华严、唯识等宗，大多已名实不符，附和于禅宗、天台、净土三宗之间。这是当时佛教的一般概况。

在教派方面，中国佛教是由汉语系佛教（亦称大乘佛教）、巴利语系佛教亦称南传上座部佛教（俗称小乘佛教）、藏语系佛教亦称喇嘛教三部派组成的。其中，南传上座部佛教在全国仅云南独有。从隋唐开始，中国佛教有了宗派。当时印度佛教中的“大乘和小乘”两大流派，都曾在我国流行过（现在云南的傣族地区信奉小乘佛教，其他地区信奉大乘佛教），佛学传入东土，被炎黄子孙接受和研究，由于有各自的理解和悟性，从而形成了中国特有的许多佛教宗派，主要有：三论宗（又名法性宗）、瑜伽宗（又名法相宗）、天台宗、化严宗（又名贤道宗）、禅宗、净土

宗、律宗、密宗等八大宗派（都属于大乘佛教）。

玉泉寺最早为天台宗祖庭之一，智者大师在此宣讲《法华玄义》《摩诃止观》，首创天台宗道场。天台宗为汉传佛教大乘教分支，因其创始人智头常驻浙江天台山说法，故而得名，天台宗是汉传佛教最早创立的教派（始于6世纪中叶），并于9世纪传到日本。其教众称其有九祖，分别是：龙树、慧文、慧思、智顗、灌顶、智威、慧威、玄朗、湛然。也有以智头为初祖的，智顗又称智者禅师、慧思之徒，是天台宗实际创始人，天台宗继承中国南方的禅观，尊奉《妙法莲华经》，所以也称为法华宗。在汉传大乘教的教派中，有些教派偏重于教义理论的发挥，有些则偏重观行实践的进取，天台宗讲究的是将“教观”两者共同发挥并融为一体，主要思想是实相和止观，以实相阐明理论，用止观指导实修。天台宗“一心三观”的理论，即：一切事物均由缘而生，没有不变的实体，是为观空；虽然如此，一切事物又都有自己的相貌，是为观假；然而空与假是统一的，是为观中。又有“一念三千”之说：世上有三千种世间，三千种世间都出自一念心中。能将这些都领会了，那么就能达到顿断三惑、圆证三智的境界了。天台宗宗旨为《妙法莲华经》，指南为《法华玄义》《法华文句》及《大智度论》，观法是《大般若经》，扶疏为《大般涅槃经》。9世纪初，日本僧人最澄将此宗传到日本。该宗虽几经兴衰，但仍延续至今。

隋唐之时形成的诸多佛教宗派中，对后世影响最大的无疑是禅宗。所谓禅宗，也是汉传佛教大乘教派的一支，成宗较晚，但在中晚唐之后成为汉传佛教的主流。是汉传佛教中影响最广、时间最长的宗派，并流传到朝鲜，日本等地。禅宗最早创于印度，初祖即是佛陀（释迦牟尼），在印度传至第二十八祖菩提达摩时，达摩师祖奉师命来中国弘法，成为中国禅宗初祖。禅宗自四祖道信、五祖弘忍开“东山法门”后，信仰者日众。弘忍门下“堪为人师”者皆分头弘法，禅者足迹遍布大江南北。随着因人因地而传的禅法的差异，各家争法统、争正宗的斗争日趋激烈，禅宗由此分为北宗和南宗两大宗派。据南宗的经典《坛经》记载“时祖师（慧能）据曹溪宝林，神秀大师在荆南玉泉寺。于是两宗分化，人皆称‘南能北秀’。”南宗以宝林寺为祖庭，北宗就以玉泉寺为祖庭。在争禅

宗法统的斗争中，两宗门下相互攻讦，甚至发展到“相见如仇雠”、“相敌如楚汉”的地步。开始时北盛南弱，神秀及其弟子在以长安和洛阳两个政治、文化中心为主的地区备受尊崇，南宗只在两广一带传播。在神秀和慧能都去世后，北宗因后传无人，在唐开元二年（730）洛阳明定南北总是非大会上为南宗所败，南宗遂为禅宗的正统，南宗创始人慧能被尊为禅宗第六祖，北宗从此衰落，至唐末消亡。神秀更是在《坛经》中被矮化和丑化，直到近代在敦煌文献中发现了许多北宗的材料，北宗在唐代曾盛极一时的事实才被人们认可并重视。北宗对佛教“戒、定、慧”解释为：“诸恶莫作名为戒，诸善奉行名为慧，自净其意名为定。”北宗较有影响的高僧有：弘景，神秀，普寂，一行等。

隋唐之时的玉泉寺不仅是天台宗和禅宗北宗的祖庭，而且与佛教其他宗派也都有着极密切的联系。如与神秀同时的恒景，当阳人，《宋高僧传》有传。他先在当阳玉泉寺出家，习天台宗，是灌顶的再传弟子，后又追随律宗创立者道宣及弟子文纲学习律宗，他在当时的声望也很高，屡受朝廷的召见，是唐中宗的受戒师，东渡日本传法的律宗大师鉴真也是他的弟子。他的弟子中比较著名的还有兰若和尚惠真，兼习天台宗和律宗，声名卓著。惠真的弟子众多，他的再传弟子中有唐代著名的诗僧皎然以及净土宗的开创者法照，法照在唐代宗时也是国师。而著名的天文学家一行，则既是北宗神秀一系普寂的弟子，又从天台宗惠真问学，和玉泉寺关系匪浅。而后来成为禅宗主流的南宗，与玉泉寺的关系也很紧密。惠能的弟子中间，荷泽神会就是先在玉泉寺从神秀习禅，神秀进京以后，神会又转投惠能门下，在南北宗为争夺禅宗法统的激烈斗争中，神会为弘扬南宗立下了大功，可以说是南宗最后取代北宗成为禅宗正统的关键人物。而惠能的另一位重要弟子南岳怀让，则是 15 岁到玉泉寺以恒景为师出家，跟他学习戒律 8 年，并在玉泉寺受具足戒，后来因想寻求思悟佛理的法门，转投惠能门下。南岳怀让的弟子马祖道一是禅宗史上的著名人物，后世从他的法系形成临济宗和沩仰宗。由此可见，当阳玉泉寺在隋唐之时不愧为全国的佛教中心之一，在中国佛教史上有着极其重要的地位和影响。

（五）高僧传

当阳玉泉寺立寺千年，在佛教寺院中有重要的地位，其原因之一就是这里出现了很多有影响力的

高僧。比较著名的有，普净，智者大师，法瑱，神秀，恒景，斋已，普寂，一行，幕容，务本，广铸等。

普净

普净为东汉末年人，原为沂水关镇国寺方丈。后云游天下，至当阳玉泉山见这里山清水秀，遂于山中结草为庵，坐禅修道，玉泉山由此与佛结缘。但普净更广为人知的事迹是其在沂水镇国寺时，提醒关羽，使其免遭沂水守将卞喜暗算，帮助关羽完成了过五关、斩六将、千里走单骑的惊世壮举。关羽遇害后，又是普净将其点化，使其立地成佛，今佛教中的伽蓝神即为关云长，可以说没有普净就没有关羽后来的荣耀，没有普净，今天的佛教中也就没有那威风凛凛的右护法天尊了。

智者大师

智者大师即是智顗，是我国陈、隋之际的著名佛教领袖和佛学思想家，被天台宗人尊为四祖（中国佛教天台宗高推龙树为初祖，以慧文、慧思为二祖、三祖），实际上是中国佛教天台宗的真正创始人，所以常被称为天台智者大师。

智者大师生于531年，本姓陈，字德安，荆州华容人。18岁出家，初投湘州（今湖南长沙）果愿寺沙门法绪，23岁前往光州（今河南光山）大苏山从慧思禅师受业，慧思兼重“定”“慧”，融合南北学风，是日后智顗“止观双修”思想的根源。30岁前往金陵瓦官寺，讲《大智度论》及《法华经》，极受陈朝僧俗敬重。38岁前往浙江天台山，一住十年，潜心习禅传道，后又在陈后主的邀请下回到金陵，完成被称为天台三大部的《法华文句》。隋朝两帝对智□也极为优待。当时的晋王杨广力邀智顗至扬州，并为杨广受菩萨戒，由此获得智者大师的称号。隋文帝开皇十二年（592），智者大师坚请回荆州报答地恩，于当阳玉泉山建造寺庙，隋文帝敕赐寺额为“玉泉寺”，作为弘法道场。在玉泉寺，智者大师讲解了天台三大部的《法华玄义》和《摩诃止观》，由弟子章安大师灌顶记录成书，由数千僧俗听其讲解，从其学禅者也有三百多人。智者大师在玉泉寺仅仅呆了两年，一方面由于地方官虑其聚众对其进行干预，另一方面晋王杨广一再敦请，就又回到金陵。隋文帝开皇十六年又归天台山，次年卒，享年60岁。开皇十八年，杨广为智者大师建天台寺于天台山，大业六年（605）改

名国清寺。

智者大师在中国佛教史上最大的功绩就在于他创立了中国佛教史上的第一个宗派——天台宗。天台宗的创立，适应了全国统一的政治要求和佛教发展的趋势，是在统一南北佛教的基础上结合本土思想而建立起来的中国化的佛教宗派，它对佛教的各类经典和教义进行了折衷，对南北两地形成的不同学风进行了调和，并对中印两种不同的思想学说加以融通。天台宗的创立，也标志着佛教“中国化”进程的完成，从而也标志着中国佛教已经达到了它的成熟阶段。同时，天台宗的创立，也开创了中国宗派佛教的创建风气，其后华严宗、禅宗、密宗、唯识宗、净土宗等也接踵而建。尤其是智者大师为天台宗确立的止观并重、定慧双修的最高修行原则，更为各宗派所奉行。《佛祖统记》卷七载:“智者破斥南北之后，百余年间，学佛之士，莫不自谓双弘定慧，圆照一乘。”智者大师不愧为中国佛教史上的一代宗师。智者大师长期在浙江天台山修行弘法，天台宗由此而得名，浙江天台国清寺（原天台寺）更被海内外认作天台宗的祖庭。但当阳玉泉寺无疑也是天台宗的祖庭之一，这不仅是因为它是由智者大师亲手创建的，还因为智者大师虽然在此时间不长，但却在此讲述了他对于《法华经》的成熟理解，完成了《法华玄义》和《摩诃止观》两书，这标志着智者大师已经构建起一套完整的、独树一帜的理论体系，天台宗也得以形成。天台宗的基本思想如“三谛圆融”“五时八教”“一心三观”“一念三千”等都是在这两部书中提出来的。或者可以说,智者大师的天台宗思想体系,是在浙江天台山修行思考的，在玉泉寺成熟宣讲的，玉泉寺见证了一代宗师的成熟思考。不仅如此，智者大师在玉泉寺的弘法传道，播下的智慧法种生根发芽，世代相传。玉泉寺在唐代一直是天台宗的一大重镇，与浙江天台国清寺一东一西，遥相呼应，为天台宗的发展作出了巨大贡献。

神秀

神秀是唐代高僧，为禅宗五祖弘忍弟子，北宗禅创始人。俗姓李，汴州尉氏（今属河南）人。少习经史，博学多闻。50岁时，到蕲州双峰山东山寺（在湖北黄梅县东北）谒禅宗五祖弘忍求法，后出家受具足戒。曾从事打柴汲水等杂役六年。弘忍深为器重，称其为“悬解圆照第一”、“神秀上座”，令为

“教授师”。相传弘忍为付衣法，命弟子们各作一偈以呈，神秀作偈云：“身是菩提树，心如明镜台，时时勤拂拭，莫使惹尘埃。”弘忍认为未见本性，未付衣法。弘忍死后，他在江陵当阳山（今湖北当阳县东南）玉泉寺，大开禅法，声名远播。四海僧俗闻风而至，声誉甚高。武则天闻其盛名，于久视元年（700）遣使迎至洛阳，后召到长安内道场，时年九十余岁。其深得武则天敬重，命于当阳山置度门寺，于尉氏置报恩寺，以旌其德。中宗即位，更加礼重。中书令张说也向他问法，执弟子礼。神龙二年（706）在天宫寺逝世，中宗赐谥“大通禅师”。弟子普寂、义福（行思）继续阐扬其宗风，盛极一时，时人称之为“两京法主，三帝门师”，两京之间几皆宗神秀。后世称其法系为北宗禅。神秀的根本思想，可以从他作的示众偈看出：“一切佛法，自心本有；将心外求，舍父逃走。”（《景德传灯录》卷四）他继承道信以来的东山法门，以“心体清净，体与佛同”立说。因此，他把“坐禅习定”、“住心看净”作为一种观行方便。后惠能弟子神会出来论定南北宗优劣，以神秀之禅由方便入为渐门，以惠能禅直指人心为顿门，于是有南顿北渐之分。北宗禅仅传数代即衰，普寂弟子道璇曾将北宗禅传往日本。

神秀继承了道信、弘忍以心为宗的传统。认为“一切佛法，自心本有”，反对“将心外求”。禅风以“拂尘看净，方便通经”为特点。其门下传有他所作的《大乘五方便》（一作《北宗五方便门》，又作《大乘无生方便门》），晚近在敦煌石窟发现它的写本（巴黎图书馆藏有两本）。另有《观心论》一卷残本，亦于敦煌发现。

普寂

普寂是唐时僧人。本姓冯，蒲州河东（今山西永济西）人。幼年即修学经律，后到荆州玉泉寺师事神秀六年。神秀被召赴洛阳，代师统其僧众。开元初，往中岳嵩阳寺阐扬禅法。后被召到长安，王公大臣竞来礼谒。卒年 89，谥“大慧禅师”。

一行

玉泉寺最有名且对社会发展贡献最大的高僧当数一行。一行俗名张遂，唐

代人，生于河南南乐县（一说河北巨鹿），自幼勤奋好学，年青时代即以知识渊博，精通天文、历法出名。他曾写出阐释杨雄《太玄》的专著而声名大振，显贵武三思有意与他结交，张遂顾虑其名声不好，又不敢得罪武三思，于是逃走，后出家，法名一行。一行出家后，云游天下，遍访名师，先后在嵩山、天台山、玉泉山学习佛教经典和天文数学，曾翻译过多种印度佛经，并成为佛教一派——密宗的领袖。

一行在佛学上有很高的造诣，但他最大的成就却是来自他在科学技术方面的成功。唐开元五年（717），一行奉唐玄宗之召，从当阳玉泉寺到长安，在长安生活了十年，主要致力于天文研究和历法改革，并取得了巨大成就。

开元九年（721），唐玄宗命一行主持修订新历法，为此做准备，他与梁令瓒合作制造了铜制黄道游仪，水运浑天仪等大型天文观测，演示仪器为新历法的修订提供了必要的物质技术条件。黄道游仪是用来观测日、月、星辰位置和运行的天文仪器。水运浑天仪用水力驱动，能够模仿天体运动，一行所制造的水运浑天仪能有规律地演示出日、月、星辰的运转，比汉代张衡所制的水运浑象更精密、复杂。最为奇妙的是水运浑天仪上还有两个木人，由齿轮带动，木人前面设有钟鼓，每一刻（我国古代把一昼夜分为一百刻）自动击鼓，每一辰（一昼夜为十二辰）自动撞钟。可以说它是现代机械钟表之祖，比西方钟表的出现早了600多年。仪器制成后，一行在开元十二年（725）发起并组织了一次大规模的天文测量活动，这次活动在全国设立了12个观测站，获得了大量数据，用这些数据，一行绘制了24幅《覆矩图》，并计算出了子午线的长度，这是世界上第一次子午线实测，比外国早了90年。一行利用黄道游仪和水运浑天仪重新测定了一百五十多颗恒星的位置，发现了恒星的运动现象，得到了恒星是运动的结论，这样就纠正了古人恒星永世不动的错误观点，比英国天文学家哈雷发现恒星运动要早了一千多年。

开元十五年（727）一行历时两年完成了《大衍历》二十卷初稿，可惜就在这一年，他与世长辞。在《大衍历》中，一行纠正了过去历法把全年均分为二十四个气节的错误，是我国历法上的一次重大改革和进步。《大衍历》的贡献还在于比较正确地掌握了太阳在黄道上运行速度变化的规律。一行还创造了不等间距的二次内插法公式，在天文学计算上有着重要意义，对于数学发展史也有一定影响。一行除了编有《大衍历》外，还著有《开元大衍历》，《七政长历》，《易论》，《心机算术》，《宿曜仪轨》，《北斗七星护摩法》，《七曜星辰别行法》等。

一行不但是开宗立派的得道高僧，更是一位在天文、历法、仪器制造和数学上都有很大贡献的科学家，在我国科学技术发展史上有着重要地位。一行去世后，唐玄宗亲自撰写塔铭，谥封一行为“大慧禅师”，今人为了纪念他，将编号 1972 的小行星命名为“一行小行星”。

（六）典故传说

玉泉寺位于当阳，当阳是三国古战场，有关三国的传说极多，最著名的就是关云长了。在中国，说到关公，可谓家喻户晓，然而这些都应归功于玉泉寺。在这里就简要选择几个广为传颂的故事，与读者分享，从另一角度，去领略当阳玉泉寺那份古老的历史、那份悠远的文化、那份迷人的神秘。

关于覆船山名的传说

大凡佛家重地，自然典故传说极多，有人说玉泉山（覆船山）本是观音乘坐的仙舟，因与虾精大战而翻覆在此。又说山下珍珠泉是关羽赤兔马的眼泪化成的，不远处的大石头就是赤兔马。还说寺中放生池里的青蛙因为听差了话，将观音菩萨说的“一时不叫”听成“一世不叫”，从此不叫。还有“取木井”的故事，这一故事在全国许多大寺院都有，内容几近雷同。前些年有一部电视剧《济公》即有对此故事的描写，只不过玉泉寺取木井的主角是鲁班，电视剧的主角是癫和尚。

还有传说这里以前是一片汪洋，一仙姑乘一只装满五谷杂粮的大船外出投亲，遇大风，发乱，仙姑搬梳妆盒，拿出木梳梳妆，不料，木梳滑入水中，仙姑到船旁侧身打捞，海水颠簸，船覆，亿年过去，覆船成山。玉泉山下的溪水边，还有一个五谷洞，传说就是那船积下的粮食。

歪嘴土地公公

离玉泉寺不远的朝阳湖畔有座土地庙，庙里有一尊青石刻的土地公公，可这位土地公公的模样与别处的不同，是个歪嘴公公，谁能有这么大的胆子，把土地公公的嘴都弄歪了？说起来，这就和玉泉寺前的铁塔有关了。这位土地公公自己演了一出古代版半夜鸡叫，他捉弄的，竟是法力无边的观音菩萨。

相传，玉泉寺前的铁塔是在平江府（今苏州市）铸造的，是为了放到长江西陵峡口镇压洪水的，安放地点的名字都取好了，叫“小溪塔”，意思是安放了铁塔，长江就会像小溪一样温顺，不再发大水了。铁塔如期造好了，人们才发了愁，你想这铁塔高八丈有余，重十万多斤，平江距宜昌千里之遥，以凡人之力如何能运到？后来观音菩萨在天上知道了，就在一天夜里来到平江府，用一把雨伞挑上铁塔，架起祥云往宜昌送。“上界神仙一动，下界土地皆知”，别的土地知道了，也没什么，单单玉泉山的这位土地公公起了私心：这铁塔可是个宝贝呀，怎么着才能让它留在我这呀？别看土地公公白胡子都一大把了，可他精着呢，他知道观音菩萨做好事不愿让人发现，就心生一计，躲在观音菩萨必经之处等着。再说这观音菩萨正赶路，突然听到几声鸡叫，心想不好，天要亮了，我做这事可不能让凡人看到，先找个地方放放再说吧。她朝下一看，见不远处有座山，十分清秀，山中有座寺院，也颇有仙气，观音菩萨就把铁塔往寺前一放，放歪了，她正要去扶，心里突然一动：不对，现在应该是半夜，哪来的鸡叫呢？于是她又要去挑铁塔，这时土地公公出现了，观音菩萨一看，什么都明白了，心里很生气，就不轻不重地给了土地公公一巴掌。这一下可不得了，你想，观音菩萨能挑起十万斤重的铁塔腾云驾雾，那力气多大呀，她不轻不重的巴掌谁能受得了？于是这土地公公的嘴巴就歪了，到现在还没好，观音菩萨也不再管铁塔的事了，铁塔从此便留在了玉泉寺，还有点斜。小溪塔到现在也没有塔，只落下个空名。

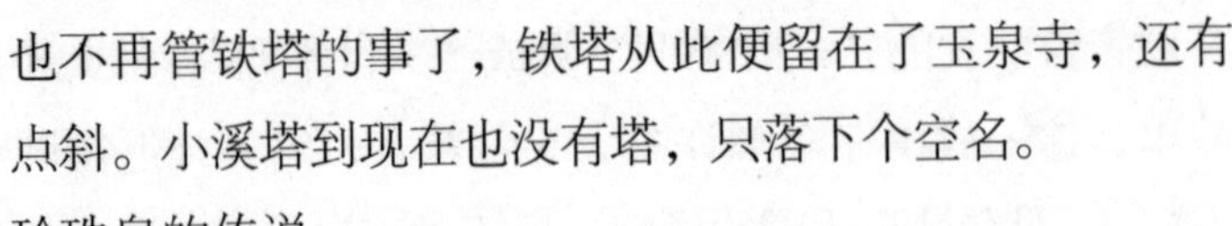

珍珠泉的传说

珍珠泉位于当阳玉泉寺北侧山下，相传过去这里是一条大河，有一次玉皇大帝为了给王母娘娘做寿，命太白金星从东海龙王处运送一船珍珠路过此处，当时船上的水手告诉太白金星：此处多暗礁，请绕道而行。可是太白金星把水手的话听差了，回答说：龙王家族兴旺，河中自然多蛟（礁），结果大船撞在暗礁上翻了，珍珠落

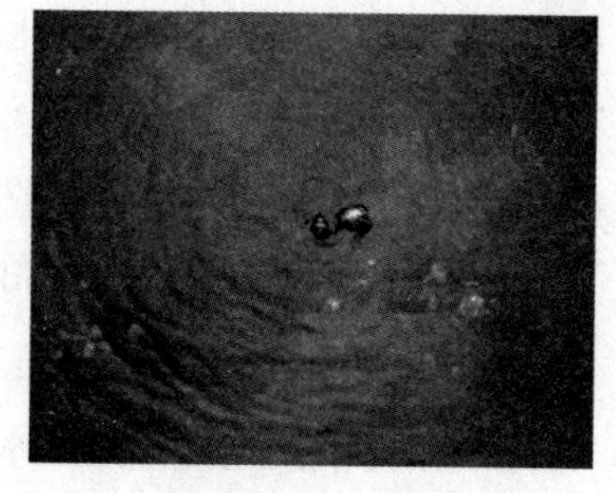

到河底，太白金星只好空着手回复玉帝，玉帝大怒，罚了太白金星三年的仙俸，并将此河移到天上，成为银河，而这里就变成了一片陆地。后来过了很多年，有人不知怎么知道了这件事，就结伴到当初翻船的地方去挖掘觅宝，人们在这里挖了一个大坑，数不尽的珍珠就随着留存下来的银河圣水涌出，可珍珠一出水面就无影无踪，人们这才知道神物不入凡人之手，就不再挖了，可圣水和珍珠还在一直不断地涌出，就成了现在的珍珠泉，只不过现在的人只能看见水泡，看不见珍珠罢了。

石望表的传说

东汉建安二十四年（219），关公大意失荆州后，败走麦城，被吕蒙所害，葬于当阳县城西北四华里处（即今关陵庙）。关羽被害后，阴魂不散，每到晚上就在当阳玉泉山空中游荡，高喝“还我头来”，以致妇幼惊骇，四邻不安。这时，在汜水关镇国寺和关羽别后云游到此的僧人普净在庵中默坐，闻听空中有人呼喊，仰面凝视，只见空中一人，骑赤兔马，提青龙刀，左有一白面将军，右有一黑脸虬髯大汉相随，一齐按落云头，至玉泉山顶。普净认出是关公“显灵”，遂击其户曰：“云长安在？”关公英魂顿悟，下马乘风落于庵前，叉手问道：“吾师何人？愿求法号！”普净说：“老僧普净，昔日汜水关镇国寺中，曾与君侯相会，今日岂忘之耶？”关公说：“向蒙相救，铭感不忘。今某已遇祸而死，愿求清论，指点迷途。”普净说：“昔非今是，一切休论；后果前因，彼此不爽。今将军为吕蒙所害，大呼还我头来，然则颜良文丑、五关六将等众人之头，又将从谁处索取？”于是，关羽恍然大悟，稽首皈依而去。后来关公还常在玉泉山里显圣护民，百姓感其德，刻石表以铭之。至唐代德宗贞元年间（785—805），人们又在此处修建显烈祠，祭祀者络绎不绝，后人曾题一对联于其庙，云：

赤面秉赤心，骑赤兔追风，驰驱时，无望赤帝。

青灯观青史，仗青龙偃月，隐微处，不愧青天。

后来关羽成为佛教的伽蓝神，护法天尊。儒家奉关羽为“武圣”，道教也尊其为“关圣帝君”。在中国，儒释道三家共尊一神为偶像的，自古只有关羽一人。如今有关关公的故事，传说极多，其总源头就在当阳玉泉寺。玉泉寺成就

了关羽文化的辉煌，关羽文化就是从这里走进了全体华人的世界。

并蒂莲花的传说

并蒂莲花和菩提树、娑罗树、龙脑香一并被称为佛教四大圣树。

玉泉寺内并蒂莲花，为世所罕见。一般莲花只有一个花心，而玉泉寺的并蒂莲花却有两个花心。传说，玉泉寺附近有个大老爷的姑娘，名叫莲花姑娘，长得十分俊俏，经常穿一条水红色的罗裙，人们称她是莲花仙子化身。莲花姑娘爱上了家里的轿夫蒂哥。蒂哥眉目清秀，勤劳善良，两人情投意合。这件事被大老爷知道了，觉得有失体统，心中大怒，决定将莲花姑娘嫁给县官做小老婆。莲花姑娘当然不依，掩面而泣，三天三夜不吃不喝。第四天夜里，莲花姑娘穿上自己心爱的衣裙，和蒂哥趁着夜色逃跑了。当他们逃到彼此初识的水塘边时，前面已无路可走，追赶的家奴却渐渐逼近了。于是莲花姑娘和蒂哥一起手牵着手，跳入了水塘之中。一年后，水塘里出现了荷叶，不久，丰满的荷苞也渐渐开放了。人们说这一层层的花瓣，是莲花姑娘的百褶裙；中间并列的两个美丽的花心，是莲花姑娘和蒂哥的一片赤诚之心。后人曾作诗感叹道：“花开两姊妹，并蒂一夫妻。芬芳共珍重，风雨更相依。”

二、邢台玉泉寺

邢台玉泉寺位于河北省邢台市黄寺镇，是我国北方著名佛家寺院。

（一）地理环境

邢台市地处河北省南部，太行山脉南段东麓，华北平原西部边缘，东与山东省隔运河相望，西依太行山和山西省接壤，南北分别与邯郸，石家庄相邻，面积12500平方公里，距北京400公里，交通方便，地位重要，古称邢国、巨鹿、顺德府，历来是兵家必争之地。

黄寺镇位于邢台市西北20公里，太行山东麓的棋盘山下，原为皇寺村，又名玉泉寺村，该处有泉水，古称“玉泉池”，池旁有一寺院名“玉泉寺”，村名由此而来，相传元顺帝曾在此躲避红巾军将领朱洪武的追杀，后将玉泉寺改名“皇寺”，村名也改称“皇寺村”。

（二）发展历史

邢台玉泉寺建于唐朝贞观年间（627—649），为何人所建未见记载，故无从考证。元代重修。但据今人汉传佛教大乘教禅宗曹洞宗第48代传人，中国佛教协会副会长，邢台玉泉寺住持净慧法师据金代三通《尊胜陀罗尼经幢》考证，邢台玉泉寺的开山师祖应是金代高僧，曹洞宗第16代智洪禅师，时间为大定年间。即以此推算，邢台玉泉寺至今也有八百多年的历史了（1161—1189）。

智洪禅师即《尊胜陀罗尼经幢》所载“洪公唯识大和尚”，文献中均只见其名，未载其业，故现对其人所知不多。智洪，俗姓郝，金末元初人，生于直隶顺德府（今河北省邢台市），出家后云游天下，至棋盘山，见地势非常，逐在此掏挖泉源，修造庙宇，塑造毗卢遮那，文殊，普贤诸菩萨金身，并置办香火田

产，其寺院一时“竹阁清泉，松径花坞”，一派人间桃源，仙家圣地之象。一切成就，智洪却忽染微恙，西朝佛祖，其灵骨葬于双泉河。

元代，邢台玉泉寺是皇家寺院，地位崇高，香火极盛，信众遍及燕京，鼎盛时，顺德府僧侣皆隶属玉泉寺。其时虽屡有干戈征伐，各家寺院均难幸免，唯玉泉能避兵锋。但后来，寺中僧人渐生骄奢，不尊教义，致使门庭败落、香火稀疏，其间虽几有高僧力挽，终因后继无人，每况愈下。清朝道光年间，殊钦、殊敾二任住持更是“不尊佛法，不守清净，淫污佛地，秽渎空门”，他们担任住持的三十年间（1821—1850），“将香火地尽行当出，至寺内空乏，礼佛无人，禅林坍塌，院亭倾圮，观者莫不叹息”。竟致使后任愤而刻碑对其进行“鉴戒”，可知秽乱之甚。僧人建功德，后人立碑为其颂名者常有，但如此立碑为“鉴戒”者，自古至今，佛门难见。及至清朝，势道衰落，更屡遭兵火战乱之扰，玉泉寺已成凋零之状。解放后极左思潮当道时期，寺中建筑、佛像曾遭到破坏。僧人或参军或还俗，全都散尽，寺舍也移作它用，香烟散尽。1994 年，邢台玉泉寺重建，并进行了建国后的第一次维修，但也仅是清理了残砖破瓦，不改昔日凄凉。2002 年仅有两名行者在此看家护院，生活亦成问题。其年底，时为河北省佛教协会会长的净慧大和尚只身来此。

在国家各级政府的支持下，对玉泉寺进行了大规模修葺、重建，修缮了大雄宝殿（三宝殿）、大佛殿（观音殿）、新塑佛祖金身 12 尊，其中的观音菩萨金身高 2.5 米，用黄梨花木独木雕成，工艺精湛极具价值。新建各种殿堂僧舍近百间，总面积达 3000 多平方米，新砌围墙、护坡，硬化平整道路，种植花草树木，使邢台玉泉寺重具规模，再现佛光，可初步满足各种佛家法事的需求。并计划重建寺院山门，治理玉泉池，恢复钟鼓楼及玉泉牌坊。寺中现有僧侣近二十人，邢台玉泉寺已重新焕发出勃勃生机。邢台玉泉寺现为省级文物重点保护单位。

（三）人文景观

邢台玉泉寺在我国北方佛教寺院中，规模不算大，但名气很大，人文、自然景观多。

寺院的殿堂正殿，配殿为砖木结构，宏伟

壮观，雕梁画栋，其所具有的元代风格，为近代罕见。玉泉寺院中，原有三棵千年古柏，人称“江山无恙柏三棵”因战乱现存两棵，一曰“茶柏”，此柏叶可沏茶，甚为神奇，为我国唯一的一棵。所以任你游遍全国，不到邢台玉泉你就见不到。二曰“鸟柏”，此柏树龄1200多年，高20余米，苍劲挺拔，枝丫繁茂，一年四季郁郁葱葱，古柏树冠极盛，大致可分七层，其势如烟如云，异常翠绿。由于鸟柏位居深山古刹和玉泉环绕之中，常栖息有珍贵禽鸟，加上树冠庞大，经常迎风自吟，鸟鸣树吟相交，酷似百鸟鸣唱。此柏树种优异，加之土壤肥沃，所以树纹形状异于寻常，民间传说，此树“每落一鸟，便增加一鸟形花纹，久而久之，柏纹如落鸟之众，落鸟似柏纹之美”。又传说，很早以前，从南方来了个盗宝人，认出鸟纹是稀世珍宝，就利用夜色掩护，劈开树干，盗走鸟纹，使树干上留下一丈多长，三尺多宽的伤痕，至今犹在。其实古柏的伤痕为雷击所致，美丽的鸟纹依然存在。

鸟柏南侧有古泉，名为“玉泉池”。池中石沙如玉，泉水清澈见底，游鱼翩翩自在，泉池为明朝邢台县令陈大宾所建，距今已有五百多年。池面五亩有余，池中碧波荡漾，凉亭耸立，池岸垂柳成行。池南有石牌坊，古色古香，石柱、石梁、石瓦楼均为银灰色石料雕成。牌坊中跨之上书有“玉泉池”三个草书大字，雄浑有力，为当时邢台知县朱浩所题。池中凉亭，精美别致，掩映在红花、碧水、绿柳之中，别有雅趣。玉泉池的更神奇之处在于“流不干”和“灌不满”：邢台位于华北平原西部，属石灰岩地质，极度缺水，往往一旱数载，周边泉眼、井水尽枯，玉泉池依然昼夜翻华如玉，泉水竞涌。日出水量在7000—10000吨以上，千百年不绝。泉水流进村里，形成“家家有泉，户户叮咚”的皇寺村一景，泉水经村中流至村东，有土坑，直径不过三尺，深只二尺有余，可泉水千百年流入，总不见满，此即“流不干”与“灌不满”，让人惊奇。以上“皇寺”“鸟柏”“玉泉池”并称“玉泉三绝”。每当夕阳西下，落日的余晖将古刹的屋脊飞檐、柏树的树冠丫杈、玉泉池的凉台牌碑以及四周的山林石崖涂抹上一层金黄的色彩，景观幽静、壮丽令人神往。这就是邢台八景之一的“玉泉夕照”。

邢台玉泉寺有许多古碑，古碑中记载了一些重大事件，对研究玉泉寺的发

展历史和教派源流提供了重要依据。现存古碑中年代最久的是刻于金代大定十六年（1176）的二通《佛顶尊胜陀罗尼经幢》，既是据此经幢所载，得以确定邢台玉泉寺的开山师祖是智洪禅师。碑刻历来为寺院一景，但对于邢台玉泉寺来说，这些古碑具有更重要的意义：20 世纪 40 年代至 90 年代，邢台玉泉寺僧侣散净，寺院承传中断 50 年，如果不是这些古碑的重现，光寺院的宗派源流就将是千古之谜。这些古碑的传存，也实为万幸。邢台玉泉寺现存古碑中，有一通刻于清咸丰九年（1859）的《鉴戒碑》，内容十分特别：立碑者为时任住持的殊數禅师，殊數禅师在碑中谴责了前任住持的“不尊佛法，不守清净，淫污佛地，秽渎空门，将香火地尽行当出”的行为，并警告后人：“自此以后，寺中地亩永不许僧人当卖，亦不许外人私当私买，如有偷当偷买者，人神共诛，永为鉴戒！”僧人为寺院作出贡献，后人立碑彰其功德，此法门常事，但如此因“不尊佛法，不守清净，淫污佛地，秽渎空门”之行遭同门刻碑“鉴戒”者，为禅林难见。古碑为邢台玉泉寺的宗脉源流的考证提供了重要依据。邢台玉泉寺近代曾数十年无僧，寺院的脉系图谱荡然无存，幸古碑尤在，方令今人略知大概。昔多以为邢台玉泉寺为临济宗道场，直到近年才据古碑记载和史书佐证，断证邢台玉泉寺为禅宗门下的曹洞宗。

（四）高僧与教派

过去人们以为邢台玉泉寺的宗派是临济宗，后经考证，认定邢台玉泉寺是曹洞宗的道场。曹洞宗为汉传佛教大乘教南宗的五家之一。创始人是良价，本寂。

良价

晚唐人（807—869），生于会稽诸暨（今浙江诸暨），俗姓俞，后人呼其为悟本大师或慧觉大师。良价少年即出家，青年时期到嵩山受戒，之后遍游禅林，先后求法于普愿（748—835）、灵佑（771—853），后师从昙晟（782—841），并受心印。昙晟圆寂后，良价再次云游天下，唐大中十三年（859），来到宜丰洞山（今江西宜丰），过洞水时，目睹水中倒

影而彻悟，于是终止云游，住锡洞山，建寺院，宣讲禅法，从者极众，遂成一代宗师。二祖本寂（840—901），晚唐高僧，俗姓黄，名宗精，祖籍福建涵江，本寂有一个同胞兄弟乃江口镇慈寿寺的开山祖师，二人合称“黄家兄弟禅师”，本寂19岁时，父母去世，他不愿仕途进取，弃儒学佛，往福唐（今福清市）灵石山翠石院，拜元修和尚为受业师出家，法名身章，号本寂。本寂于咸通五年（864）受戒后，云游天下，至洞山参谒良价，相逢问答，颇相契合，遂留洞山参禅，深得良价器重，成为座下首席弟子。

本寂在洞山盘桓数载，得到了良价心传洞山宗旨。良价去世后，本寂前往江西曹山弘禅接化，前后三十多年，其禅法大兴，学者荟萃，门人不计其数，弟子杰出者十四。使良价洞上宗风大振，形成一新兴的宗派。后世合取其师徒二人住以传禅的二山之名称为“曹洞宗”（其不言“洞曹”而称“曹洞”唯语顺而已）。曹山法系传了四世便断绝。良价所传另一法嗣道应（835—902）则绵延趋盛，至传到天童正觉（1091—1157）时，曹洞宗再度广传天下，此期间国内许多著名禅院都由曹洞宗法嗣所立，现在的最为知名者，为河南的少林寺。邢台玉泉寺也在这一时期开创，开山祖师智洪禅师为曹洞宗第16世。明代万历十二年（1584）邢台玉泉寺僧本访禅师还亲往少林寺，请少林方丈无言正道续演玉泉寺宗派偈20字，无言正道为“少林禅寺传曹洞正宗主持第二十六世”。佛家宗派之间关系分明，而“宗派源流偈”事关本宗之脉源流传，干系极大，除非本宗宗主传人，绝不会让他人续撰，因此，邢台玉泉寺为“曹洞宗”法嗣无疑。

曹洞宗于公元9世纪传到新罗，即须弥山派。公元13世纪传到日本，到20世纪80年代其日本信徒达1000多万，可见影响之大。

佛教修禅，历来以“悟”为要，以人慧根不同而各有差异，于是便出现了众多法门。曹洞宗初祖良价便是在涉足洞山时，看到水中自己的倒影而突然“大悟彻悟”，得到了新禅法。良价曾作偈云：“切忌从他觅，迢迢与我疏。渠今正是我，我今不是渠。我今独自往，处处得逢渠。须应凭么会，方得契如如。”良价认为佛在心中，心即是佛，无需四处求佛，得道要靠顿悟。除此外，良价还立“五位君臣说”为曹洞宗宗要。五位分别为：“正中偏，偏中正，正

中来，偏中至，兼中到”是也。这是指把万法根源归为佛性，佛是世界最后的精神本体，即“正位”，“君位”。而大千世界的千万事物，只不过是这个本体所显现出来的现象而已，即“偏位”，“臣位”。

曹洞宗在禅法修持的形式上，有两种：一种是静坐，又叫“打坐”“坐禅”，修行者盘腿而坐，双手合十，或静思不语，或默念佛祖，以各人的慧性自己去悟，此已成为佛家代表性动作，广为人知。二是“敲唱为用”，师徒之间一敲一唱（一问一答），在敲唱中令弟子觉悟禅法，清净本性。“君臣五位”也可理解为曹洞宗对禅修者五种境界的定位：“正中偏”指参禅者虽隐约感受到了本体（佛）的存在，但没有融入本体，仍然留在偏位上。“兼中正”此境位的参禅者，已能逐渐透过大千事相（偏）看到了本体，但还不知道如何透过事相，探求本体。“正中来”此时的禅者，已开始彻悟本性，接近佛理了。“兼中至”已走在通往修行最高境界的路上，虽未达到，已在途中。“兼中到”兼带前面四个阶位，是修行的最高境界。此境位的参禅者，已经大彻大悟，与佛无别。

曹洞宗源远流长，信众极广，不能不说与其修禅方法严谨细密、简便易行、易为教众接纳有关系，在禅宗诸派里，曹洞宗的修学体系一直以细密著称。而其以打坐为主的修禅方式，已为广大教众认可，以致现代日本曹洞宗传人就说：“只管打坐。”

曹洞宗现已传至第49世。邢台玉泉寺属曹洞宗道场现已确认无疑。但之前曾有人认为邢台玉泉寺是临济宗，何以如此？概因明朝万历年间，邢台玉泉寺僧本访和尚请少林住持无言正道续演玉泉寺宗派偈20字，无言正道在钦派少林住持前，为临济派传人，佛教宗派偈只有本宗之人才能续撰，加之此时期邢台玉泉寺碑刻中有“临济派”字样，才有此误。要知道少林历来为曹洞宗寺院，无言正道虽是临济派传人，但其被钦指为少林住持后，就成为曹洞宗传人，少林不会因钦派方丈来自临济宗而改宗换派的。邢台玉泉寺的碑刻，应为笔误所致。佛教的寺院与僧人有所不同，寺院传承较严，不会随意改换门庭，而僧人则可改奉宗主，甚至自立门派。

至于临济宗，也是禅宗的五大门派之一，与曹洞宗同样起源于江西宜丰。其初祖为希运（？—857）。希运禅师于唐开成年间（836—

840）到宜丰黄檗山禅林设立道场，宣讲自己所悟的禅宗新法，从者众。徒义玄（？—867）从希运学禅33年，后往镇州（今河北正定）建临济院宣讲其师所倡新法。希运禅宗新法因玄义在临济院举一家宗风而大张天下，故后世称为“临济宗”。宋代临济宗传入日本，今有门徒500万之众，朝鲜，越南及东南亚诸国皆不乏临济信众。

临济宗主旨是“无心说”，此“无心说”与曹洞宗的“无心合道说”大同。“无心者，无一切之心也”。希运说“但能无心，便是究竟”。也和曹洞宗一样，力倡“心即是佛”，主张“心即是法，法即是心”“以心印心，心心不异”，故后世有“心心相印”之语。

临济宗修禅方法与曹洞宗不同，临济宗不主张读佛经，而主张“读公案”(公案即禅祖行止记述及语录)，不主张苦苦修行，打坐静思，而主张顿悟。希运接引信徒的方式也颇为奇异：凡向其问法之人，进门前必遭当头一棒，领悟者，方纳为弟子。玄义曾三问希运，三遭棒打，不解其意，只得离开。后有高僧指点，方得省悟，重返黄檗，终为座下。后玄义在临济院也沿用此法，同时大喝一声，“当头棒喝”的典故由此而来。如此可见，曹洞宗与临济宗同祖异支，虽有小异，余则大同。

邢台玉泉寺现任住持是曹洞宗第48世传人净慧大和尚，净慧大和尚一岁半即被父母送入空门，一生向佛，一世参禅，于佛法上有很高造诣，在宗教界有崇高威望，净慧禅师一直致力佛教的中兴、传播，先后参与、主持了重修当阳玉泉寺和邢台玉泉寺的工作，并起到了极大作用。净慧法师对参禅有精辟的见解,他在传法时曾指出：“禅的方法无非是要我们解脱生命的迷惑与痛苦，然后达到生命的觉醒，禅的方法可以千奇百怪，法门无量，禅的方法也无量。”参禅不必拘于某种形式，社会进步了，禅法也要进步，也要适应现代社会，禅如何适应现代社会也就是佛教如何适应现代社会的问题。佛教适应现代社会不仅仅是一个知识的问题，不仅仅是讲几句佛法，让大家知道佛教是怎么回事，最重要的是让现代人了解怎样进入修行，怎样改变自己，怎样在佛教中找到安身立命的地方。现代人即使有一个人需要佛法，佛法也有责任教化他、引导他，这就是化现代。化现代不是改造现代社会，而是让佛法更好地融于社会，更好地

服务于社会。净慧提出了“生活禅法”，“在生活中修行，在修行中生活”。并总结出生活禅法四句口诀：“将信仰落实于生活，将修行落实于当下，将佛法落实于世间，将个人融化于大众。”通俗，易懂，好记。净慧禅师在传法时还指出：不管是信佛还是不信佛的人，都要面对四件事：信仰，因果，良心，道德。没有信仰的人，起码要有良心、有道德，有信仰的人，四个都要有。呼吁佛教各宗各派都行动起来，使佛教充分发挥保证社会良心的作用。大师这些观点，做法，得到佛界各派的认可。

（五）民间传说

棋盘山的来历

玉泉寺后有一座山，叫棋盘山，据说是张果老下棋用的棋盘。它怎么会在这儿呢？这有一个传说。据说从前有一天，上洞八仙里的张果老路过此处走累了，停下来歇脚。玉泉寺里有个老和尚见张果老来了，上前招呼，张果老正闲得慌，见来了个和尚，就拿出棋盘与和尚下棋。棋盘摆好，老和尚让小沙弥上茶，可张果老说:不上，只摆。上和摆都是一回事，不让上却只能摆，这不是难为人吗？老和尚心知其意，也不说话，起身回到寺里，从柏树上摘了几片树叶，泡成一壶茶，拿来对张果老说：此乃柏（摆）茶。张果老一看，柏叶泡的，怎么不是摆（柏）茶。张果老没有难住老和尚，只好下棋。他拿起棋子刚要往棋盘上放，老和尚说：不下，只摆。下棋又叫摆棋。不能下，只能摆，这怎么办呢？张果老想了半天也没想出来，他茶也不喝了，棋盘也不要了，骑上他的毛驴走了。棋盘就这样留在玉泉寺后面了，时间一长，棋盘化为一座山。这就是现在的棋盘山。

鸟柏的传说

玉泉寺中有一棵柏树，树干上有许多美丽的花纹，人称“鸟柏”。原来这树并没有花纹，后来有一只凤凰落在树上，引来百鸟朝凤，此后树就有了花纹，树上每落一只鸟，就留下一个鸟纹，越来越多。有一天，从南方来了个商人，一看到此树，就知道这是难得的宝贝，只要弄到

手，就会发大财。于是他向玉泉寺的和尚买这棵树，可不管他出多少钱，和尚就是不卖，商人就起了歪心，到了夜里，他带了刀子、斧子、锯子，偷偷来到寺里，又砍、又挖、又锯，才把鸟纹弄下来，有一丈多高，三尺多宽，好大一块，这时，天快亮了，他怕被人发现，见寺后山上有一棵孤立的柏树，就把鸟纹搬到树前埋起来，想等第二天夜里再运走。可谁知第二天夜里，他来到山上一看，漫山遍野都是柏树，再也找不到埋鸟纹的地方了，商人只好灰溜溜地走了。至今鸟柏树干上还有一个巨大的伤痕，就是那时留下来的。而鸟纹呢？说也奇怪，又回到树干上了。

流不干与灌不满

传说玉泉寺原来没有泉。据说是因为唐僧师徒去西天取经的途中，为救祭赛国金光寺的和尚，打死了碧波潭的万圣老龙，那万圣老龙和北海龙王是亲戚，万圣老龙死了，北海龙王心里能高兴吗？可北海龙王又不敢和孙悟空作对，就想找别的和尚麻烦，出出心中的恶气。他选中了与唐僧师徒没什么关系的玉泉寺，要发大水把它淹了。玉泉寺离着北海几千里，从地上发水，水过不来，北海龙王又不敢从天上降水，从天上降水那叫下雨，要有玉帝的令牌才行，无牌降水那是杀头之罪。于是北海龙王就在玉泉寺中开了个口子，从地下往上冒水，玉泉寺眼看就要被淹了，这时，观音菩萨来了，问北海龙王为何如此？北海龙王说：万圣老龙虽然罪有应得，但他是我的亲戚，也是龙族，兔死狐悲，我不能不报此仇。北海龙王执意要淹玉泉寺。观音菩萨见北海龙王不听劝阻，也不多说，把手中的玉瓶往地上一扔，玉瓶落在地上砸出一个直径三尺、深二尺的坑，玉瓶就在下面，从玉泉寺流出的水，一进小坑就不见了。北海龙王哪能服气，就一直出水，小坑也一直吸水。玉泉池底下连着北海，你想北海能流完吗？所以不管天多旱，玉泉池的水永远流不干，而小坑呢？下面有观音菩萨的玉瓶，玉瓶能盛四海之水，一个北海能将它灌满吗？所以一个流不干，一个灌不满，这是北海龙王和观音菩萨斗法呢，一直斗到现在。

三、泰山玉泉寺

泰山玉泉寺名称繁多，因南有谷山，故又名谷山寺，亦名谷山玉泉寺，俗称佛爷寺。它位于岱顶北，直线距离6.3千米，山径盘旋20余千米。南北朝时由北魏高僧意师创建，后屡废屡建。

说起寺庙之缘起，有这样一则传说。北魏时期，聚居在谷山下的猎户上山打猎时，发现一尊居于山崖上的罗汉塑像。由于捕猎一无所获，猎人怒而积干柴烧之，罗汉遂升高处，猎人愕然悔谢。当夜山下老少都同做一梦，说有圣僧“意”久隐莲花峰，现有猎人加害。天亮有老者率十几人上山寻找，在一深涧中找到那尊罗汉，随即抬下山来。当抬至玉泉寺时，突重不可动。老者以为此处峰掩岭抱，曲水流畅，乃风水宝地，是圣僧点化在此建寺，于是百姓自发地建起了寺院。因寺面对谷山，所以取名谷山寺，而老百姓至今仍叫佛爷寺，寺前的山谷也因发现罗汉而被称作佛峪。

日月如梭，转眼间千年过去了，玉泉寺几经兴衰。到了金代，一位法号善宁的高僧发现了这块宝地，历尽辛苦光复寺院，后经智崇等高僧住持，使禅寺达到了较为鼎盛的时期。这时寺东的玉泉可灌可饮，禅寺也便有了谷山玉泉寺的名字。1209年，金大安元年，智崇住持从尚书礼部求来两份牒文，经章宗皇帝应准赐额“玉泉禅寺”。后经明、清两代重修，至清末有僧众百余人，成为泰山规模最大、声望最高的寺院。清末以后，战乱频繁，寺庙逐渐荒废，后于1993年重建。

寺中大雄宝殿建于层层高台之上，抬头方瞻。殿内祀释迦牟尼和十八罗汉泥塑像。寺院内有唐植银杏三株，参天蔽日。树下有元代杜仁杰撰、严忠范书《重修谷山寺记》碑及明代《田园记》碑。环望院内，大殿高耸，古树挺拔，碑碣肃立，一派古刹风貌。

寺后山冈有一古松，树冠如棚，蔽荫山冈，名一亩松。寺东苹果园内石砌地堰下有一处古泉，是为玉泉，玉泉俗称八角琉璃井，常年泉水不断，大旱不涸，水质纯净，清冽甘甜。“玉泉”二字是金代大学士党怀英所书。寺西山腰有党怀英撰

书并篆额《谷山寺记》碑。此碑立于金泰和元年（公元 1201 年）。碑高 205 厘米，宽 76 厘米，方座圆首。碑阳文 18 行，满行 51 字，凡 837 字，字径 2.6 厘米，隶书。额篆“谷山寺记”2 行 4 字，字径 13 厘米。碑阴题名 44 行，满行 90 字，计题名千余人。碑阴额“玉泉禅寺勤绩檀那铭”3 行 9 字，亦党怀英篆书。

这里提到的党怀英，字世杰，号竹溪、谥号文献。金代著名文学家、书法家。祖籍冯翊（今陕西大荔），其父纯睦为泰安军录事参军，因家奉符（今山东泰安市），遂为奉符人。

党怀英为宋初名将党进的十一代孙。少年时与大词人辛弃疾共同师事亳州刘瞻（字岩老），同门读书。金人南下，山东沦陷，辛弃疾率众起义，归宋抗金，而党怀英则留而事金，从此分道扬镳。在金“应举不得志，遂脱略世务，放浪山水间，箪瓢屡空，晏如也”（《金史》本传）。大定十年（1170）中进士，调莒州军事判官，累除汝阴县尹、国史院编修官，应奉翰林文字，官至翰林学士承旨，故世称“党承旨”。党怀英工诗善文，兼工篆籀，“当时称为第一，学者宗之”。金章宗明昌年间，怀英为一时文坛盟主，其书法被称为独步金代，可见这“玉泉”二字与《谷山寺记》碑文，足为书法奇珍了。

寺两侧山冈上因有天然大脚印嵌在石内，故俗称东、西佛脚山。寺南为佛谷，谷南是恩谷岭，又南是谷山。谷山屹耸特异，绝顶孤松挺秀，俗名定南针。山顶西北部有两个金矿洞。传为元初长春真人丘处机炼丹处。谷山之南有一地名叫卖饭棚子，旧时济南、历城、章丘、淄博等地的进香者沿此路登岱顶、僧人和山民在此行善舍饭或卖饭。

在寺两侧的山冈上均有天然石大脚印，俗称东、西佛脚山。东佛脚有脚印五六个，陷岩石二三厘米，酷似弓步进行时留下的足迹。西佛脚位于大雄宝殿约百米远的悬崖顶部石坪上，不足一平方米的石坪印有一双足迹，陷岩石一二厘米，酷似蹲马步所留。东西佛脚印究竟是人力所至，还是自然形成，我们无从考证，给今人平添了许多想象和猜测的空间。

谷山玉泉寺建在群山环抱之中，密林掩映之下，高崖飞涧之上，人迹罕至之地，正所谓清幽古远，与泰山摩肩接踵之人流，显贵宏伟之风貌，可谓大相径庭。但此中风味，亦可谓于喧嚣中得一恬淡耳。

栖霞寺

南京栖霞寺坐落在江苏省南京市东北的栖霞山中峰西麓，距城 17 公里，是我国著名佛教圣地之一。自古“深山藏古寺”“天下名山僧占多”，凡是到栖霞寺朝拜或游览参观的人，都会被这座古刹依山傍水、林木繁茂的旖旎风光所折服。有着“六朝胜地、千佛名蓝”之称的江南名刹栖霞寺，与山东临清灵岩寺、浙江天台山国清寺、湖北荆州玉泉寺并称为“天下四大丛林”。

一、栖霞寺的历史沿革

（一）栖霞寺与明僧绍

栖霞寺与南朝宋齐时期的著名隐士明僧绍有着很深的历史渊源，换句话说，没有明僧绍，也许就不会有栖霞寺这个我们今天众所周知、耳熟能详的佛教圣地了。

关于明僧绍生平的资料记载，比较集中地见于《南齐书》卷五十四、《南史》卷五十以及《全唐文》卷十五，唐高宗李治撰写的《摄山栖霞寺明征君碑铭》也可以作为相关的参考资料。前三种都是正史资料，《明征君碑》是唐高宗李治在他宠信的大臣、明僧绍的裔孙明崇俨的恳请下，御笔亲书，为明僧绍写下的碑文。这些资料都涉及到了明僧绍的生平及其家世，虽然详略不同，并且有时候相互之间叙述得也有矛盾，但还是可以把明僧绍一生的事迹比较完整地展现出来。

明僧绍，字休烈，一字承烈，平原鬲(今山东平原)人，是南朝宋、齐时期的著名文人和隐士。他的先祖是春秋时秦国大夫百里奚的儿子孟明，孟明的后代以孟明的字为姓，于是就有了明姓。明僧绍出生于山东平原郡一个有信佛传统的士族家庭里，有很高的儒学、佛学修养。刘宋元嘉（宋文帝刘义隆的年号）时期，明僧绍被推举为秀才。永光（刘宋武昌王刘浑的年号）时期，又被征召担任镇北府功曹一职，但明僧绍没有答应。从元嘉时期到永光时期，至少有十几年，明僧绍多次拒绝了朝廷的征辟，隐居不仕。那时候，他的活动范围主要是在长广郡崂山（今山东青岛）一带，史书说他在那里聚徒讲学，乐得逍遥自在。

泰始（南朝宋明帝刘彧的年号）二年，即公元466年，由于淮北四州被北魏占领，明僧绍只好随家族南下建康（今南京），宋明帝刘征召他做通直郎，但他还是不肯。昇明（宋顺帝刘准的年号）元年，即公元477年，由于

自己家里缺少粮食，不能够生活，明僧绍只好跟随他的弟弟明庆符到郁州任上。

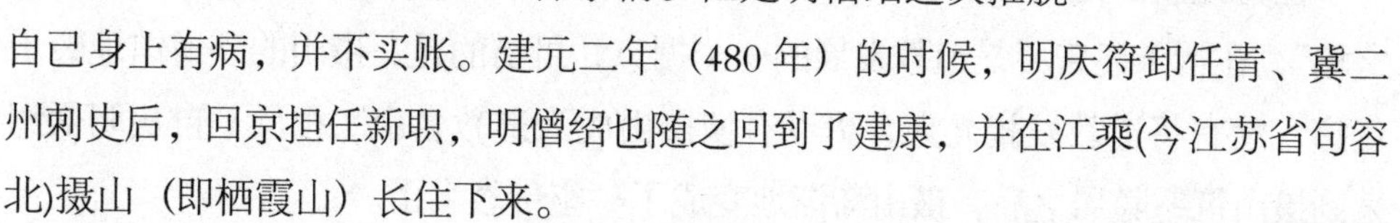

齐高帝萧道成废掉宋顺帝刘准自己称帝的时候，很需要得到像明僧绍这样的高士以及像明氏这样的大家族的支持。《南齐书》中记载，建元元年（479 年）冬，萧道成下诏征明僧绍为正员郎，显然有这一方面的政治用意。《明征君碑》上记载：“齐建元元年，又下诏征为散骑侍郎，又不就。”这和《南齐书》叙述的都是同一件事情。但是明僧绍这次推脱自己身上有病，并不买账。建元二年（480 年）的时候，明庆符卸任青、冀二州刺史后，回京担任新职，明僧绍也随之回到了建康，并在江乘(今江苏省句容北)摄山（即栖霞山）长住下来。

自永光年间（464 年）始，至明僧绍去世，在这二十多年间，先后有六个皇帝六次征召明僧绍出仕为官，但他始终推辞，也许是明僧绍看透了官场的勾心斗角、尔虞我诈，决心不为俗事拖累，所以才会“刊木结茅”，隐居摄山。当时的人赞扬他这种自甘淡泊的真隐士精神，尊其为“征君”。

和很多六朝时期的文人一样，明僧绍对山水泉石也是情有独钟。他先后隐居栖身的地方，从长广郡崂山（在今山东青岛）到郁洲掩榆山（在今江苏连云港）的栖云精居，再到摄山，都是水石并胜、风景秀丽的地方。明僧绍每到一处，都会以学行德业相号召，因此跟随他的人很多。关于他的人格魅力，《明征君碑》中有一些带有传奇色彩的记载。据说他在崂山隐遁时，聚徒讲学，“横经者四集，请益者千余”，以致于盗贼也“望境归仁， 共结盟誓之言， 不犯征君之界”。虽然记述得有点夸张，但是从中也可以看到他得人心的地方。

齐高帝建元二年，明僧绍随弟弟来到了南朝的首都建康。与齐高帝萧道成的希望恰恰相反，明僧绍到了南京以后，就选择了远离台城的摄山作为息心宴坐之地。摄山一名伞山，即今南京栖霞山，当时属于南徐州琅玡郡江乘县，这在《摄山栖霞寺碑》中有记载。相传摄山曾是秦始皇南巡会稽后北还渡江之处，从秦朝开始，就在这里设县了。

根据碑文记载，明僧绍到南京后，“负杖泉邱，游脱林壑，历观胜境，行次摄山，神谷仙岩，特符心赏。于是披榛草，定迹深栖，树模疏池，有终焉之志”。明僧绍看中了摄山，可能是因为山上盛产一些利于摄生（即养生）的药

草，有利于隐遁之士摄养延年，也可能是因为看中这里有泉石林壑之美，与他以前的两处隐居之地相似。在这里，他“爱集法流，于焉讲肆，音容秀澈，宇量端凝，投论会奇，兴言入妙”，在首善之区引起了强烈的反响。南朝的时候，摄山经常有猛虎出没，所谓“山多猛噬，人罕登临，升岩有仙谷之危，越涧等凭河之险”。随着摄山附近的人烟渐渐稠密，周围地区也得到了开发，猛虎也就销声匿迹了。在碑文的叙述中，这被渲染成明僧绍“心不忤物，总万类以敷仁”的奇迹之一。

值得注意的是，在明僧绍到此隐居之前，东吴之时的摄山就是一个“镇戍之坞”，在晋末还曾经是道教发展的一个据点，可惜的是，摄山的外道馆地毁于疫疠，没有将道教发扬光大，更没有使摄山成为道教名山。相反，自从明僧绍来到摄山筑室隐居之后，摄山渐渐地变成了一座佛教名山。

在摄山正式定居之前，明僧绍曾专程前往钟山定林寺拜候寺里的高僧释僧远，但是他对恰巧驾临定林寺的齐高帝萧道成照样避而不见。在此之后，“俄有法师僧辩，承风景慕，翼徒振锡，翻然庚止”，僧辩来到了摄山（栖霞山）并与明僧绍成了莫逆之交。僧辩“因即邻岩构宇，别起梵居，耸娇飞柯，含风吐雾，栖霞之寺，由此创名”，这就是有名的栖霞精舍。栖霞这个具有诗情画意的名字就是这样来的，但是早在明僧绍隐居郁州(今灌云东北)的时候，就住在弇榆山栖云精舍，所以栖霞这个名字也有可能是受了明僧绍的栖云精舍的启发。

不幸的是，僧辩法师在栖霞精舍住了不久，就坐化在这个草创不久的居室里。僧辩法师生前曾发愿要在栖霞岩上塑一尊佛像，还没来得及实现。明僧绍怀想故人，感而成梦，梦见一尊庄严的佛像坐在高高的山岩之上。他漫步于林亭山峦之间，也仿佛听见“浮磬吟空，写圆音于帷树”，仿佛闻到“飞香散迴，腾宝气于炉烽”，还似乎在岩际看见佛像的“真颜”，“神光骇瞩，若登灵鹫之山，妙力难思，如游替龙之邑”。这种种祥瑞的征兆使明僧绍越来越相信，他要承担起故人未竟的事业，这既是佛意，也是天意。

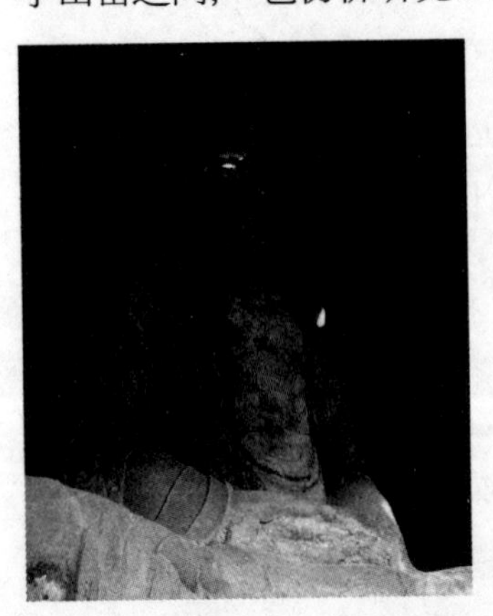

然而，永明二年（484年），刚刚开始筹划“于岩壁造大尊仪”的明僧绍也离开了人世。他的儿子临沂公明仲璋孺慕思深，尊重父亲的遗愿，把明僧

绍的故居舍为佛寺，所谓“舍兹碧题，式建花宫”，又继承明僧绍的志向，在西峰石壁开凿佛龛，于是寺的规模得到初次扩展。当时的王公贵族，包括齐文惠太子、竟陵王萧子良等人，闻风而动，“咸舍净财，光隆慧业”，竞相在岩际开凿佛像。有一个叫法度的沙门，“即此旧基，更兴新制，又造尊像十有余龛”。栖霞寺后来享誉一方的千佛岩至此初具规模。永明七年（489年），法度禅师以栖霞精舍为基础，正式创立了栖霞寺。

但是，也有观点认为，明僧绍生前就舍宅为寺了。有学者说：“南齐永明七年（489 年）正月三日，明僧绍舍宅为寺，供法度禅师居住弘法，称为‘栖霞精舍’”，又说“明僧绍舍宅为寺后”，梦见如来佛等事情。《栖霞寺志》也说：“南京栖霞寺，创于公元484年，南京齐武帝永明二年，有高士明僧绍者，初隐居江乘摄山，延沙门法度，讲无量寿经，因舍宅为栖霞精舍以居之，是为摄山有栖霞寺之始。”到底是明僧绍把自己的居室捐给了僧辩法师还是法度禅师，笔者认为可以存疑，但有一点可以确认，栖霞寺的创立是在明僧绍死后，即永明七年（489年）。

从严格意义上讲，明僧绍只是为栖霞寺的建立提供了先决条件，而并不能把他当做栖霞寺的创始人。纵观明僧绍的一生，他是深受儒家和释家思想的影响的，因此不能简单地把他当做一个佛教的信徒，在他身上，体现得更多的还是传统的隐士精神。但是由于明僧绍与栖霞寺的渊源，《栖霞寺志》还是把他看成栖霞寺的“开山护法”。

（二）栖霞寺的历代演变

自南齐永明年间明僧绍的儿子捐宅为寺，“栖霞精舍”改为“栖霞寺”后，在一千五百多年的历史变迁中，栖霞寺也迭遭变迁、兴毁。南朝齐文惠太子萧长懋和诸王曾经在千佛岩造大小诸佛像。隋文帝杨坚仁寿元年，在八十三州造舍利塔，其中立舍利塔的诏书中把栖霞寺放在首位。唐初，高祖李渊敕改栖霞寺名为功德寺，并于山中增建大小梵宇四十九所。那时候，栖霞寺因“楼阁延

衮，宫室壮丽”，与长安慈恩寺、荐福寺同为天下名刹，唐高宗李治上元(674—676年)年间，寺名又由功德寺改为征君栖霞寺，唐武宗会昌年间（841—846年），因为唐武宗李瀍崇尚道术，认为佛僧的存在影响了他修炼成仙，又有传言说僧侣将取代李唐国统，于是唐武宗下诏排斥佛教，在全国范围内掀起了大规模的灭佛运动，栖霞寺在这一时期被毁掉。唐宣宗大中五年(851年)又重建，并改名“妙因寺”。也有人说，是南唐时高越、林仁肇建舍利石塔，又重修栖霞寺，并改称妙因寺。

宋太宗赵光义太平兴国五年(980年)，栖霞寺又被改名为普云寺。宋真宗赵恒景德四年(1007年)，正式改名为栖霞禅寺，宋哲宗赵煦元祐八年(1093年)，太皇太后高氏听政，改称岩因寺崇报禅院，又名景德栖霞寺或虎穴寺。北宋末年，因金兵大举南下，宋高宗赵构被迫南渡，金兵攻陷建康后，栖霞寺毁于战火。此后，栖霞山寺荒废了二百六十多年。明太祖朱元璋洪武二十五年(1392年)，寺庙重建，并有朱元璋敕额“栖霞寺”。清咸丰五年(1855年)，清军向荣部队与太平军在栖霞一带激战，栖霞寺遭兵燹，全寺悉遭毁坏，此后又萧条了五十多年。清光绪年间，由宗仰、若舜住持相继修复。宗仰上人曾在日本追随孙中山从事革命，主持修复栖霞寺时，得到了孙中山先生的资助。

二、栖霞寺与高僧

在栖霞寺一千五百多年的历史中，经历了无数的风雨沧桑，也留下了很多传颂至今的故事，栖霞寺作为中国“三论宗”的发祥地而闻名天下，三论宗是中国佛教的宗派之一，源于古印度大乘佛教的“中观宗”，三论宗以《中论》《十二门论》《百论》为主要典据，由鸠摩罗什翻译并流传到中国。在中国实际完成三论一宗的大业的人是隋代的吉藏。三论宗着重阐扬诸法性空的理论，也称法性宗。该宗建立“真俗二谛”“八不中道”等理论，认为世间万物都是以众多因缘和合而生的(缘起)，离开众多因素和条件就没有独立不变的实体(性空)。一切众生都能成佛，不能成佛的是因为迷故，为无明妄想所蒙蔽，所以成佛与否，关键在于迷悟。由于栖霞寺历史悠久，所以历朝历代的很多高僧都和栖霞寺结下了不解之缘。下面我们就来具体介绍一下几位高僧和栖霞寺的密切的关系。

（一）法度、僧朗

《明征君碑》和江总的《摄山栖霞寺碑》中都有关于法度的记载。根据相关资料，法度卒于南齐永元二年（500 年），享年 64 岁，所以他应该出生于公元 437 年。《高僧传》卷八记载：“释法度，黄龙人，少出家，游学北土备综众经，而专以苦节成务。宋末游于京师。”“黄龙”是指在今天辽宁省境内建立的北燕国。法度年轻的时候就出家了，并曾经到北方的各地游学，大约在南朝刘宋末年，他来到了建康。

相传法度来到栖霞山的“栖霞精舍”之前，就已经有道士在那里建造了道观，但是不知道什么原因，居住在那里的人都相继死了，所以人们就传言那里有妖魔鬼怪。等到法度把“栖霞精舍”改造为栖霞寺并住进去以后，一切妖魔鬼怪都销声匿迹了。过了一年左右，突然有一天外面传来人马鼓角的声音，不

久一个自称靳尚的男子走了进来。靳尚告诉法度，他是摄山的山神，在这座山上称王已经有七百多年了。从前住在这里的那些人都不是真正的高士，并且心意不诚，是他运用魔法使这些道士非病即死的。靳尚认为法度是得道高僧，所以甘愿皈依到门下。法度回答说："我是僧人，你是神仙，所以你不必屈尊到我这里，何况受戒佛门要受五戒，是不能吃血食的。"靳尚表示愿意受戒，从此不再杀生，并托梦告诉那些到山神庙祭祀他的人，从今以后的供品只能用菜脯。据说有一次法度因病发作病倒之际，靳尚来为他按摩了一下头和脚，并让法度喝了他所带来的琉璃瓯中甘甜清凉的饮料后，痛苦感立刻就消失了。

靳尚是战国时楚怀王的宠臣，由于他在楚怀王面前进献谗言，使得楚怀王疏远了屈原，致使屈原投汨罗江自杀。正因为靳尚生前陷害忠良，所以死后遭到了天谴，化作蟒蛇，盘踞在栖霞山，成了这里的山神。传说毕竟是传说，不能当真，而且这些古书之所以编造了法度和靳尚的这段渊源，一方面是为了证明法度禅师是一位高僧，同时也是为了宣扬佛法无边，可以普度众生。

在《高僧传》释法度传中记载："度有弟子僧朗。继踵先师，复纲山寺。"僧朗法师又称大朗。他是南朝齐、梁间的僧人，来自辽东。僧朗在他的释家生涯中，因居住摄山，后人又称他为"摄山大师"。僧朗以义学僧而著名，尤其擅长"华严"和"三论"（龙树的《中论》《十二门论》和提婆的《百论》三论），因此，他被梁武帝萧衍"深加器重，敕诸义士于山受业"。由于僧朗法师一生大弘三论之学，所以世称他为"江南三论之祖"。

僧朗法师从小就很有志向。他天性好学，刻苦勤奋，孜孜不倦，当时就有学名。南朝齐时，他来到了摄山栖霞寺，向当时的著名僧人法度学习，深得法度的器重，法度把自己的一生所学传授给他。法度死后，众僧便拥戴他成了摄山栖霞寺的住持，直至他圆寂为止。

僧朗不仅天性好学，而且性情旷达、思维敏捷，他对所接触到的佛学经义很快就能掌握，别人注意不到或不常见于记载的经、律、论，他都能够讲说，而且说得头头是道、有声有色。对于"华严""三论"等佛家经典，他更是博通。僧朗除了在摄山止观寺修道外，也曾住在钟山草堂寺修行，当时的隐士周颙，就从他学道。"三论"之学，在

佛教教义中，是一种口传心授的口头学说。僧朗在对弟子的授业过程中，“玄旨所明，惟存中观”，他认为，方法倘若“自非心会析理，何能契此清言”（《续高僧传》）。“三论”之学重在心会不在言教，这样才能够达到“顿迹幽林，禅味相得”的理想境界。也就是说，重心会而不重言说，是僧朗“三论”之学的突出特点。隋代高僧吉藏在《中论疏》中认为《中论》为般若学的中心，其学说称“三论”之“新学”，这是僧朗最为擅长的。

南朝梁天监十一年（512 年），梁武帝萧衍派中寺僧怀、灵根寺慧令、智寂、僧诠等十人赴摄山从僧朗学习“三论”之学，这些人因此掌握了三论大义，其中僧诠习学最有成就。后来僧诠住进了摄山止观寺，盛弘三论，使之发扬光大，源远流长。僧诠的学说称为新说，而在他以前的佛教经义称为关河旧说。在僧朗的嗣承弟子中，僧诠最有名气，僧诠门下有兴皇寺法朗、长干寺智辩、禅众寺慧勇、栖霞寺慧布四人，都长于三论，世称“诠门四哲”。

（二）慧布

慧布法师，俗家姓郝，是广陵(今江苏扬州市)人。慧布出生在一个军将的家庭，16 岁的时候，他的哥哥去世了，他在悲痛中领悟了世间的道理，心中想解脱世俗的罗网，但是由于他的亲属知道他有杰出的军事才能，所以阻止他出家为僧。慧布是一个意志坚决的人，21 岁时，他终于实现了自己的愿望，皈依佛门。

由于对佛教的终极真理不能尽情学习，慧布决定到摄山止观寺（后来的栖霞寺）跟随僧诠法师学习大乘佛法。慧布能够精妙地领会三论（《中论》《百论》《十二门论》）的宗旨，当时的人赞誉他为“得意布”，或者叫他“思玄布”。

慧布生活在梁朝末年和陈朝时期，当时战乱频繁，连年饥荒。有一次慧布已经三天没有吃东西了，到了第四天，有人送给他一碗饭，慧布闻到饭中好像有猪肉的味道，虽然他腹中如同火烧，但是仍然收敛心意，坚决不肯吃这碗饭。

还有一次他患有脚气，大夫让他食用韭菜，因为这件事他一直感到罪过，在他死前，他多次向别人陈述这种罪过。

在那个战火纷飞的年月，很多人都乐意转生到西方净土寻求解脱。慧布对别人说："西方净土，不是我的愿望，我的心愿是化度众生。如果在莲花世界中，十劫享受快乐，也不如在三途（火途、血途、刀途）苦难之处救济众生。"

慧布在陈朝的时候，邀请保恭禅师建立了摄山栖霞寺。很多有名望的僧人都来到栖霞寺接受慧布所讲的经论宗旨。慧布从来不把自己当做老师，也不役使地位地下的僧人，经常自己缝洗衣物，每天寺院的钟声刚敲响，他就来到法堂，端坐如木。正因为慧布的名声，所以陈朝的皇帝和王侯都来他这里接受戒律，像礼佛一样崇敬他。

慧布在 70 岁的时候和众僧说："虽然我还能活几年，但是因为年老体衰，不能行道，住在世间没有什么用处呢。我希望能转生到边远的地方，在那些没有佛法的地区去弘扬佛法。"于是，慧布开始绝食。在他生命就要断灭的时候，陈朝的皇帝派御医来给他诊断，但是慧布把手臂缩回去，不允许他们医治。临终前，慧布吩咐说："长生不死不为之欢喜，现在我要死了，也不为之惧怕。生是没有东西产生，灭是没有东西消灭，我把你们托付给了保恭禅师，我也没有什么可忧虑的了。"慧布在陈朝祯明元年（587 年）十一月二十三日圆寂于栖霞寺。

三、栖霞寺景观

来到南京栖霞寺，首先映入眼帘的是寺前的山门。山门三门并立，中间是一大门，两旁各一小门，象征“三解脱门”（即空门、无相门、无作门）。中间大门门楣上面镶嵌着四个镏金大字“栖霞古寺”。两侧门额上分别书写着“六朝胜迹”“千佛名蓝”共八个鎏金大字。在寺庙的右边，有一棵苍劲青翠的古松，相传这是梁武帝萧衍亲手栽植的，虽然经历了千年的风雨，依旧屹立不倒。在栖霞寺左侧，弥勒殿附近有一个亭子，俗称御碑亭，建得精致玲珑，这是为纪念和栖霞寺有历史渊源的隐士明僧绍而建造的。亭子里面竖立着一块石碑，这就是著名的《明征君碑》。碑文是唐高宗李治所撰，由唐代著名书法家、卫尉少卿高正臣书写，碑文通篇都是四六韵文，后面用十首铭词结束，全篇用行书体书写，笔势雄健，飘逸潇洒。石碑的后面，镌刻着斗大的“栖霞”两个字，相传是李治亲笔书写。碑文记载了明僧绍的生平事迹，虽然略有残损，但是并不影响观赏。

古松和《明征君碑》的屹立不倒就是栖霞寺生命力的最好见证，在一千五百多年的历史长河中，栖霞寺虽然几经损毁，但最终还是顽强地生存下来，并将保持着强大的生命力继续发展下去。我们在感慨栖霞寺悠久的历史文化的同时，也会钦佩寺中各式各样的建筑，不但寺庙的建筑具有很高的观赏价值，就连栖霞寺坐落的栖霞山，也是一道亮丽的风景。

（一）栖霞山

栖霞山寺风景区地处南京东北郊 22 千米处，三面环山，北临长江，总面积约八百六十公顷，最高峰海拔 286 米。栖霞山依地形由三山两涧即龙山、虎山、中峰、桃花涧、中峰涧组成。栖霞山主要由三峰构成：东峰形状似巨龙，所以叫龙山；西峰的外形像伏虎，所以名虎山；主峰在两山之间，连带左右，如同

一只展翅欲飞的凤凰，所以叫凤翔峰。栖霞寺就坐落在凤翔峰西麓林中，龙山、虎山拱而抱之，玉龙河在前面萦绕，显得十分古朴幽雅。

栖霞山在六朝时就很有名了，但栖霞山最初不叫栖霞，因山似方形，四面垂岭像伞，故名伞山。在魏晋六朝时，服药之风大盛，因山中盛产各类“滋润摄生”的名贵草药，据传吃后可以摄身，故又名摄山。

明代的东宫日讲官焦竑曾经说：“金陵名蓝三：牛首以山名，弘济以水名，兼山水三胜者，莫如栖霞，古高人胜流，率栖迹于此。”牛首山也是南京的佛教圣地，是佛教“牛头禅”的发祥地，因为山有双峰，东西对峙，形状就像牛头上的两角一样，所以叫做牛首山。明清年代，牛首山遍种桃树，阳春三月满山桃花争艳，又有大量洁白的绣球花点缀其间，美不胜收。每年春天，南京人倾城而至观赏桃花，所以才会有“春牛首，秋栖霞”的称呼。弘济寺是南京名刹之一，寺院殿阁都是依临江的悬崖峭壁建筑的，江水从寺下流过，显得气势磅礴。和牛首山、弘济寺比起来，栖霞山在山水风景上占到了优势。

栖霞山之所以能够驰名江南，原因有很多。虽然它没有钟山高峻，却有着千年的历史，山上名胜古迹遍布诸峰，山深林茂，泉清石峻，风景迷人，文化底蕴也很深厚，素有“一座栖霞山，半部金陵史”的盛名。历史上的1751年至1784年的34年间，清代乾隆皇帝六次南巡，六次驾临栖霞山并五次驻跸栖霞行宫，乾隆皇帝入住栖霞山期间，除御赐彩虹明镜、万松山房等为“栖霞山十大景观”以外，还写有描写栖霞山的诗123首、匾联44副、佛赞一篇，其中有一首《再题幽居庵》赞叹说：“金陵返跸驻栖霞，西峪幽居清且嘉。窄路入丛云片石，阑春落半锦堆花。”因为山上幽雅清丽的风景美不胜收，所以乾隆皇帝称赞栖霞山为“第一金陵名秀山”。

在栖霞山建设的行宫是乾隆南巡行宫中最大的，据说，栖霞山行宫当时由两江总督亲自负责施工，召集了当时的能工巧匠，从公元1751年到公元1757年，用了6年的时间建成了这宏伟的建筑群。整个行宫建筑群位于栖霞寺后面，在龙山与中峰之间，主要建筑有春雨山房、太古堂、武夷精庐、寝殿、夕佳楼等十几处建筑物，遗憾的是，这处恢弘的皇家建筑群在清咸丰五年（1855年）清军与太平军的激战中沦为一片废

墟，现在的栖霞山行宫只剩其行宫的部分遗址。

栖霞山是金陵四十八景之一，也是我国观赏红叶的重要场所，“栖霞丹枫”就可以独立地作为金陵十景之一。栖霞山的红叶主要以槭树科的红枫、三角枫、鸡爪槭、五角枫，金缕梅科的枫香，漆树科的盐肤木、黄连木，榆科的榉树为主。还有卫茅、椴木、银杏、紫薇等珍稀色叶树种。因为品种丰富，栖霞山的红叶观赏时期跨度较长，观赏区域也不尽相同。但是一般来说，最佳观赏时期是在 11 月上旬至 12 月上旬之间。

南京的春天和秋天向来短暂，而秋季里，位于城东一隅的栖霞山的红叶独好。深秋的栖霞山红叶如火，漫山红遍，层林尽染。登高远望，就像云霞栖来，宛如一幅美丽的秋的画卷，景色十分壮观。在满天秋色里，万木凋零，天与地一片金黄，唯独栖霞的枫树成为造物主的宠儿，彩霞漫天，大放光彩。连绵的枫林中偶尔还夹着几棵青翠欲滴的松柏，更显得别具韵味。每年秋天，都会有很多人来到栖霞山游玩，观看栖霞红叶，所以“秋栖霞”享誉中外。

（二）千佛岩与栖霞飞天壁画

南京栖霞寺千佛岩（又称千佛崖、万佛崖，别称千佛岭）石窟位于南京市东北郊 20 千米处的栖霞山中峰（凤翔峰）西南麓，是利用山体岩面、裂面形成的崖面的自然走向和高低凹凸的地形地貌条件，沿纵向和横向选择有利施工部位开凿出来的摩岩石窟造像。千佛岩西与栖霞寺、舍利塔毗连，向东北方向延伸，经纱帽峰至中涧峰。窟区全长近 200 米，宽 40 余米。千佛岩全区共有大小石窟 265 个，现有佛像 532 尊。千佛岩是我国南方开凿时代最早、规模最大的南朝齐梁时期的石窟遗迹，2001 年 7 月 16 日被国务院公布为第五批全国重点文物保护单位。

千佛崖造像始于南朝齐，相传当年明僧绍曾在这里请法度禅师讲无量寿经，夜间，明僧绍梦见栖霞纱帽峰顶放出金光，现出佛像和殿宇的影子，这就是所谓的“如来佛光”。于是，明僧绍决定在这里凿造佛像，不料未及实施，他就病

故了，他的儿子临沂令明仲璋为实现父亲遗愿，请齐梁时期建康著名高僧僧□法师设计和施工指导，与法度禅师合作，筹资募工，于永明二年（484年），在中峰石壁依崖而筑大佛阁（即三圣殿），居中开凿无量寿佛，并在其前左右两侧凿刻观音、势至两胁侍菩萨，历时3年竣工。当时凿刻的佛像有515尊，分凿于294个佛龛中，因为望之如蜂房鸽舍，所以号称“千佛崖”。古代的善男信女们认为，出资开凿石窟佛龛、雕塑与绘画佛像的过程，本身就是一种做功德的行为。在那之后，齐梁王公贵族齐文惠太子、竟陵文宣王田奂、梁临川靖惠王萧宏等纷纷捐资，依崖壁的地形特征，开凿佛龛、镌刻佛像，以祈菩萨保佑。这项工程延续到了天监十年（511年），历时28年竣工。

一千五百多年来，栖霞寺千佛岩石窟佛龛佛像历经沧桑，除遭受大自然的风化破坏外，历史上曾遭受多次人为破坏。唐会昌五年（845年），武宗皇帝下令废寺灭佛像，宋建炎四年（1138年），金兵攻陷南京后，毁寺灭佛，石窟佛像遭破坏。清咸丰五年至六年（1855—1856年），清军与太平军在栖霞山一带形成拉锯战，山上所有建筑和树木被毁，栖霞寺成为一片废墟。

但是有破坏就会有修复或重建，千佛岩的石窟佛像也不例外。从唐代开始，千佛岩的石窟佛像多次被修补，然而修复工作却不能让人满意。栖霞寺住持若舜法师于1924—1925年，用两年时间对千佛岩石窟所有佛像用水泥钢筋全部修缮、装饰，且以朱施唇，以墨画眼目，结果使千年文物面目全非，古意尽失，原貌尽毁。

千佛岩石窟内不光有佛像，还有不少壁画。2000年时考古人员在这里发现了著名的“栖霞飞天”壁画。栖霞飞天壁画位于千佛岩“中102号”洞龛中，壁画长80厘米，宽约40厘米，在石壁上涂丹后，用浮雕手法凿出“飞天”飘逸的形态，两边左右各一个。在同一洞龛的近口左壁上有一个小“飞天”。栖霞飞天属模印彩绘画方式，这种画利用岩体本色显露画面，在全国石窟中极为罕见。由于壁画地处山坳，又在佛龛的顶部，挡住了千百年风霜雨雪，因此得以幸存。“栖霞飞天”人物饱满，仅凭一根彩带便可凌空回舞，挥手撒花，天衣飞扬。在紧靠“中102号”一个较大的洞龛顶上有丹砂涂画的痕迹，应也是“飞天”壁画。当地居民反映曾

在石壁上看到过“双头怪鸟”。这种双头怪鸟据专家鉴定，应是“迦陵频加”，为敦煌壁画里的一种仙禽。“栖霞飞天”绘于隋末唐初，飞天是佛国里的“天乐神”，在极乐国里弹琴歌唱，娱乐于佛。“栖霞飞天”的面世，不仅丰富了我国古代文化遗产宝库，更是填补了敦煌文化向东传播的空白，揭示了敦煌文化和以栖霞为代表的南方文化的渊源。

（三）藏经楼、舍利塔、鉴真纪念堂

1. 藏经楼

藏经楼在栖霞寺的最高处，楼下是住持起居办事的法堂，也称“狮子座”，供宣讲佛法之用。楼下法堂布置了不少书画、楹联，法座后挂有象征释迦牟尼佛说法传道的画像，画像两旁悬挂着1979年重修栖霞寺时，赵朴初会长题写的一副楹联“创业溯南朝想当年花雨六时朗公讲席弘三论，分身还故国喜此日海天一色鉴师行踪重千秋”。上联概括了栖霞寺的历史渊源，说的是僧朗法师弘三论之学的事情；下联指的是唐代高僧鉴真的故事，鉴真第五次东渡日本时，因迷航海船漂到了海南岛，在他登陆北返的时候，应他的弟子灵佑的邀请，到栖霞寺住了三天。

藏经楼法座前面设有讲台，台上供着小佛坐像，象征听法诸佛，台下设香案，两侧置听法席。楼上为藏经之处，室内正中佛龛内供奉一尊释迦牟尼玉佛，用整块白玉精雕细琢而成，形象颇异，这是缅甸僧人赠送的物品。室内两侧放置着整齐的经柜，按千字文字序，存放经、律、论三大类佛教经典著作，多达八千余册，其中最名贵的是“贝叶经”，是在婆罗树叶上烙印梵文，相传为唐代玄奘法师西天取经带回来的，因其时代久远，弥足珍贵。此外还有一本“血书”，相传是清末一位女信徒滴血抄写而成。

2. 舍利塔

舍利塔位于栖霞寺藏经楼南侧，距离千佛岩很近。据《帝京景物略》记载，隋文帝杨坚曾遇到一个神僧，神僧预言他日后能当皇帝，并赠给他舍利（佛骨）一袋，有数百颗。隋文帝取代北周统治登基后，改变了北周武帝的灭佛政策，

大力复兴佛教。隋文帝两次下诏，令天下八十三州，各选一处依山傍水的清静寺院，建塔收藏舍利。同时，钦派高僧等分道护送舍利子至各地入塔，并特别诏令首先送蒋州（隋朝时，南京为蒋州）栖霞寺。隋文帝仁寿元年（601年）建成的舍利塔，原系木质结构，因岁月剥蚀而毁于唐武宗会昌年间（841—846年）。南唐时期（约945—972年），佛教又兴，高越和林仁肇（高越，官至南唐的终勤政殿学士、户部侍郎。林仁肇是南唐镇海军节度使，也是南唐唯一的虎将）奉旨主持重新修造栖霞寺时，仿旧日木塔，改建成石塔，竣工后，高越撰写了《舍利塔记》一卷，叙述了建塔的始末。由于建塔时选用的是石灰岩和大理石两种石料，预先雕凿成配件后，再接榫安装，垒砌而成，所以至今历经千年风雨兵灾依旧保存完好。

舍利塔塔高18.04米，塔基边长为5.13米，共七级八面，塔身为八角五层密檐式，立于八角形须弥座式的塔基上。塔基分上下两层，第一层雕刻缠技莲纹，第二层镌刻飞凤、莲花等图案，塔基的八面刻有海水纹，并雕有龙、凤、鸟、兽、鱼、虾、蟹、鳌等图案，有的腾云驾雾，有的出没山林，也有的沉浮波涛。须弥座是仰莲花座，上为束腰基坛，角柱上各雕金刚、力士、立龙、怪兽，以承塔身。基坛八面的浮雕刻着释迦牟尼八相成道图，依次为托生母胎、树下诞生、逾城出家、雪山苦行、降伏魔军、树下成道、鹿苑说法、鹤林入灭等，雕图用艺术手法展现了释迦牟尼佛富有传奇性的一生。

在须弥座与塔身之间，雕刻着莲花露盘三叠，花瓣上阴刻宝相花纹。塔身由五层密檐式塔室构成：第一层塔室的八面刻有雕像。第一、二、五、七面为四大天王像，都是武士装束，披甲执戈，形象很威严。佛雕上刻有雕刻者王文载、丁延规等姓名。第二面为普贤骑象图，第四、八面为版门，门扉上有铺首衔杯及门钉。第六面已经毁坏，据考证应该是文殊菩萨的图像。第二层到第五层塔室，四层八面每面都雕刻两个石龛，每龛中坐一佛，共计刻有六十四尊小佛像，象征着千佛世界。塔顶密檐成筒瓦状，叠石六重饰以莲瓣、束缨、云纹，代表着覆钵、相轮和火珠。1921年由叶恭绰主持、刘敦祯设计，对舍利塔进行了一次重修，现存塔顶上的相轮莲花形刹柱，是当年仿北魏云中寺补建。勾片造栏杆是根据地下发掘的遗物重建。塔前旧有引接佛

二尊，也在当年移到塔东的三圣殿前。1993年，国家文物局对舍利塔进行维修，将掉落在周围的八大块石构件粘接到原断口处，并用化学黏接剂把塔身及塔檐的裂缝勾缝补平，保持了舍利塔原有的南唐建筑风格。舍利塔代表南唐时代雕刻艺术的最高水平，在中国佛教建筑史和雕刻史上占有重要地位。1988年，石雕舍利塔被列为第二批全国重点文物保护单位。

3. 鉴真纪念堂

藏经楼左侧是鉴真纪念堂，又称“过海大师纪念堂”，堂内供奉着唐代鉴真法师（688—763年）雕像，是为纪念鉴真法师而于1963年设立的。据史料记载，唐代高僧鉴真于天宝七年（748年）第五次东渡日本时，由于中途迷失了航向，最后漂流到了海南岛，他在登陆北返途中，于天宝十年（751年）途经江宁（今南京），由其弟子灵佑迎到栖霞寺，逗留三日后，返回扬州大明寺。现在鉴真纪念堂正中佛龛内供奉一尊鉴真和尚脱袈裟的干漆塑像，它是由日本奈良招提寺八十一代传人森木孝顺长老亲自塑造的。1963年时值鉴真法师圆寂1200周年之际，由日本文化界、佛教界联合署名赠送给栖霞寺。鉴真法师端坐的佛龛，在设计上别具一格，它以扬州大明寺为模型，背景是惊涛骇浪，表现出鉴真法师为弘扬佛法，促进中日文化交流而舍生忘死六次东渡的大无畏气概。纪念堂内陈列着鉴真法师生平事迹文献和外宾赠送的礼品，包括1963年日本文化代表团所赠的《鉴真和尚第六次东渡图》《鉴真和尚纪念集》等。

（四）弥勒殿、毗卢宝殿、石匠殿

1. 弥勒殿

步入栖霞寺的山门，迎面就是弥勒殿，殿内正中箕踞一尊胖大的弥勒佛，袒胸露腹，开怀畅笑。弥勒佛两边挂着一副楹联：“大肚能容，容天下难容之事；慈颜常笑，笑世间可笑之人。”此联把弥勒佛的形象刻画得淋漓尽致，趣味盎然。弥勒佛即“未来佛”，“弥勒”是梵文 Maitreya 的音译简称，中国的弥勒佛一般认为是按照五代时期的布袋和尚的形象塑造的。因弥勒佛常怀慈悲之心，

所以他成为中国民间普遍信奉、广为流行的一尊福佛。

弥勒佛背后是一尊巍然屹立、双手合十的韦驮天将雕像（韦驮又名违驮天，本是婆罗门的天神，是南方增长天王的八大神将之一。在中国寺院通常把他安置在天王大殿弥勒菩萨之后，面对着释迦牟尼佛像），两侧侍立护国神将四大天王，身青色，穿甲胄，手握宝剑的叫毗琉璃，是南方增长天王；身白色，穿甲胄，手持琵琶的叫多罗吒，是东方持国天王；身绿色，穿甲胄，右手持宝伞，左手握银鼠的叫毗沙门，是北方多闻天王；身白色，穿甲胄，臂上缠绕一龙的叫毗留博叉，是西方广目天王。四大天王本是佛教的护法，又称护世四天王，在中国民间，又把他们汉化，认为四大天王是"魔家四兄弟"，南方增长天王是魔礼青，西方广目天王是魔礼红，北方多闻天王是魔礼海，东方持国天王是魔礼寿，他们手持的青锋宝剑、碧玉琵琶、混元珠伞、紫金花狐貂，是"风调雨顺"的谐音。

2. 毗卢宝殿

出了弥勒殿，过方形天井，由正中步上台阶，就来到了毗卢宝殿。殿内雍容典雅，富丽堂皇。迎面正中供奉一尊毗卢遮那佛（也叫法身佛，表示绝对真理就是佛身），高约五米，连须弥座在内，高达 8.6 米，上面金箔贴身，显得庄严肃穆。在毗卢遮那佛左右两侧，侍立着梵天、帝释两天王，他们是"天龙八部"成员（"天龙八部"指的是佛经中的八种神道怪物：一天众、二龙众、三夜叉、四乾达婆、五阿修罗、六迦楼罗、七紧那罗、八摩呼罗迦），是佛教中的护法神。大殿两庑，分列着 20 座诸天王木雕像，点金妆彩，光泽耀眼，造型十分生动，神态也各异，均高 2 米以上，他们也是"天龙八部"成员。

毗卢遮那佛背后是海岛观音群塑，表现的是观音普度众生的三十二应身，形态各有不同，从容自若。海岛中塑造有几十个人物，中央是巨大的南海观世音菩萨，其左右胁侍为善财童子和龙女。大殿前侧左右各有大钟、法鼓一面，大殿后侧有两座雕刻精细、妆金涂彩的大型佛龛，原来是北京紫禁城的清朝遗物，1979 年运到栖霞寺，佛龛内分别放着石刻观音像和阿弥陀佛像，石刻阿弥陀佛头部是寺内收藏的旧物，躯体为南京艺术学院张祥水教授根据北朝石刻，用石青制作后着色仿旧，

这个石刻佛头可能是梁朝临川靖惠王萧宏所造无量寿佛石像遗物，石刻观音像头部较小，可能为唐代遗物。

3. 石匠殿

在栖霞寺千佛岩无量殿左侧转弯的角落处，有一个规模极小的石窟，高仅 1.88 米，宽 0.66 米，这就是著名的石匠殿，龛中雕刻着一个右手举锤、左手握凿、背靠山崖、圆目而视的石匠石像。关于这尊石像，还有一个有趣的故事，传说这尊石像是一位能力很强的石匠，他接受了镌刻千佛岩石佛的任务。由于时间短促，期限紧迫，只好连夜开工，但是到最后一晚，天将破晓时，还有一个佛像没有雕刻好。此时老天也好像在故意为难他，锤轻了石头不动，锤重了石块崩裂。眼看最后期限就要到了，为了交差，老石匠情急之下，只好自己纵身跳进洞龛，化身为石，成了一尊“石公佛”，正好凑足了千佛岩的一千之数。

关于石匠殿的来历，一般认为是后人为了纪念明代的著名石匠王寿而凿的。明代万历年间的祝世禄在《重修栖霞寺记》碑文中提到：明万历二十七年，关西僧人三空法师与僧定二人，从关西来到栖霞寺寻访明通法师，见千佛岩石窟风化严重，就与明通法师商讨修缮事宜。客仲、暨禄、刘海、党存仁四太监，合力出巨资并募捐，与工匠头王寿齐心协力，一佛一龛全面修缮。自明万历二十八年（1600 年）庚子至万历三十四年（1606 年）丙午，历时七年竣工。正因为技艺高超的石工王寿曾参与栖霞山千佛岩镌造佛像，因此后人就将此龛命名为“石匠殿”，以纪念王寿，这一传说流传了数百年。20 世纪初在维修千佛岩时，还特地用水泥将之修复成石匠的模样，并将其手中所持之物修复成锤凿。

但是 2001 年南京市有关部门在对千佛岩的维修过程中，却意外地发现被称为王寿的石像，他的脚下竟踩着两个小鬼。这两个小鬼一个高 0.24 米，一个高 0.16 米，由于长期以来被埋在土中，无人知晓。一些文物专家认为，这座石像并非“石匠”，而应是佛教中的“金刚力士”，他手中所持之物也并非锤凿，而应是金刚杵之类的法器。

四、历代文人名士的栖霞情结

自南朝齐永明年间栖霞寺建成以后，在一千五百多年的历史变迁中，不知道有多少文人名士与栖霞山、栖霞寺结下了不解的情缘：江总、皇甫冉、綦毋潜、李白、刘长卿、权德舆、皮日休、顾况、徐铉、王安石、文天祥、张岱、曹寅等人，都在栖霞留下了瑰丽的诗文。乾隆皇帝六下江南，五到栖霞；葛玄、葛洪、李时珍也因栖霞山盛产的中草药而留下足迹；唐代"茶圣"陆羽更是在品遍各地名泉、名茶后隐居在这里，一住就是17年。"年年岁岁花相似，岁岁年年人不同"，昔日的栖霞美景如今依然如故，而那些曾经独领风骚的文人墨客们早就消逝在历史的长河里，他们的足迹依然需要我们去寻觅。

（一）江总与《摄山栖霞寺碑》

提到栖霞寺的石碑，最为人熟悉的就是唐高宗李治撰写的那块《明征君碑》，而南朝诗人江总的《摄山栖霞寺碑》，可能还不为众人所知晓。

江总（519—594），字总持，是南朝梁陈时期的诗人，祖籍济阳考城（今河南兰考）。江总出身名门望族，早年就因为文学才能而被梁武帝萧衍赏识，官至太常卿。侯景之乱爆发后，他避难会稽，后来又转到广州，到了陈文帝（陈蒨）天嘉四年（563年）才被征召回建康，任中书侍郎。陈后主（即陈叔宝，字元秀，公元582—589年在位）时，江总官至仆射尚书令，但是他虽然身居宰相要职，却不理政务，整天和陈后主在后宫游宴娱乐。

正当陈朝处于国政日颓、纲纪不立的时候，北方的隋政权却日益强盛，隋文帝（杨坚）开皇九年（589年），杨坚派晋王杨广（即后来的隋炀帝）带领大军灭陈。陈朝灭亡后，江总入隋为上开府，后来又被放回江南，在江都（今江苏扬州）去世。江总作为陈朝的亡国宰相，经常在后宫"狎客"，又大量创作宫体艳诗，因此在历史上声

名不佳。但随着国家兴亡和个人际遇的变化，他的诗也渐渐洗去浮艳之色，出现了悲凉之音，这也说明历史的变迁可以改变一切。

江总的《摄山栖霞寺碑》具体写于什么时候，史料上并没有明确的记载。但是在江总的《入摄山栖霞寺诗序》中说："壬寅年十月十八日入摄山栖霞寺，登崖极峭，颇畅怀抱。至德元年癸卯十月二十六日，又再游此寺，布法师施菩萨戒。甲辰年十月二十五日奉送金像还山，限以时务，不得恣情淹留。乙巳年十一月十六日更获拜礼，仍停山中宿，永夜留连，栖神悚听，但交臂不停，薪指俄谢，率制此篇，以记即目，俾后来赏者，知余山志。"至德是陈后主的年号，至德元年也就是公元 583 年，江总在这一年第二次游历栖霞寺。由此推算，江总在壬寅年（582 年）第一次来到摄山栖霞寺。在江总的另一首《游摄山栖霞寺（并序）》中记载他"祯明元年太岁丁未四月十九日癸亥，入摄山展慧布法师"，祯明也是陈后主的年号，祯明元年也就是公元 587 年。从以上资料可以看出，江总的《摄山栖霞寺碑》应该是在公元 583 年—587 年这个时间段内完成的。

江总在碑文的结尾处谈到他与当时栖霞寺主持慧布的关系时说："慧布法师，幼落烦恼，早出尘劳，律仪明白，贞节峻远。贯综三乘，不自媒衒，楷模七众，无所抵诃，级日静憩锺岩（钟山），余便观止，餐仁饮德，十有余年，顷于摄阜摄山，受持珠戒，佩服之敬，虽敢怠于斯，须汲引之劳且曷伸于报效。"正是由于江总与慧布的关系非同一般，他才会屡次游访栖霞寺。虽然江总的《摄山栖霞寺碑》与《明征君碑》在记载栖霞寺的历史流传上有很多不一致的地方，但是由于《摄山栖霞寺碑》比《明征君碑》的撰写时间要早很多，所以仍然可以作为了解栖霞寺历史的重要文献资料。

（二）唐代文士的栖霞缘（李白、刘长卿、陆羽）

1. 李白、刘长卿

说起唐代名士与栖霞山、栖霞寺的情缘，首先要从我们熟悉的"谪仙人"李白说起。李白（701—762），字太白，号青莲居士，有"诗仙"之称，与杜甫

并称为“大李杜”。“斗酒诗百篇”的李白才高八斗，生性豪放，他生活在唐代极盛时期，具有“济苍生”“安黎元”的理想，并且毕生都在为实现这一理想而奋斗。

唐玄宗天宝初年，在道士吴筠的推荐下，唐玄宗李隆基召李白进京，任命他为翰林供奉（相当于皇帝身边的文学侍从）。但由于李白个性突出、锋芒毕露，既不满统治集团的荒淫和腐败，也表现出蔑视权贵、追求自由的精神。因而得罪了杨国忠、高力士等朝廷权贵，不久就因权贵的谗言，于天宝三年、四年间（744 或 745 年），被唐玄宗“赐金放还”，被迫浮游四方。李白被排挤出京后，曾经在江淮一带盘桓过，也就是在这一时期，他乘舟来到了六朝古都金陵（今江苏南京），并可能在栖霞寺住过一段时间。

李白有一个宗侄李英，远在三峡地区的当阳玉泉寺出家为僧，法名中孚。中孚禅师深通佛理，善于做词翰文章，尤其喜欢品茶。每年清明节前后，中孚禅师都要吩咐小沙弥到寺左采摘茶树鲜叶，制成仙人掌茶，施舍过往的香客。唐玄宗天宝十一年（752 年），中孚禅师云游到了金陵的栖霞寺，拜会族叔李白，呈上仙人掌茶给他品尝，并要李白以诗作答，李白饮后诗兴勃发，挥毫写下了《答族侄僧中孚赠玉泉仙人掌茶》相谢。诗中称赞说：“尝闻玉泉山，山洞多乳窟。仙鼠白如鸦，倒悬清溪月。茗生此中石，玉泉流不歇。根柯洒芳津，采服润肌骨。楚老卷绿叶，枝枝相接连。曝成仙人掌，似拍洪崖肩。举世未见之，其名定谁传。宗英乃禅伯，投赠有佳篇。清镜触无盐，顾惭西子妍。朝坐有余兴，长吟播诗天。”李白用雄奇豪放的诗句，将仙人掌茶作了详细的描述。称赞仙人掌茶叶片外形如掌，色泽银光隐翠，香气清鲜淡雅，汤色微绿明净，饮后齿颊留香。

李白在《答族侄僧中孚玉泉仙人掌茶》诗序中说：“此茗清香滑熟，异于他者，所以能返童振枯，扶人寿也。余游金陵，见宗僧中孚示余数十片，拳然重叠，其状如掌，号为仙人掌茶。”中孚禅师仅给李白送去几十片，可见当时这种仙人掌茶是很珍贵的。李白的这首诗，是中国茶文化史上第一篇以“名茶入诗”的诗篇，这首诗也因为李白叔侄在栖霞寺的这段奇遇而广为流传。

刘长卿（约709—780），字文房，宣城（今属安徽）人，他生于洛阳（今属河南），郡望河间（今属河北）。刘长卿也是唐代著名的诗人，擅长作五言律诗，他一生命运坎坷，曾两次遭到贬谪，做过岭南南巴尉、睦州司马等官职。在他旅居各地期间，多次遭遇战乱，因此他的不少诗作体现了感伤身世的情怀，也反映了安史之乱后中原一带荒凉凋敝的景象。

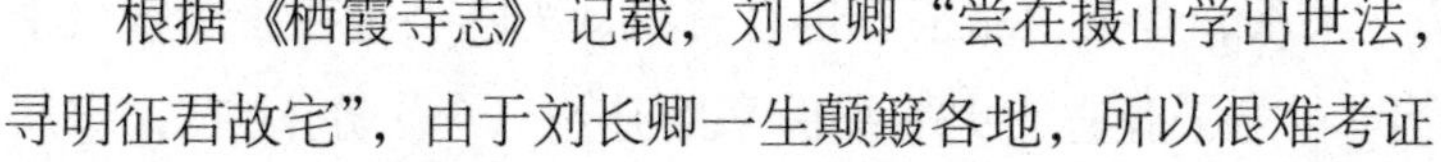

根据《栖霞寺志》记载，刘长卿“尝在摄山学出世法，寻明征君故宅”，由于刘长卿一生颠簸各地，所以很难考证他是什么时候来到摄山栖霞寺的。但可以肯定的是，仕途的不顺利、世事的混乱使他产生了隐居山林的念头，出世与入世一直是中国古代知识分子的两种常见的选择，所谓“达则兼济天下，穷则独善其身”正是这个道理。刘长卿在摄山栖霞寺学出世法的时候，曾经寻访了隐士明僧绍的故宅，也就是著名的“栖霞精舍”。他的诗《栖霞寺东峰寻南齐明征君故居》说的就是这件事情：“山人今不见，山鸟自相从。长啸辞明主，终身卧此峰。泉源通石径，涧户掩尘容。古墓依寒草，前朝寄老松。片云生断壁，万壑遍疏钟。惆怅空归去，犹疑林下逢。”从诗中可以看出刘长卿对这位隐居山野、六次拒绝诏命，甚至连皇帝想与其见上一面也不得的真隐士明僧绍的尊敬与羡慕。虽然刘长卿在内心里向往一种闲云野鹤式的隐士生活，但是在现实中他却未能如愿。

2. 陆羽

古往今来，栖霞寺一直蕴涵着茶文化的意境，与茶结下了深深的情缘。有着“茶山御史”名号的陆羽就和栖霞的茶有着不解的情缘。

陆羽（733—804），字鸿渐，唐朝复州竟陵（今湖北天门市）人，一名疾，字季疵，号竟陵子、桑苎翁、东冈子，又号“茶山御史”。陆羽一生嗜茶，擅长品茗，精通茶道，也熟悉茶树栽培、育种和加工技术，举世闻名的《茶经》便出自他手。正因为他对茶业和茶文化的发展作出了卓越的贡献，所以被誉为“茶仙”，尊为“茶圣”，祀为“茶神”。

据史书记载，陆羽中晚年的时候，曾经在苕溪（今浙江吴兴）隐居，但是实际上他却隐而不隐，居也未恒居。从《全唐诗》的有关资料来看，陆羽的中年和晚年，真正隐居在苕溪的日子并不长，而是游历江南、越中各处名胜，数

迁其址，还曾一度移居到江西、湖南等地。他在乌程（今浙江吴兴县）住过很长时间，去过唐朝著名的湖州紫笋茶的产地长城（即浙江长兴），也到过常州阳羡茶的产地宜兴。陆羽到庐山的时候，曾赞美那里的“招隐泉”是“天下第六泉”，又把“谷帘泉”品为“天下第一泉”。从他的行迹可以看出，他选择去的地方不仅山清水秀，风景迷人，而且最重要的是，大多数地方都盛产名泉名茶，这对他品茗和研究茶文化无疑有着重要的帮助。

大约在唐代宗（李豫）大历年间（766—779 年），品遍各地名泉名茶的陆羽专程到栖霞山种茶、采茶、炒茶、品茶。也有资料认为陆羽是在唐肃宗（李亨）乾元元年（758 年），为了躲避安史战乱而来到升州（今江苏南京），寄居栖霞寺，钻研茶事。

在去往栖霞寺周围地区采茶的途中，官任无锡尉、当时避居阳羡（宜兴）的著名诗人皇甫冉闻讯，盛情相邀陆羽到自己家中，小住对饮，二人也因此结为好友。皇甫冉乘兴赋诗赠送陆羽，以壮行色，这就是著名的《送陆鸿渐栖霞寺采茶》诗，全诗内容如下：“采茶非采绿，远远上层崖。布叶春风暖，盈筐白日斜。

旧知山寺路，时宿野人家。借问王孙草，何时泛碗花。”“采茶非采绿，远远上层崖”描写的是陆羽在寺旁采茶的情景。对此，明人李日华在《六研斋二笔》有注释：“摄山栖霞寺，有茶坪，茶生榛莽中，非经人剪植者。唐陆羽如山采之，皇甫冉再作诗送之云。”清代乾隆皇帝的《江南通志》记载：“江宁天阙山茶，香气俱绝。城内清凉山茶，上元东乡摄山茶，味皆香甘。”现在的栖霞寺周围，就是著名的雨花茶的产地。赠送完这首诗以后，皇甫冉又觉意犹未尽，因此又作《送陆鸿渐采茶相过》：“千峰待逋客，香茗复丛生，采摘知深处，烟霞羡独行，幽期山寺远，野饭石泉清，寂寂燃灯夜，相思一磬声。”

告别皇甫冉后，陆羽便独来独往于栖霞山之间，他无心浏览栖霞那些枫丹露白、宛如仙境的美景，而是忘情地投入了栖霞山的怀抱之中，采绿芽，品新茗，汲清泉，试香茶。也许正是由于陆羽的名声和其甘于为茶事业献身的精神，山僧后来就在陆羽试茶处建造了笠亭并摩崖刻石，以志纪念。当时的高僧隐士、文人

墨客常常雅聚亭畔，赏枫品茗，吟诗作赋，一时间传为佳话。宋代的时候，茶废泉枯，笠亭仅仅剩下了一点点荒基，仅存“白乳泉、试茶亭”六个隶书大字。乾隆皇帝第五次南巡（1780年）游历至此时，触景生情，有感而发之下，亲手书写了一块御碑，诗名为《白乳泉用皇甫冉陆鸿渐栖霞寺采茶诗》，全诗曰：“石壁隶书六，岁久莓苔生。适自高峰降，遂缘曲栈行。小憩笠亭幽，慢试云窦清。冉羽茗迹邈，若复传其声。”

目前在栖霞山中与陆羽有关的景点，还有品外泉、试茶亭等。史志载，陆羽在栖霞山种茶的范围在现今中峰和龙山之间的坡谷地，也就是如今的白乳泉、青锋剑、试茶亭一带，其住处称“陆羽精舍”。为了纪念陆羽曾在栖霞山种茶、采茶、品茶、试茶及品泉的经历，栖霞山风景区在龙山之巅，即“陆羽精舍”的遗址附近复建了“陆羽茶庄”。整个建筑为仿唐风格，共有四层，建筑面积共计800平方米，在这里登高眺望长江、紫金山、南京城，栖霞山的美景一览无余，陆羽茶庄因此成为栖霞山风景名胜区又一旅游胜地。

（三）明清名人与栖霞山、栖霞寺

1. 王世贞与《游摄山栖霞寺记》

王世贞（1526—1590），字元美，号凤洲，又号弇州山人，江苏太仓人。嘉靖二十六年（1547年）进士，授刑部主事，官至南京刑部尚书。王世贞是明代著名的文学家、史学家。他和李攀龙、谢榛、宗臣、梁有誉、徐中行、吴国伦并称为“后七子”。王世贞主张“文必秦汉，诗必盛唐”，作为明代文学复古运动的领袖，他主宰文坛长达20年之久。

《游摄山栖霞寺记》这篇文章选自王世贞的《弇州山人续稿》卷六十三，这是他晚年游览摄山栖霞寺的一篇游记，写于万历十六年（1588年），他当时63岁。王世贞与万历朝的首辅张居正是同年进士，王世贞本想在张居正的扶持下在政治上有所作为，但是张居正却认为王世贞只能在文学上有所建树，没有济世之才，所以极力排斥这位同年。张居正死后，王世贞才被起用为南京兵部

右侍郎，后来又擢升南京刑部尚书，但是因为俸禄的一些问题，王世贞以疾辞归。这篇《游摄山栖霞寺记》大概就写于王世贞辞官前后。

根据《游摄山栖霞寺记》一文记载，王世贞和他的儿子以及友人张元春一路同行，打算三月初一前往南京。大约在二月二十八日的时候，他们在路上遇到了大雨，王世贞被雨中美景倾倒，就向驿站官员询问去摄山（栖霞山）的路。驿站官员称雨天道路险峻泥泞，难以到达摄山，但是王世贞的游兴正浓，不听劝阻，打算第二天就去游览。

二月二十九日的清晨，王世贞一行人早早就起身赶往摄山栖霞寺。“时晓色熹微，与霁色接，溪流暴涨不绝声。然所过诸岭多童，至中凹处，忽得苍松古柏之属，是为摄山。趋驰道数百武，得寺曰栖霞。右方有穹碑，唐高宗所撰，以传明隐君僧绍者。隐君故栖此山矣，舍宅为寺，人主贤而志之。碑阴‘栖霞’二大字，雄丽飞动，疑即唐人笔也。”王世贞来到栖霞寺，首先看到的就是唐高宗李治写的那块《明征君碑》，石碑背面的“栖霞”两个字正是李治亲手书写的。

“拾级而上曰山门，江总持一碑卧于地，拂而读之。复前为门，四天王所托宇焉。拾级复上，杰殿新构，工可十之八，而前庭颇逼侧。僧曰：‘未已也，是将广之，移四天王宇于山门，而加伟殿。’”在山门那里，王世贞看到了江总的《摄山栖霞寺碑》。由于当时栖霞寺正在重新装修改造，所以他们没能看到全貌。

“饭已，与儿、元春由殿后启左窦而出，探所谓千佛岩者。其阳为石塔，塔不甚高，而壁金刚力士像于四周，颇巧致。此塔隋文皇所建，以藏舍利者也。文皇遇异尼，得舍利数百颗，分树塔以藏之，凡八十三州，所遣僧及守臣争修言光怪灵异以媚上。而蒋州其一也。”在栖霞寺用过斋饭以后，王世贞等人又来到了千佛岩和隋文帝杨坚下旨修建的舍利塔（隋代的塔是木制的，王世贞当时看到的石塔应该是南唐时期高越和林仁肇奉旨重新修造栖霞寺时，把木塔改建成的石塔）。

在舍利塔附近，王世贞看到了一眼泉水，“塔左圆池，一泉泓然满其中，石莲花蹙沸而起。僧雏咸资汲焉，曰品外泉。兹泉陆羽所未品也”。看到水

质清澈甘甜的“品外泉”泉水，王世贞想起了那个曾在栖霞山采茶、品茶的“茶圣”陆羽。提到陆羽没有尝到这里的泉水，由此可知，这眼“品外泉”是在唐代以后开凿的。之后王世贞等人参观了千佛岩，“千佛岩独隐君子仲璋所镌无量寿佛像可耳，观音大势至已不逮其他，若文惠太子、豫章、竟陵王千像，皆刓损天趣，以就人巧，使斗拔奇峭之态，泯没不复可迹。且所谓佛者，一而已，何千之有?”

千佛岩里的石像，王世贞最欣赏就是明僧绍的儿子明仲璋凿刻的无量寿佛像。而齐梁的王公贵族所刻的石像，由于年代久远，都已经破损得不成样子了，早就失去了观赏的价值。所以王世贞才认为千佛岩虽然名为千佛，其实也就只有无量寿佛像一座而已。

游历完了千佛岩，王世贞到中峰涧的白乳泉和天开岩等地看了看，之后又去了栖霞山的另一座寺庙观音庵。由于年事已高，体力不支，王世贞的栖霞游览就到此为止了，但他的儿子和张元春却依旧兴致勃勃，又去攀登栖霞山的顶峰。

在文章的末尾，王世贞感慨地说：“今天下名山大刹，处处有之，然不能两相得。而其最著而最古者，独兹寺与济南之灵岩、天台之国清、荆州之玉泉而已。灵岩于三十年前一游之，忽忽若梦境耳。今者垂暮，而复与观栖霞之胜，独老且衰，不能守三尺蒲团地，而黾勉一出，远愧僧绍，然犹能自为计，庶几异日不至作总持哉?”在王世贞看来，普天之下能够做到名山与大刹兼得的地方，只有栖霞寺与济南的灵岩寺、天台山的国清寺、荆州的玉泉寺能够达到标准。王世贞年轻的时候去过灵岩寺，如今在暮年又来到了他敬仰的隐士明僧绍隐居的栖霞寺（当时叫“栖霞精舍”），在这里他感到像他这个年龄，就应该像明僧绍一样退出官场，隐居山林，而不能像江总那样贪恋高官厚禄和人间富贵。在王世贞身上，中国古代士大夫的仕与隐的思想又一次折射出来。

2. 李香君与栖霞山

从舍利塔向西过栖霞寺，有一个自上至下逶迤而过的山涧，上面怪石林立，这就是著名的桃花涧，桃花涧位于栖霞山巅北侧一个陡峭的山涧内，面积约有200 亩—300 亩，涧内种植了几十种桃树，仅桃花的颜色就有十几种。在桃花涧

两侧的峭壁林间，有宋代人的题刻“桃花涧”“非人间”字样，从桃花涧上古代文人墨客留下的石刻、碑文来看，桃花涧从唐、宋时代就已经存在了，且常有游人到此赏玩。乾隆皇帝南巡路过这里时也曾留下赞美桃花涧的诗篇。

在桃花涧东侧红英绿荫处，有一小亭和一方湖石，亭上书有“桃花扇亭”四字，这就是众所周知的桃花扇亭了。桃花扇亭立于山路的西侧，依崖傍涧，三面轩敞，亭内的花窗都是桃扇形状的，亭墙四周杂树林立，走进亭内，就会有一种清新幽雅的感觉。矗立在桃花扇亭里，上可以仰望青山，下能够俯视桃花涧的流水，看着山林美景，听着鸟唱泉鸣，整个人都会陶醉在这一人间仙境中。

与桃花扇亭相对的地方，是昔日的葆贞庵旧址。相传明末“秦淮八艳”之一的李香君为躲避清军南下的战乱，跟随卞玉京在葆贞庵出家为尼。出家后的李香君，情恨尽绝，独守此庵，在青灯古佛前聊度日月。李香君在隐居期间，经常到桃花涧汲水、浣纱、濯足。据说面对“落花有意，流水无情”的隐居生活，李香君常陷入寂闷惆怅的心境，由于积怨成疾，最后病逝。根据一些资料记载，李香君死后葬于桃花涧畔丛林，即现在桃花扇亭南侧约一百米处。

过桃花扇亭大约五十米处，有一条青砖铺成的小路，进了小路中的丛林，在曲径通幽处有一座青砖垒起的孤坟，周遭以石块为栏，墓上爬满了藤蔓，但是坟墓周围并没有碑铭之类的物什，只是在栖霞山景区大门前有一块游览路线指示牌，上面指示说桃花扇亭向东不远处是香君墓，看来这座孤坟就是安葬李香君的地方了。

侯方域与李香君的爱情故事因清代著名剧作家孔尚任的《桃花扇》一剧的极力渲染而被广泛流传，他们在山河破碎、江山易代过程中的爱情悲剧也被后人所慨叹。李香君是明末秦淮河畔的一代佳人，绰号“香扇坠儿”，她才情绝伦，婀娜多姿，又铁骨铮铮、桀骜不驯，一向以气节著称。而侯方域作为复社领袖，是当时著名的四公子之一（侯方域与方以智、陈贞慧、冒辟疆合称明复社四公子），他当时也是风流倜傥、气宇不凡、才华横溢。因此侯李之爱曾被传为一时佳话。

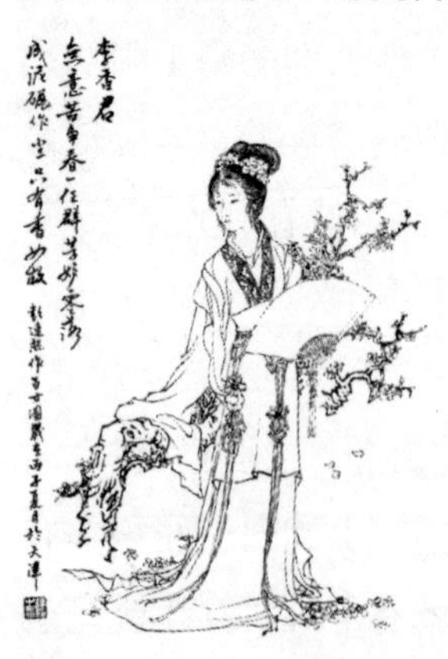

在戏剧《桃花扇》中，侯方域在秦淮河畔妓女们举办的“盒子会”上，邂逅了李香君，侯方域把扇坠抛

到暖翠楼上，香君回抛白汗巾包裹的樱桃，两人陷入爱河。侯方域以家传的宫扇作为定情信物送给李香君，并在上面题诗说："夹道朱楼一径斜，王孙初御富平车。青溪尽是辛夷树，不及东风桃李花。"对李香君的赞誉之情，溢于言表。

阉党余孽阮大铖为了结交侯方域，就让杨龙友替自己赠送丰厚妆奁给李香君的鸨母李贞丽，帮助侯方域梳栊（古代青楼妓馆的龟鸨为了抬高妓女的身价，往往在妓女第一次接客伴宿时，请名士豪客替她们破身，这就叫作"梳栊"）李香君。香君识破诡计后，当即拔簪脱衣，退还妆奁。阮大铖恼羞成怒，记恨在心。南明弘光朝廷建立后，阮大铖鼓动权臣马士英诬陷侯方域"通敌"（和当时的将领左良玉勾结），侯方域被逼出走江北投奔史可法，一段才子佳人式的风花雪月就这样被奸党活活拆散了。马士英为了报复，想强行把李香君许配他人，李香君坚决不从，撞头自尽未遂，殷红的鲜血点点飞溅在那柄定情的白绢诗扇上。杨龙友见定情的诗扇溅上了斑斑血迹，有感而发，便用羊毫笔就着血迹稍作点染，在扇中画出几笔折枝桃花，又用墨色勾了枝叶做陪衬，一幅动人的桃花图绘成了，桃花扇的名字也由此而来。

《桃花扇》中说，弘光朝廷覆灭后，江山易主，山河破碎，在历经离乱奔波后，侯方域与李香君这一对苦命鸳鸯终于重新聚合在栖霞山白云庵，侯方域本来认为"从来男女家室，人之大伦，离合悲欢，情有所钟"，打算夫妻还乡共享人伦之乐，但是却被道士张瑶星呵斥道："呵呸！两个痴虫，你看国在哪里，家在哪里，君在哪里，父在哪里，偏是这点花月情根，割他不断么？"这一席话说得侯生"冷汗淋漓，如梦忽醒"，最后侯方域与李香君割舍了情根欲种，双双入道。

但是戏剧毕竟只是戏剧，不能当做史实，孔尚任只想借侯方域与李香君的爱情悲剧来表达"借离合之情，写兴亡之感"，《桃花扇》是把爱情与政治紧密联系在一起的,李香君与侯方域的情感负载了国家、民族的重任,最终指向政治伦理。因此我们想追寻侯方域与李香君的结局，还要查找其他的资料。

历史上的侯方域并没有出家，而是迫于清廷施加的种种压力，在顺治八年参加了由清朝组织的河南乡试，并中了副榜。正因为侯方域对清王朝的妥协，所以被很多人骂为变节。在 20 世纪 60 年代电影版的《桃花扇》中有这样一段

情节，李香君在南京失陷后，逃到栖霞山，隐居在栖霞寺，守着那柄血染的桃花扇，也守着自己对爱情与人生的理想苦苦等候着侯方域。由于侯方域与李香君有再续前缘的约定，所以降顺了清朝。成了一名清廷官员的侯方域来到栖霞山与旧情人会面，并希望李香君能和自己结为百年之好。但是看重气节的李香君在发现昔日的情郎成为“清廷走狗”之后，就当着寻来的侯方域的面，愤而撕碎了当年才子题诗、佳人溅血的那把作为定情信物的桃花扇，与软弱的侯方域彻底决裂，毅然割断情根，遁入空门，到栖霞山的葆贞庵削发为尼。孔尚任曾经发过这样的感慨：“青楼皆为义气妓，英雄尽是屠狗辈。”在国破家亡时，一个妓女，无以为报，竟用自己的性命来维持贞节和道德大义，而士大夫却放弃原则，改换门庭。因此后人评《桃花扇》说：“妙以春秋笔法，借离合之情，写兴亡之感。”

但是无论是戏剧《桃花扇》，还是电影《桃花扇》都打上了深深的政治烙印，因此都不能作为信史来佐证侯方域和李香君的结局。旧时南京文人余怀的《板桥杂记》和叶衍兰《秦淮八艳图咏》中，记载了李香君和侯方域失散后流落栖霞山，和八艳之一卞玉京一起出家为尼。南京民间则有李香君在栖霞山出家，死后葬在葆贞庵东侧的传说。如今栖霞山葆贞庵遗址附近的李香君的香冢也仿佛印证了栖霞山就是李香君的最后归宿。然而关于侯方域和李香君结局的故事传说太多了，由于每个故事似乎都有确凿的史料作为依托，所以难以确认哪个才是准确的。

除了在栖霞山出家的传说外，关于李香君的结局一般还有三种说法：一种是李香君最终在苏州与侯方域重逢了，被一个老头当头棒喝，两人顿时醒悟，看破尘缘，只好出家了事，这种结局显然是受到了孔尚任《桃花扇》的影响。另一种是两个人连最后一面都没有见着，李香君只留下一柄桃花扇就黯然离世了。临死之前李香君留下一句话：“公子当为大明守节，勿事异族，妾于九泉之下铭记公子厚爱。”

第三种结局流传也很广，据说南明覆灭以后，李香君与侯方域一起回到了老家河南商丘归德城侯府，但侯家已为侯方域娶了正室，李香君只能屈居为妾。李香君在侯家不敢暴露自己的真实

身份，而是以吴氏女子、侯方域妾的身份，更名换姓住在了西园翡翠楼（又名香君楼）。在这里，她与公婆和睦相处，和侯方域的正室常氏关系也不错，以姐妹相称，与侯方域更是鱼水情深，琴瑟和谐。从 1645 年到 1652 年这八年时间里，李香君过着平安、舒适的生活，也可以说是她一生中最为幸福美满的时期。后来侯方域再游江南，去南京为香君求子、寻亲的时候，独自在家的李香君的妓女身份暴露。侯方域的父亲侯恂是个封建卫道士，当他得知李香君是秦淮歌伎的真实身份后，怒不可遏，大发雷霆，当即命令李香君滚出翡翠楼，后来在别人的劝说下，才不情愿地把她赶到离城十五里的侯氏柴草园——打鸡园。李香君不久就郁闷而死，年约三十岁。相传侯方域回家后，曾为李香君修墓立碑，墓碑上面写道“卿含恨而死，夫惭愧终生”。也就是在这一年，35 岁的侯方域忆起自己的坎坷遭遇，感叹平生可悔者多，于是把自己的书斋更名为“壮悔堂”。两年后，侯方域也因郁郁寡欢、心情郁闷而病逝在家中。

有一种说法认为，李香君在南明灭亡后，独自来到栖霞山下，在一座寂静的道观里出家，后不知所终。这和栖霞山的传说有些出入，一些人也认为栖霞山桃花涧的李香君的香冢里面埋的并不是李香君本人，而只是她的衣冠冢。在笔者看来，了解李香君的生平事迹，最准确的莫过于侯方域的《李姬传》，里面记载了自己与李香君的一段感情生活。侯方域科举落榜，打算返乡，“姬（李香君）置酒桃叶渡，歌琵琶词以送之，曰：‘公子才名文藻，雅不减中郎。中郎学不补行，今琵琶所传词固妄，然尝昵董卓，不可掩也。公子豪迈不羁，又失意，此去相见未可期，愿终自爱，无忘妾所歌琵琶词也！妾亦不复歌矣！’”李香君把侯方域比作汉代的蔡邕，对他的文才学识大加赞赏，并劝他要洁身自爱。李香君预感到这一次分别后，有可能再也无法相会了，所以希望侯方域不要忘了她所弹奏的《琵琶词》。从那以后，李香君毅然拒绝了淮阳巡抚田仰的纠缠，立志为侯方域守节到底。侯方域的《李姬传》并没有交代李香君的最后结局，可见他们从此以后并没有相见。至于李香君是不是真的在栖霞山出家为尼，这也是无法考证的。